60 abwechslungsreiche Touren

Das große Kinder-Wander-Erlebnis-Buch

Bayerischer Wald

J. BERG

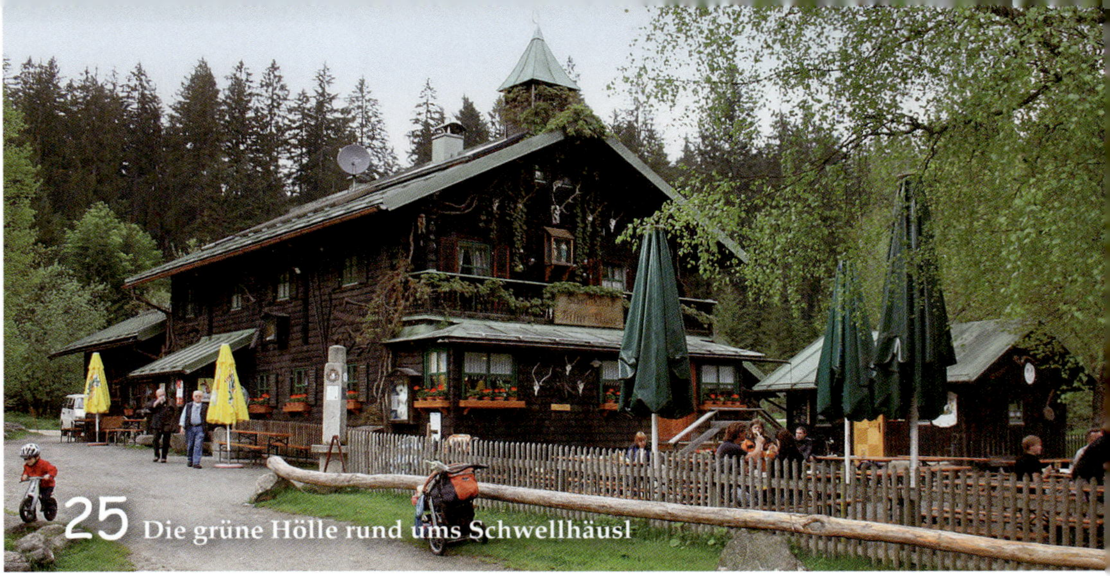

25 Die grüne Hölle rund ums Schwellhäusl

Inhalt

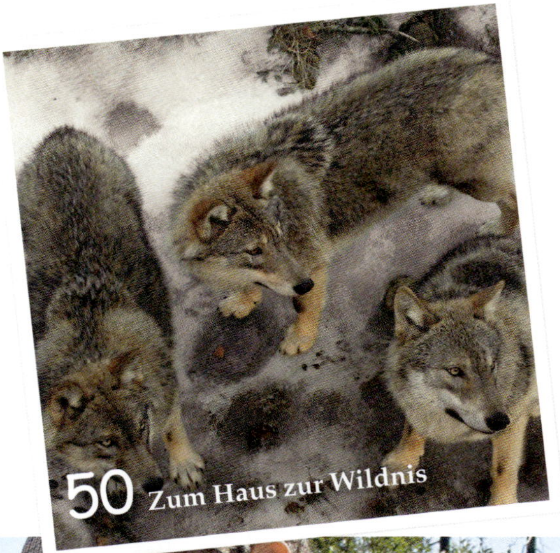
50 Zum Haus zur Wildnis

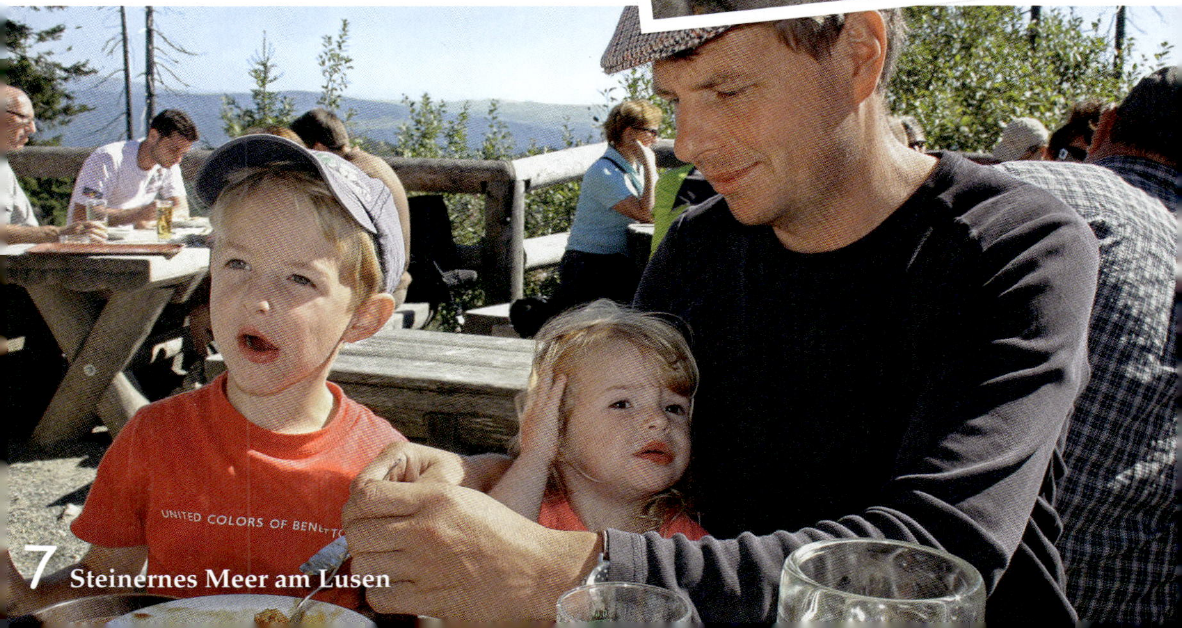

7 Steinernes Meer am Lusen

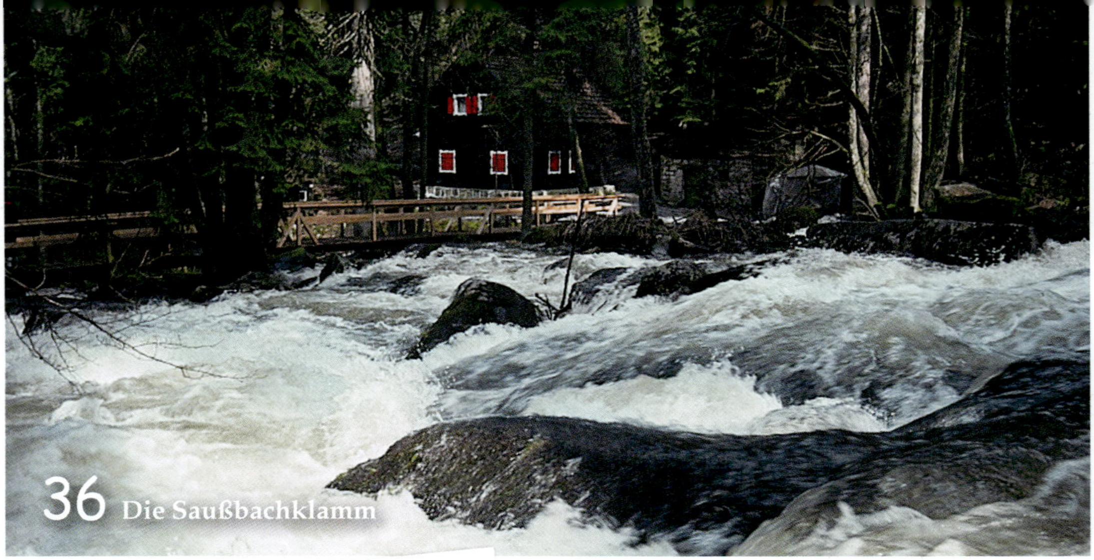

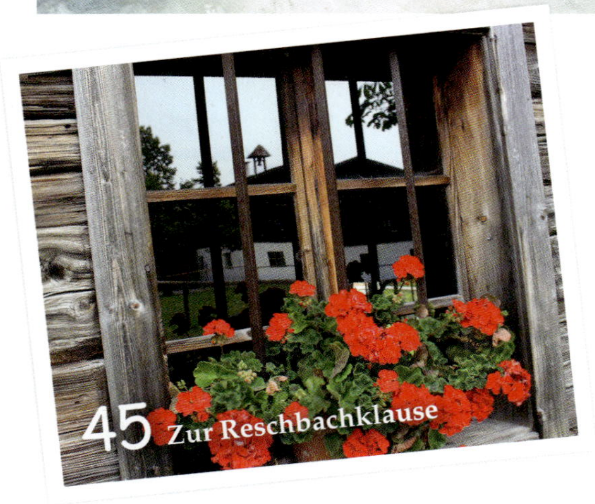

Unterwegs im schattenreichen Wald 73

Wildbäche, Wasserfälle und Klammen 87

Tourenüberblick

Tour			Weglänge (km)	Höhenunterschied (m)	Gehzeit (Std.)	Alter (Jahre)	Kinderwagengeeignet	Einkehr	Spielplatz	Tiere	Aussicht	Bademöglichkeit	Freizeitpark	Höhle
1	●	Hoch zum Kreuzfelsen auf den Kaitersberg	4,5	250	2.15	7					●	●		●
2	●	Mühlriegel und Skywalk	5,5	280	2.30	7		●	●		●	●		
3	●	Auf den Kleinen Arber	10,5	640	max. 5	10		●			●			
4	●	Der Große Arber	2	100	1.15	3		●			●			
5	●	Auf und im Silberberg	3	150	2	5		●	●	●	●			●
6	●	Am Großen Rachel	7	500	3.45	8		●			●			
7	●	Steinernes Meer am Lusen	5	280	2.30	7		●			●			
8	●	Hochstein am Dreisessel	3	100	1.30	4	●	●			●			
9	●	Steingewordene Käsplatte	7	240	3.15	7		●			●			
10	●	Über den Hohen Bogen	7,5	300	3.30	7		●			●			
11	●	Rund um den Plattenriegel	3	100	1.15	5		●	●		●			
12	●	Hochstein ab Schareben	3	130	1.30	6		●	●		●			
13	●	Grenznaher Hochfels	4	170	2	7		●			●			
14	●	Am Siebensteinkopf	6,5	260	3	7		●			●			
15	●	Rundblick am Haidel	4	75	1.45	4	●		●		●			
16	●	Übern Breitenauriegel	12,5	360	4.45	9		●			●			
17	●	Durchs Felswandergebiet	4,5	200	2.15	6					●			
18	●	Steinernes Kirchlein und Wackelstein	4,5	200	2	5						●		●
19	●	Burgruine auf dem Pfahl (Lehrpfad)	1	50	0.30	3		●	●		●			
20	●	Der Pfahl bei Viechtach	3	100	1.15	4						●		
21	●	Am Moosbacher Pfahl	4	100	1.30	6		●						
22	●	Pfahl-Spielplatz Brunn	1,5	50	0.45	6	●		●		●		●	
23	●	Schlosspark Falkenstein	2,5	120	ab 1.30	6	●	●			●	●		●
24	●	Dem Osser zu Füßen	4	260	2.30	6						●		
25	●	Die grüne Hölle rund ums Schwellhäusl	4	100	1.45	4	●	●	●	●				
26	●	Schönecker Riegel	2,5	100	1.15	4					●			
27	●	Im Wald bei Neuschönau	4/4,5	70	1.30/1.45	5	●							

Weglänge (km)
Höhenunterschied (m)
Gehzeit (Std.)

Alter (Jahre)
Kinderwagengeeignet
Einkehr
Spielplatz

Tiere
Aussicht
Bademöglichkeit
Freizeitpark

Höhle

Tour															
28	●	Zum Aussichtsturm im schattigen Sonnenwald	7	300	3.15	7		●			●			
29	●	Kollnburger Pröllersteig	3,5	250	2	6		●						
30	●	Der Hochfall am Moosbach	3	70	1.15	6			●					
31	●	Bodenmaiser Rißlochfälle	3,5/7,5	220/300	2/3.30	7						●		
32	●	Scheuereck und Höllbach	6	230	2.30	7			●	●				
33	●	Rauschende Steinklamm	5/7	130	2.15/3	6						●		
34	●	Über die Hängebrücke	3,5	70	1.30	5		●						
35	●	Das Herzstück der Klamm	4	90	1.45	6								●
36	●	Die Saußbachklamm	6,5	160	3	7		●		●	●	●		
37	●	Deggendorfer Sauloch	7	330	3.15	7		●		●	●			
38	●	Spannender Höllentrip	4	90	1.45	6					●			
39	●	Rund um den Drachensee	5	20	2.15	5	●	●			●	●	●	
40	●	Vom urigen Seehäusl um den Kleinen Arbersee	1,5	20	0.45	4	●	●		●				
41	●	Zum Kleinen Arbersee	7	280	3.15	7		●	●		●			
42	●	Auf Biberspuren an der Flanitz bei Klingenbrunn	3	40	1.15	4	●			●				
43	●	Der Aufichtenwaldsteg	2	25	1	4				●				
44	●	Filzwald bei Riedlhütte	3	20	1.15	5				●				
45	●	Zur Reschbachklause	6,5	180	2.45	6			●	●	●			
46	●	Erlau und König-Max-Höhe	8,5	220	3.30	7		●		●	●			
47	●	An der wilden Ilz	4,5	30	2	5	●	●						
48	●	Burgruine Dießenstein	5	100	2.30	6		●			●	●	●	
49	●	Idylle am Mühlgrabenweg	5,5	150	2.30	6		●			●			
50	●	Zum Haus zur Wildnis	2,5	70	1.15	3	●	●	●	●				●
51	●	Am Waldspielgelände	3/3,5	70	2	4	●	●	●					
52	●	Braunbären auf der Spur	1,5–7	25–100	0.45–3.30	3	●	●	●	●				
53	●	Luftiger Baumwipfelpfad	1,5	60	max. 2	5	●	●			●			
54	●	Kräuterweg Eckertsreut	3	100	1.15	4	●		●	●	●		●	
55	●	Voller Schwung spazieren	5	150	2.15	5	●	●	●	●	●			
56	●	Sonnenwald-Erlebnispfad	3,5	100	min. 1.30	4	●	●	●		●			
57	●	Der GEHsundheitsweg	3	90	1.30	4					●			
58	●	Erhebender Waldwipfelweg	2	25	min. 2	4	●	●	●	●	●		●	
59	●	Im Wilden Waldgebirge	5,5	180	2.30	6		●			●		●	
60	●	Rund um den Kobelberg	4	50	1.45	4	●	●			●			

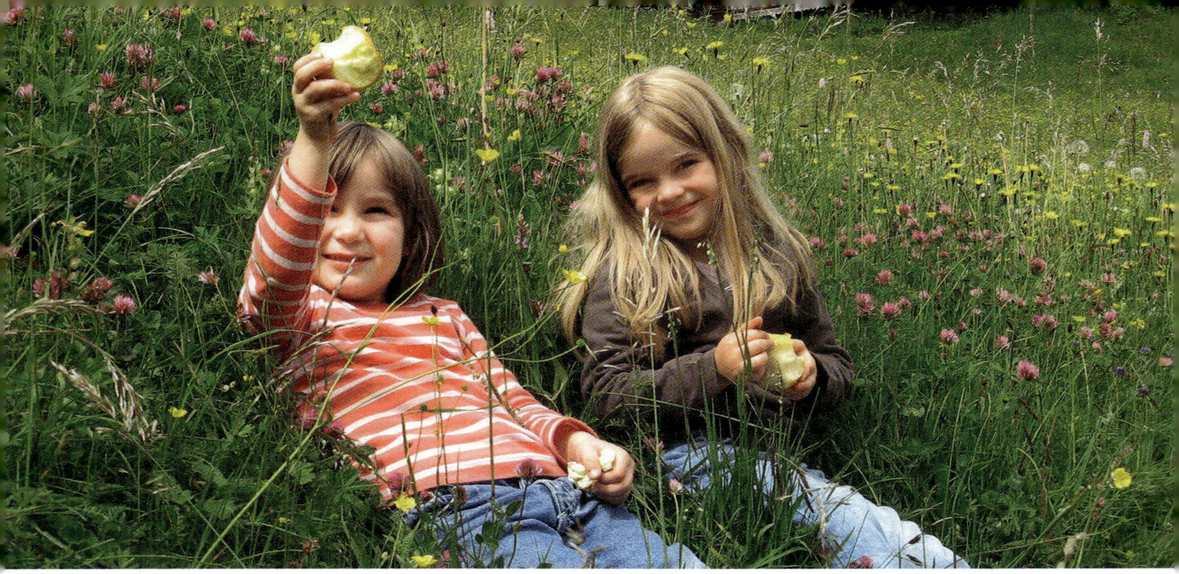

Wo die Grillen zirpen: Blumenkinder auf einer saftigen Bergwiese

Willkommen im Bayerwald

Liebe Mamas und Papas, Omas und Opas, liebe Kinder,

geht die Sonne morgens auf, erwacht im Bayerischen Wald ein buntes Wanderparadies. Auf kindgerechten Touren erobern Groß und Klein die höchsten Gipfel, erleben wilde Urwälder, durchstreifen abenteuerliche Schluchten und entdecken spannende Spielplätze.
Sicher können Sie sich vorstellen, dass es mir durchaus Vergnügen bereitete, die präsentierten Touren zusammenzustellen und zu testen. Als kleine Experten begleiteten mich oft meine zwei Kinder. Das fertige Kinder-Wander-Erlebnisbuch verrät, wo Familien auf dem grünen Dach Europas ungekünstelten und erschwinglichen Wandergenuss fernab touristischer Massen erleben. Je nach Lust und Laune herausgepickt werden können kurze oder mittelschwere Touren oder Strecken, die ein wenig Ausdauer erfordern. Zudem zeigen sich alle Wanderungen so konzipiert, dass Jung und Alt bequem zum Ausgangspunkt zurückkehren. Was Kindern und Teenagern darüber hinaus gefällt, bleibt ebenso im Blick wie etwa nahe liegende Badeplätze, Streifzüge zu Tieren oder fetzige Abfahrten per Sommerrodel. So können alle abends, wenn die Sonne untergeht, frohgemut anstimmen: »Ja, mia san vom Woid dahoam.«

Viel Vergnügen beim Wandern und Entdecken wünscht Ihr
Herwig Slezak

Auf die Plätze, fertig, los

Ans Ziel kommen

Hand aufs Herz: Am bequemsten erreicht werden fast alle Ziele mit dem Auto. Die Anreise mit Bus und Bahn wird zusätzlich angeführt, wenn klare Verbindungen bestehen. Wer auf die Öffentlichen setzt: Fast den ganzen Bayerwald erreichen Bahnreisende über den ICE-Halt in Plattling mit Anschluss zur Waldbahn, nur die Chamer Region bis zum Lamer Winkel via Knotenpunkt Schwandorf. Für Mehrfahrten vor Ort empfiehlt sich das Bayerwald-Ticket für regionale Züge und Busse für 10 € (Montag bis Freitag erst ab 8 Uhr; Kinder bis 14 Jahre und Hunde fahren bei (Groß-)Eltern mit). Für die grünen Nationalparkbusse gibt es ein gleichartiges Tagesticket für 5 €; bayerwald-ticket.com. Erfreulich: Bei Urlaubern gelten Gästekarten mit GUTi-Logo in ca. 25 Gemeinden als kostenfreies Bayerwald-Ticket!

Gut gerüstet unterwegs

Was die passende Kleidung betrifft, bewährt sich die Zwiebeltechnik. Das heißt, es werden mehrere Schichten übereinander getragen. Während auf einfachen Touren bequeme Freizeitschuhe ausreichen, hüten in steinigem oder verwurzeltem Gelände richtige Wanderschuhe davor, sich die Knöchel zu verstauchen. Auf alle Fälle gehören je nach Wetter Sonnencreme oder Regenschutz zur Ausrüstung.

Soweit auf den Runden vorhanden, werden passende Einkehrstationen angegeben, alternativ nächstgelegene Gasthäuser. Die empfohlenen Lokale verfügen in der Regel über einen Spielplatz und/oder eine Kinderkarte. Auch wer bewirtschaftete Hütten anstrebt, sollte Getränke sowie etwas für den kleinen Hunger zwischendurch einpacken. Wie sehr sich durstige und hungrige Kinder von satten unterscheiden, braucht man Eltern nicht zu erklären. Wer ohnehin lieber ein Picknick macht, findet auf jeder Tour passende Plätze in freier Natur.

Infos vorab und vor Ort

Wer Rat sucht, dem hilft generell der Tourismusverband Ostbayern gerne weiter unter Tel. 0941/58 53 90. Die Adresse der Homepage lautet ostbayern-tourismus.de. Speziell über den Nationalpark informiert nationalpark-bayerischer-wald.de. Die Kontaktdaten der Infostellen vor Ort liefert der jeweilige Service-Kasten der Touren.

Streifzug durch den Bayerwald

Dieses Buch sortiert die Touren in zweierlei Hinsicht: Zum einen werden Wanderungen zusammengefasst, welche ähnliche Ziele verfolgen wie etwa aussichtsreiche Höhen oder tiefe Täler. Innerhalb der einzelnen Rubriken beginnt die Anordnung zum anderen im Hinteren Bayerwald von Nord nach Süd sowie im Anschluss daran im Vorderen Bayerwald von Süd nach Nord, also im Uhrzeigersinn. Auch die Einheimischen unterscheiden am liebsten zwischen dem donaunahen Vorderen Wald und dem Hinteren Wald an der Grenze zur Tschechischen Republik, wo auch der Nationalpark Bayerischer Wald liegt. Dieser ist der älteste seiner Art in Deutschland. Sein Gebiet und umfasst 24250 Hektar, was rund 35000 Fußballplätzen entspricht. Auf knapp drei Viertel seiner Fläche wird auf Eingriffe von Menschenhand bewusst verzichtet. »Natur Natur sein lassen« lautet die Devise. Zugleich vertraut der Mensch auf die Zyklen der Natur. Wer geschädigte Waldflächen unter die Lupe nimmt, sieht aus dem vermeintlichen Totholz gesunden Mischwald hervorsprießen. So respektieren positiv gesinnte Wanderer die Launen der Natur und freuen sich über Blicke in die Ferne, wo früher der Bayerwald vor lauter Bäumen nicht zu sehen war. Übrigens: Nicht zu verwechseln ist der Nationalpark mit dem Naturpark Bayerischer Wald. Dieses großräumige Schutzgebiet für Erholungssuchende darf nämlich land- wie forstwirtschaftlich genutzt werden.

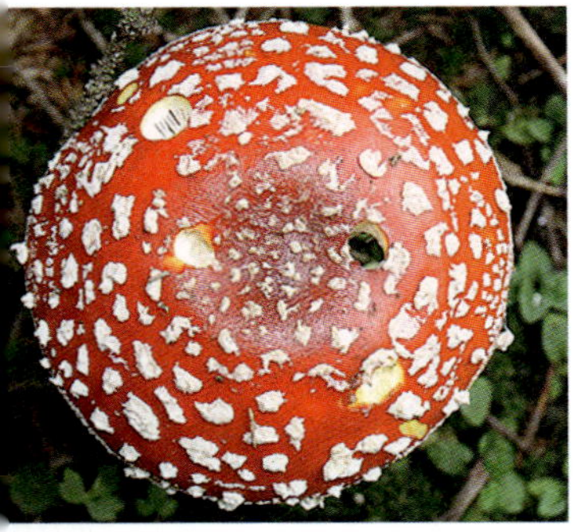

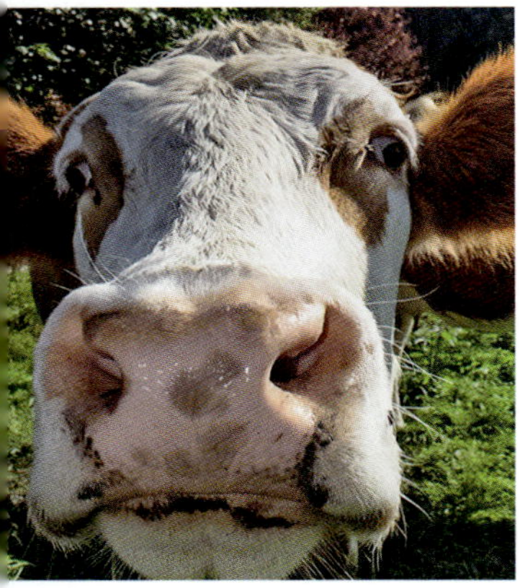

Neugierige Kuh am Wegesrand

Ganz oben: Schön, aber giftig: der Fliegenpilz

Immergrün und steinreich

Kaum zu glauben, aber Bayer- wie Böhmerwald stellen nichts anderes dar als den Rest eines 600 Millionen Jahre alten Riesengebirges mit ursprünglich 5000 Meter hohen Gipfeln. Der widerstandsfähigste Teil dieser urzeitlichen Böhmischen Masse, welcher heute noch herausragt, besteht aus Gneis, dem erdgeschichtlich jüngeren Granit sowie Glimmerschiefer. Als geologische Besonderheit präsentiert sich ein fast 150 Kilometer langes Quarzriff zwischen Vorderem und Hinterem Bayerwald: der Pfahl, welchen wir auf einer Handvoll Touren live erleben.

Zusammen mit seinem böhmischen Gegenstück, dem Národní park Šumava, bildet der Nationalpark Bayerischer Wald die größte zusammenhängende Waldschutzfläche in Mitteleuropa. Als eindrucksvolle Inseln innerhalb der Landschaften erfreuen ehemalige Hochweiden sowie Klausen für die einstige Holztrift, Schachten und Schwellen genannt. Wildtiere, die früher im Mittelgebirge lebten (und heute teils erneut in freier Wildbahn vorkommen), besuchen Jung und Alt in den großräumigen Gehegen und Volieren der zwei Nationalparkzentren (Tour 50 und Tour 52).

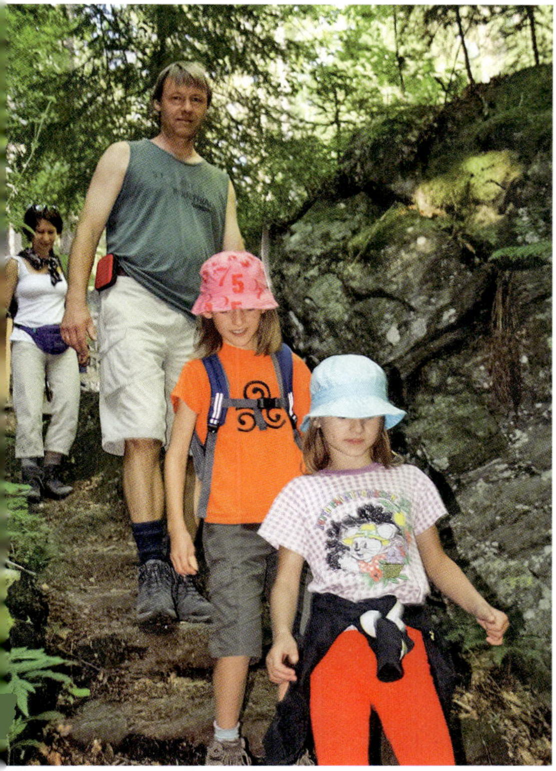

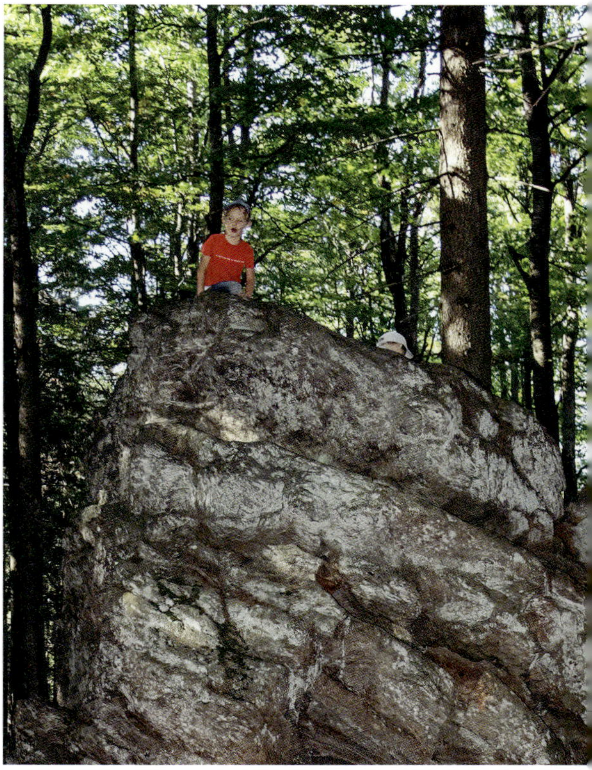

Jetzt geht's los

Klettermaxe sollten immer auch Augenmaß bewahren.

Links: Wandern stärkt den familiären Zusammenhalt.

Die Altersempfehlungen dienen der Orientierung, ebenso die angegebenen Schwierigkeitsgrade, welche die Touren in Relation zueinander setzen. Die veranschlagten Gehzeiten sind großzügig bemessen, es kommen allerdings noch Pausen hinzu. Klar ist, dass Kinder wie Erwachsene unterschiedlich gut zu Fuß unterwegs sind. Während manche wie Gämsen durchs Gebirge hüpfen, beginnen anderen nach nur wenigen Minuten die Füße wehzutun. In diesem Fall wirkt es oft Wunder, den besten Freund oder die beste Freundin mitzunehmen. Unterm Strich gilt sowieso: Eltern kennen ihren Nachwuchs und ordnen Ausdauer und Können am besten ein. Und so geht die Post richtig ab.

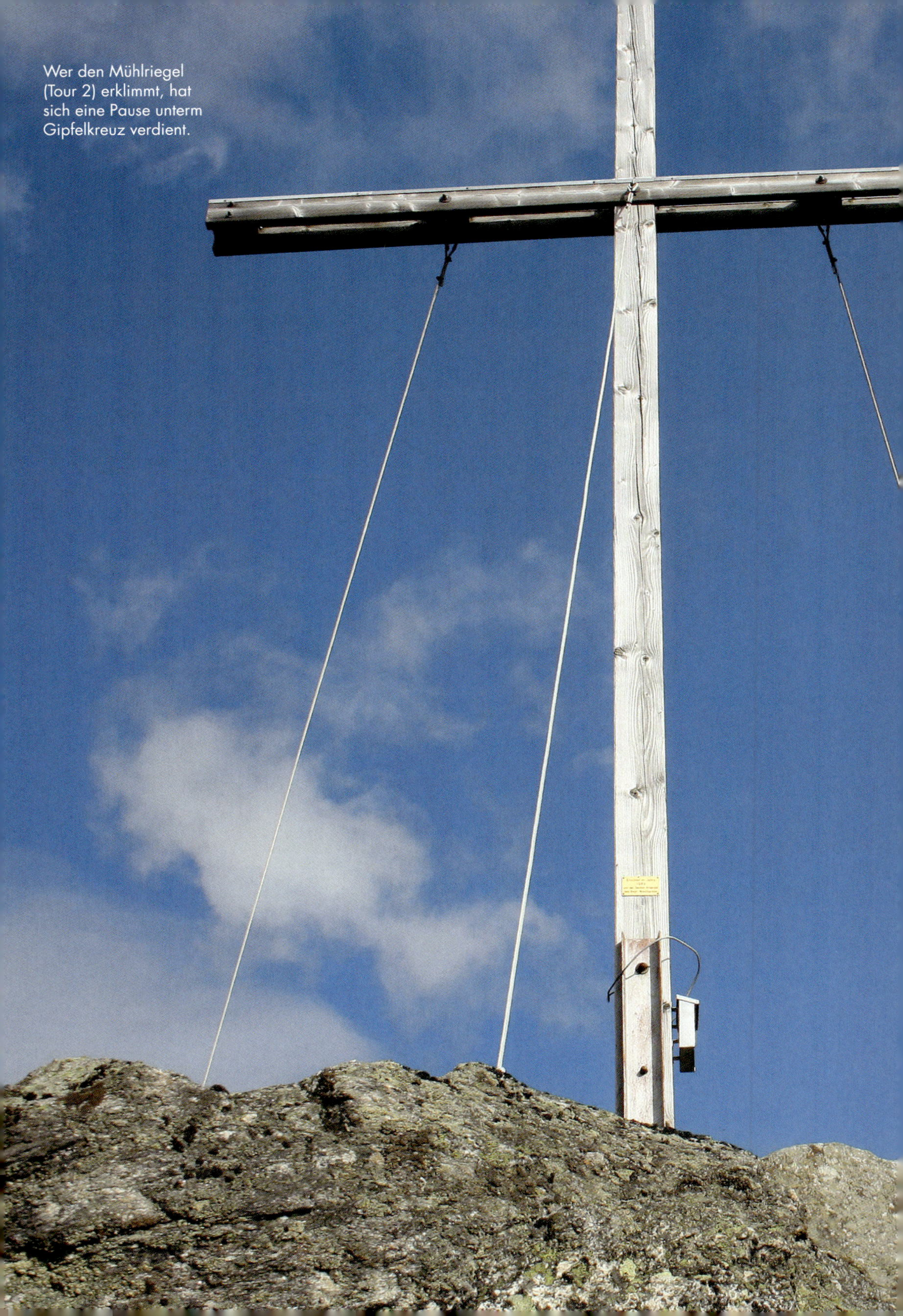

Wer den Mühlriegel (Tour 2) erklimmt, hat sich eine Pause unterm Gipfelkreuz verdient.

Die größten Gipfelerlebnisse

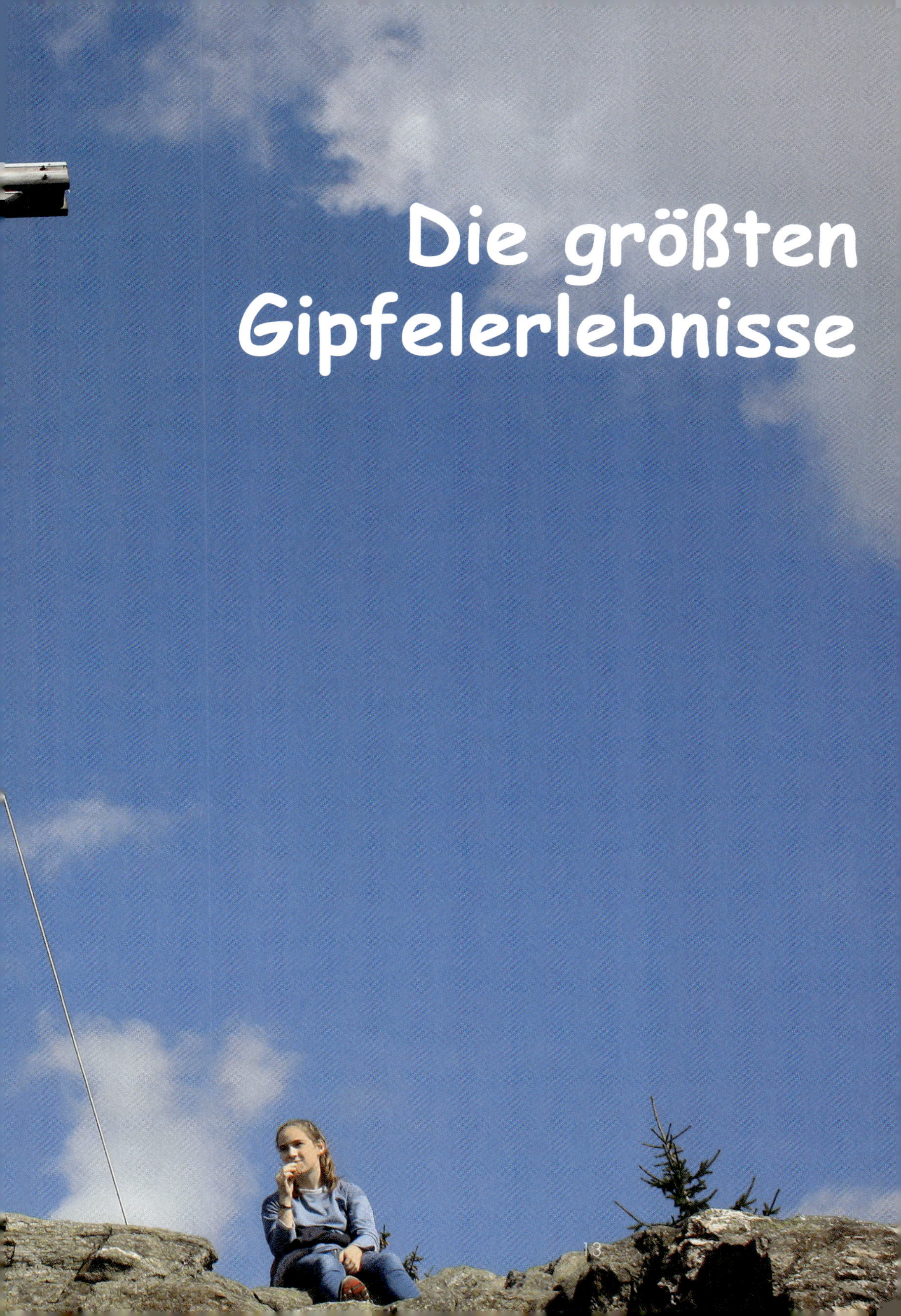

1 Hoch zum Kreuzfelsen auf den Kaitersberg

Streifzug rund um Räuber Heigls Höhle

schwer | 4,5 km | 250 m | 2.15 Std.

Alter
Ab 7 Jahren

Tourencharakter
Teils verwurzelter, überraschend steiniger und schattiger Pfad zum Gipfel; talwärts Schotterpfade und Waldwege

Anfahrt
Aus Norden, Westen und Süden via B 85 nach Bad Kötzting, im Osten des Kurorts in/aus Fahrtrichtung Lam bei der Ampel in Richtung Reitenstein/Reitenberg abbiegen (5 km)

Ausgangs-/Endpunkt
Wanderparkplatz Reitenberg

GPS-Koordinaten
49.183399, 12.910275

Markierung
Räuber-Heigl-Wanderweg/Goldsteig-»S«/Bk3/grünes Dreieck bis Wanderknoten Kreuzfelsen, Bk3 talwärts

Einkehr
Kötztinger Hütte (siehe Kasten), Lindner-Bräu in Bad Kötzting (von Ampel links bis 500 m nach dem zweiten Kreisverkehr; So Ruhetag)

Karte
Kompass Wanderkarte Nr. 195, Nördlicher Bayerischer Wald, 1:50 000

Information
Gästeservice, bad-koetzting.de

Über Stock und Stein spüren Familien auf dieser Runde dem legendären Räuber Heigl nach und entdecken seinen geheimen Unterschlupf. Darüber hinaus bietet auf dem Kaitersberg der schroffe Kreuzfelsen ein herrliches Gipfelerlebnis.

Hoch geht es hinaus. Am ausgeschilderten Parkplatz befinden sich Groß und Klein nämlich bereits auf rund 750 Meter Höhe. Sogleich laufen wir auf Asphalt bergan bis zum ehemaligen Wirtshaus (auf der linken Seite finden sich weitere Parkplätze). Hinter den traditionellen Totenbrettern biegen wir an der Wanderkreuzung nach rechts ab. Rasch geht der Forstweg in einen steinigen und verwurzelten Wanderpfad über. Die Nadeln unzähliger Fichtenbäume sorgen für Schatten. Hinter einer Senke wird der Weg breiter und macht 200 Meter vor der kleinen Aussicht am Plattenstein einen Linksknick.
Der folgende Wanderpfad führt deutlich bergauf. Links tauchen mächtige wie bizarre Gneisblöcke auf. Durch kleinere Kaliber

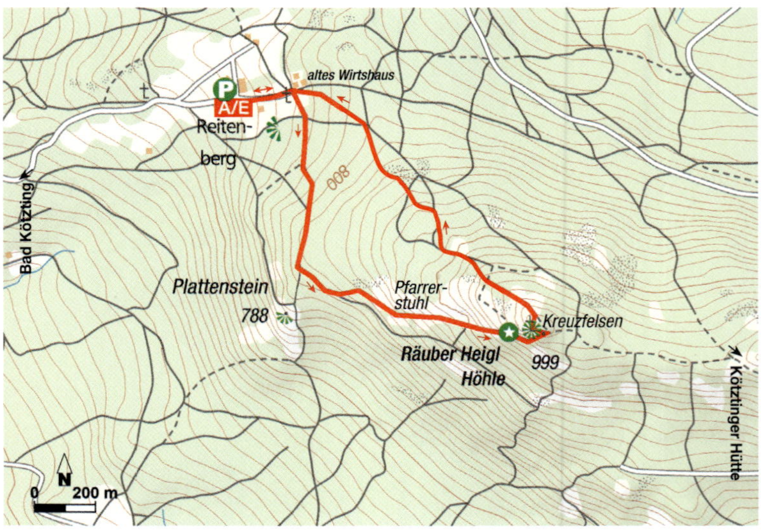

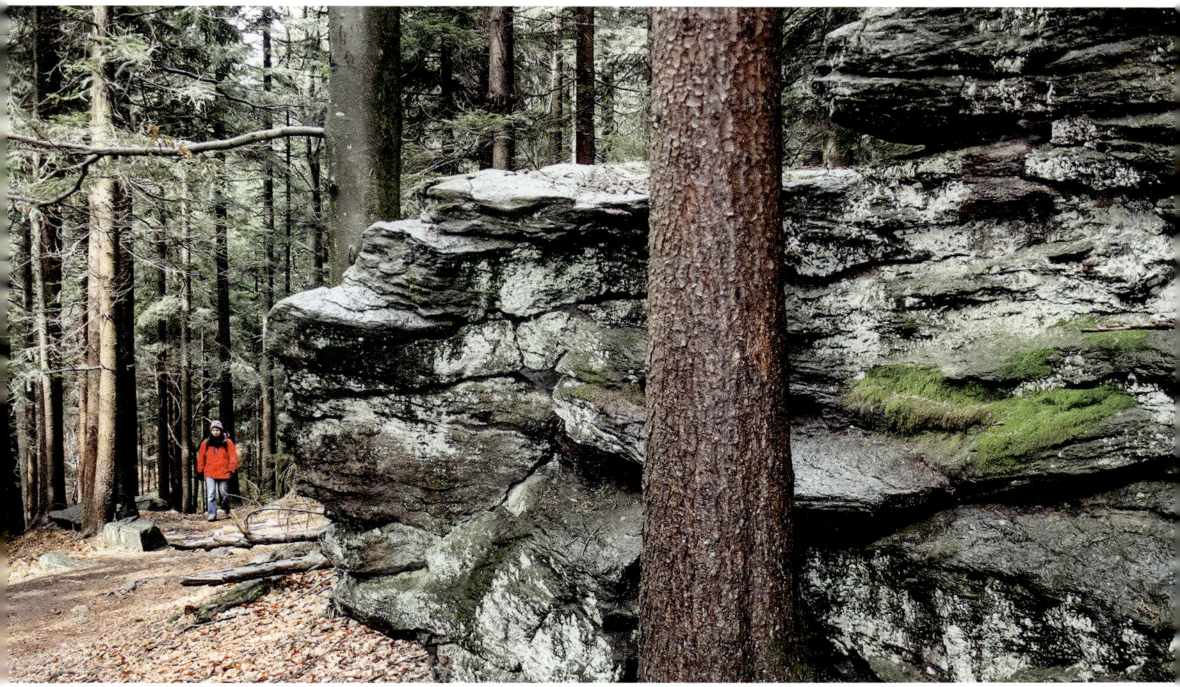

schreiten wir auf Steintreppen hindurch. Die erste steile Felswand, die wir links zu Gesicht bekommen, bezeichnen die Einheimischen als Pfarrerstuhl. Unter der darauf folgenden Wand verrät ein hoch am Baumstamm angebrachtes Schild, wo sich ein legendäres Versteck verbirgt: die Höhle des Räubers Heigl. Leicht erhöht befindet sich ein schmaler Einlass, ins Innere hinein kommen kleine wie große Entdecker jedoch besser von der Seite direkt an der schroffen Wand mit ihren grüngelben Schwefelflechten entlang. Ein Stück höher liegt eine Art Notausstieg verborgen.

Den Räuber gab es natürlich in echt. Und das ist seine Geschichte: Im Jahr 1816 kommt ein Bub namens Michael Heigl in ärmlichen Verhältnissen zur

An geheimnisvollen Gneisblöcken vorbei geht es zur Höhle, in der sich einst Räuber Heigl versteckte.

Badespaß für Groß und Klein

Nach dem Wandern bietet die AQACUR-Badewelt in Bad Kötzting Familien ein erfrischendes Vergnügen. Während der Nachwuchs auf der 100-Meter-Rutsche ins Wasser saust und Papa im Wellenfreibad krault, entspannt Mama alternativ im Thermarium oder in der Saunawelt. Freibad-Öffnungszeiten von Pfingsten bis Mitte September bei schönem Wetter täglich 10–20 Uhr; u. a. Familientageskarte (ohne Wellness) 16 €; Anfahrt ab Wanderparkplatz Reitenberg runter zur Ampel und geradeaus über die Kreuzung; aqacur.de.

Welt. Früh gerät er mit der Obrigkeit in Konflikt. Schließlich türmt er in Straubing aus dem Gerichtssaal und verschanzt sich im Bayerischen Wald. Da der verwegene »Waidler« auf seinen folgenden Beutezügen nur Reiche ins Visier genommen haben soll, betrachtet ihn manch Bettelarmer als eine Art Robin Hood. Mit der »roten Res«, wie seine rothaarige Geliebte Theres Pritzl genannt wird, verbringt der furchtlose Mann Jahre unterm Sternenzelt am Kaitersberg. In der Tat kennt er sich hier aus, denn sein Heimatort Beckendorf liegt nur 500 Meter nördlich der Ampelkreuzung, auf der Autofahrer heute nach Reitenberg abbiegen. Sein Gspusi, also seine Geliebte, stammt ebenso aus der Nähe, und zwar aus Gotzendorf vor Hohenwarth. Sowohl dem Räuber Heigl als auch der »roten Res« werden ein ausgeprägter Sinn für Gerechtigkeit nachgesagt. Zehn Jahre lang bekommt niemand den mu-

Am Kamm einkehren

Wer auf dem Kaitersberg einkehren will und sowohl Kräfte als auch Zeit übrig hat, folgt vom Wanderknoten auf der Kammlage den Markierungen Bk3 und dem grünen Dreieckspfeil (Fernwanderweg). Über Stock und Stein geht es via Mittagstein zur bewirtschafteten Kötztinger Hütte (ab Kreuzfelsen hin und zurück zusätzlich 3,5 km, 1.45 Std., 100 Hm).

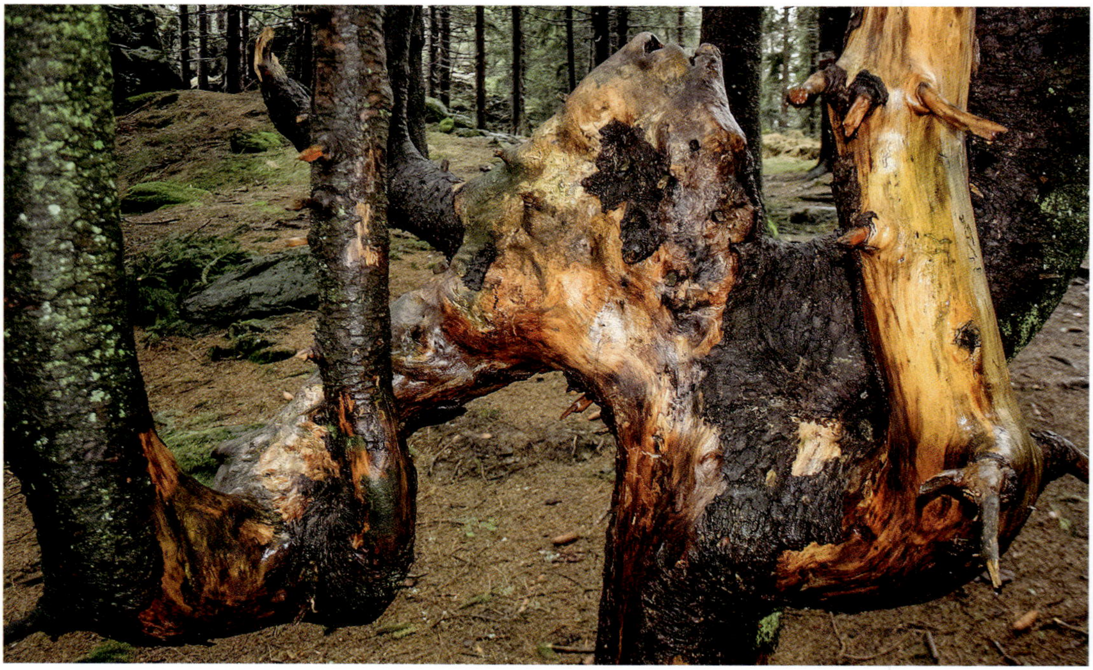

Wunderlicher Baum auf dem Kamm, wo sich die Pfade zur Höhle, zum Gipfel und zur Kötztinger Hütte treffen

tigen Michael zu fassen. Dann verrät ein Kumpan sein Versteck, sodass ihn Gendarmen im Sommer des Jahres 1853 vor seiner Höhle verhaften. Im Anschluss daran wird er zu einer lebenslänglichen Kettenstrafe im Gefängnis in der Münchner Au verurteilt. So endet die Geschichte von Robin Hood aus dem Bayerwald. Oder sollte man seiner Herkunft wegen besser »Robin Wood« sagen?

Unser Pfad führt von der Höhle weiter bergan. Wie hingeworfen wirken die Steine am Wegesrand. Nach einem Linksknick erreichen wir den Wanderknoten auf der Kammlage. Wir folgen dem Pfeil Bk3 nach links zum Kreuzfelsen. Nur 50 Meter entfernt verrät ein weißer Schriftzug auf einem Fels den Durchschlupf »zum Kreuz«. Zwei Drahtseile dienen zum Festhalten. Hinter den 14 Wegweisern zu benachbarten Orten sowie europäischen Metropolen treffen wir schließlich auf den westlichsten Gipfel am Höhenrücken des Kaitersbergs: den 999 Meter hohen Kreuzfelsen. In insgesamt knapp anderthalb Stunden sollten wir den Aufstieg schaffen. Vorsicht: In südlicher Richtung fällt der Gneiskopf geradlinig ab und ist nicht gesichert! Behutsam genießen Familien den atemberaubenden Blick vom schroffen Gipfel über Bad Kötzting hinweg nach Westen, übers Zellertal nach Süden sowie auf den ganzen Bergrücken mit dem Großen Riedelstein im Südosten. Sicher ließ hier einst auch der Räuber Heigl seinen Blick in die Ferne schweifen. Bei Einbruch der Dunkelheit entfachte er wohl vor der Höhle ein Lagerfeuer, weil ihn dann der aufsteigende Rauch nicht mehr verraten konnte.

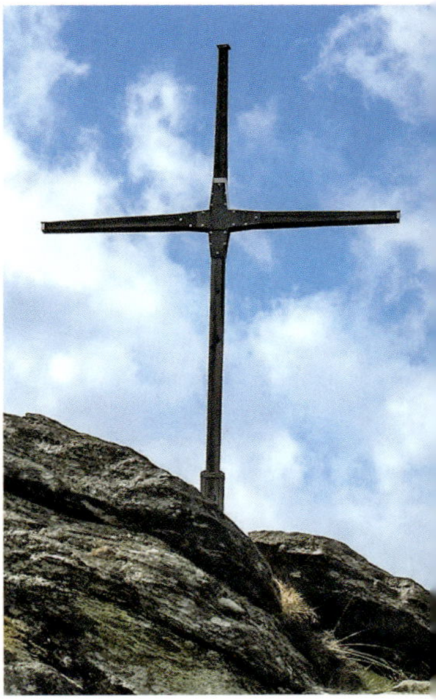

Nomen est omen: der Kreuzfelsen

Einen Steinwurf vom Kreuzfelsen entfernt in Richtung Norden befindet sich ein Rastplatz. Dieser ist einfach zu erreichen, denn zum Kamm hin fällt das Gestein vergleichsweise sanft ab. Direkt an Bank und Tisch vorbei orientieren wir uns bergab. Sogleich landen wir bei einem Felsen mit Schwefelflechten, den wir gemäß Markierung linksseitig umrunden. Ein Stück weiter empfängt Wanderer ein zweites Kreuz. Es markiert den Punkt, an dem Fuhrleute mit Pferden das Gipfelkreuz brachten, ehe es Menschenhand auf den Gneiskopf hievte.

Talwärts steigen wir weiter auf dem teils ausgewaschenen, zunächst schotterigen und später noch grobsteinigeren Weg. Bei den zahlreichen Gabelungen achten wir auf die weiß-roten Markierungen. Schließlich landen wir neben dem ehemaligen Wirtshaus der Familie Köppl auf dem uns bekannten Asphalt und erreichen den Parkplatz.

2 Mühlriegel und Skywalk

Vom Ecker Sattel in Richtung Arber

mittel	5,5 km	280 m	2.30 Std.

Alter
Ab 7 Jahren

Tourencharakter
Einstieg auf Waldweg, der in herrlichen Kammpfad übergeht; Abstieg ein Stück weit schwierig; einfacher Forstweg zum Skywalk

Anfahrt
Von Norden über Arrach, von Süden über Arnbruck jeweils rauf auf den Sattel

Ausgangs-/Endpunkt
Je ein Wanderparkplatz unmittelbar vor und hinter dem Ecker Sattel (2 €/Tag)

GPS-Koordinaten
49.162871, 12.990650 (Parkplatz Süd)

Markierung
La6/Fernwanderweg (grünes Dreieck)/Goldsteig-»S« zum/am Kamm; talwärts Ab8, querende Forststraße MTB50, Skywalk Ab7

Einkehr
Berggasthof Eck

Karte
Kompass Wanderkarte Nr. 195, Nördlicher Bayerischer Wald, 1:50 000

Information
Tourist-Info Arrach, Tel. 09943/10 35, lamer-winkel.bayern

Vom Ecker Sattel visieren die meisten Wanderer den Kaitersberg an. Unsere Tour führt auf den entgegengesetzten und ruhigeren der zwei Kämme zum Mühlriegel mit seiner wunderbaren Aussicht in den Vorderen Bayerwald. Der sportlichen Passage beim Abstieg folgt ein Forstweg zum überraschenden Skywalk.

Beim Berggasthof Eck auf der Passhöhe wechseln wir behutsam die Straßenseite und folgen dem Schilderwald geradewegs in Richtung Mühlriegel. Eine Muttergottes sowie die folgende Reihe altehrwürdiger Totenbretter lassen wir links liegen und marschieren auf dem Waldweg sanft bergauf. Zwischen Buchenblättern und Fichtennadeln findet die Sonne zunächst genügend Raum, um uns an der Nase zu kitzeln. Stück für Stück geht der Weg in einen reizvollen Wanderpfad über. Der zunehmend dichtere Baumbestand zaubert einen märchenhaften Hexenwald hervor. Nur ein paar Steine und wenige Wurzeln ragen aus dem weitgehend gleichmäßig ansteigenden Pfad heraus. Bergan erspähen wir links zurückversetzt eine imposante Felsformation. Wo sich der Wald wieder lichtet, können wir zwischen den Baumstämmen hindurch vereinzelt in die Ferne blicken – zurück in Richtung Westen über den Ecker Sattel zum Großen Riedelstein am Kaitersberg oder in Richtung Norden in den Lamer Winkel am Fuße der Osser-Doppelspitze. Voller Vorfreude nähern sich kleine wie große Gipfelstürmer dem Mühlriegel mit seinem riesigen Holzkreuz im Auerwildschutzgebiet.
Von der morschen Schutzhütte unter dem Gipfelfuß, welche wir in gut einer Stunde erreichen, können wir rechts relativ geradlinig zum Kreuz hochsteigen. Oder wir pirschen uns links an dem Blockhäuschen vorbei in einem Bogen zur Felsformation. In diesem Fall kommen wir an den versteckten Gedenktafeln der Bergwacht Arnbruck vorbei. Beide Varianten erfordern zuletzt Trittsicherheit. Ganz oben angekommen freuen sich Jung und Alt über den großartigen Blick über das Zellertal hinweg in Richtung Vor-

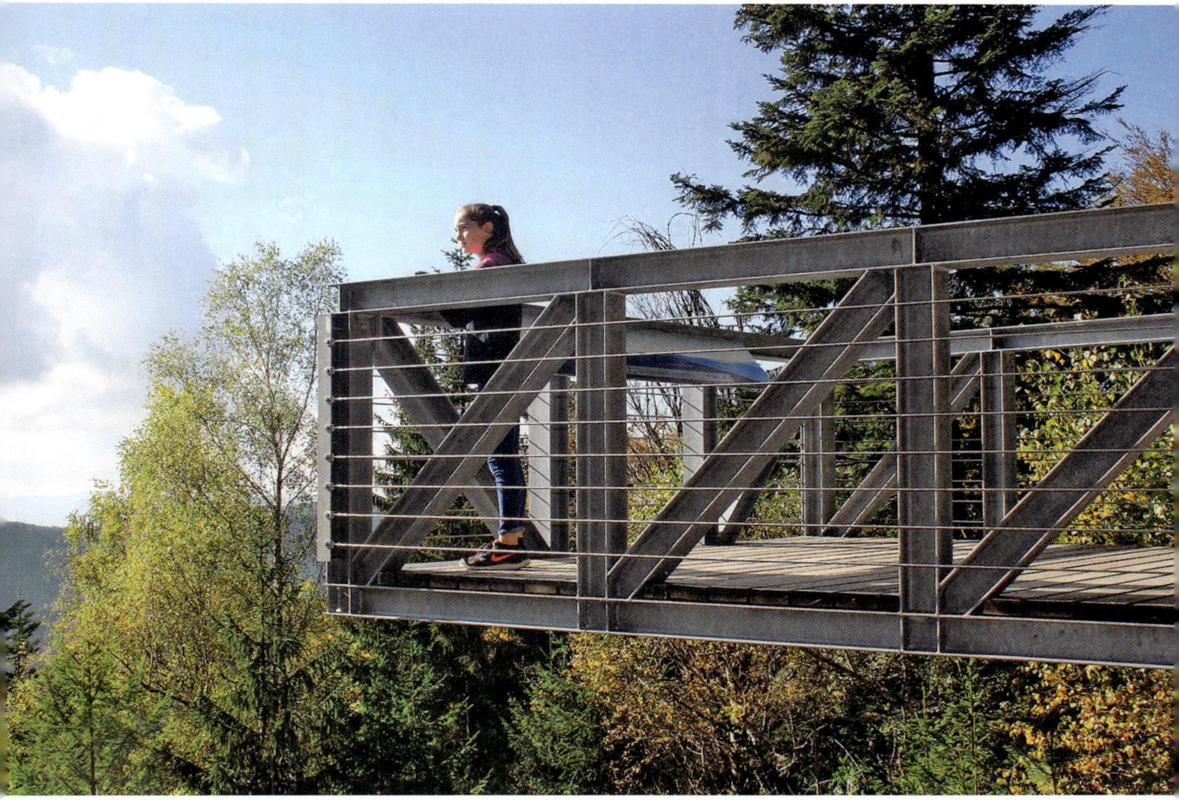

Nahe Ecker Sattel bietet der erste Skywalk im Bayerischen Wald eine herrliche Aussicht.

derer Bayerwald. Gut ausmachen lässt sich die alte Skipiste am Pröller-Nordhang im Südwesten. Wer über den Bergwachtwinkel nach Südosten späht, sieht hinter Laubbäumen versteckt das Arber-Plateau mit seiner Radarkugel hervorspitzen. Der um 72 Meter niedrigere Kleine Arber gleich rechts daneben wirkt aus dieser Perspektive sogar ein Stück weit größer.

Bei der Schutzhütte unterm Gipfel setzen wir unseren Marsch in Richtung Arber fort. Allerdings folgen wir dem Fernwanderweg nur noch wenige Minuten sanft bergab, bis ein Pfeil nach rechts in Richtung Arnbruck zeigt. Wir verlassen den Kammweg und orientieren uns beim Abstieg an der weiß-blauen Markierung Ab8. Der folgende Teil der Tour fordert uns heraus. Zunächst geht es steil, jedoch auf dankbarem Waldboden bergab. Wo die Strecke

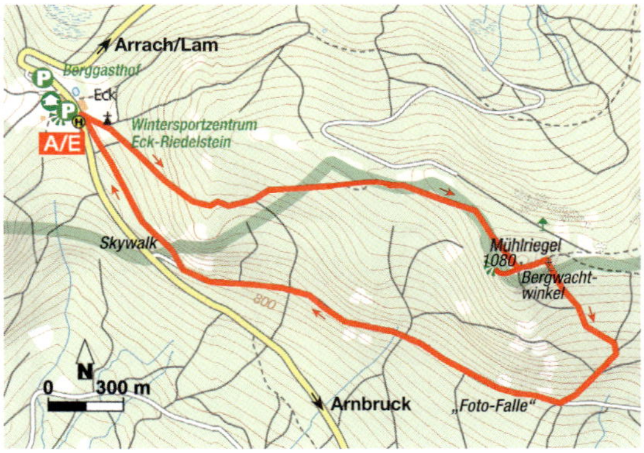

zum Hohlweg gerät, wird der Untergrund steinig. Geröll fordert beim Abstieg unsere ganze Aufmerksamkeit. Auf Passagen wie diesen bewähren sich Wanderschuhe mit fester Sohle und hohem Schaft einmal mehr. Wo die Markierung nach halb rechts weist, haben wir das Gröbste hinter uns. Ein Stück weiter treffen wir auf einen geschotterten Forstweg. Dort verlassen wir den Weg Ab 8 und marschieren ohne Markierung deutlich entspannter nach rechts. Auf dieser Strecke verläuft lediglich MTB 7, allerdings in umgekehrter Richtung.

Unmittelbar hinter der folgenden Mini-Kuppe befanden sich bei Druck des Buches zwei Kästchen, die an eine Lichtschranke erinnern. Deren Installation geht auf eine Initiative des Bayerischen Landesamts für Umwelt zurück und dient dazu, Wildtiere im Rahmen des sogenannten Luchsprojekts zu erfassen. Konkret handelt es sich um zwei Kameras mit Infrarotsensor. Ändert sich das Wärmefeld, schießt die Apparatur ein Bild. Neben häufigen Besuchern wie Reh, Fuchs und Hase zählen Waschbär, Marder und Luchs zu den porträtierten Vierbeinern. Da die Tiere von beiden Seiten abgelichtet werden, lassen sich einzelne Exemplare per Fellmuster klar identifizieren. Tappen hingegen Menschen in die Foto-Falle, werden die gemachten Schnappschüsse allesamt gelöscht. Zu erkennen sind darauf ohnehin meist nur Schuhe oder Radreifen.

Der breite Forstweg führt behaglich bergab. Zugleich geht es flott voran. Aus diesem Grund nutzt auch der Luchs diese Strecke, denn die Wildkatze streift in einer Nacht durchaus bis zu 20 Kilometer weit durchs Revier. Bei Tag dringt die Sonne mal mehr und mal weniger durch die Schneise. Auf alle Fälle überraschen auf der rechten Seite wiederholt schroffe Felskegel.

Wenn schließlich linksseitig die asphaltierte Passstraße ins Auge fällt, folgen wir halb rechts dem grünen Pfeil zum »Skywalk«. Vom tiefsten Punkt unserer Tour verrät zusätzlich Ab 7, wo es hochgeht. Keine fünf Minuten später erreichen wir am Rande

Wasser marsch!

Vom Ecker Sattel zurück im Tal entscheiden sich Wasserratten und Badenixen im Norden zwischen dem großflächigen wie kostenfreien Seepark Arrach und dem bunten Osserbad in Lam (u. a. Maxi-Familienkarte 20 €, osserbad.de). Im Süden locken das Bio-Naturbad Zellertal in Drachselsried (Parken 2 €) oder das Panoramabad in Arnbruck (täglich außer Mo ab 14 Uhr, u. a. Maxi-Karte 13,50 €, panoramabad-arnbruck.de).

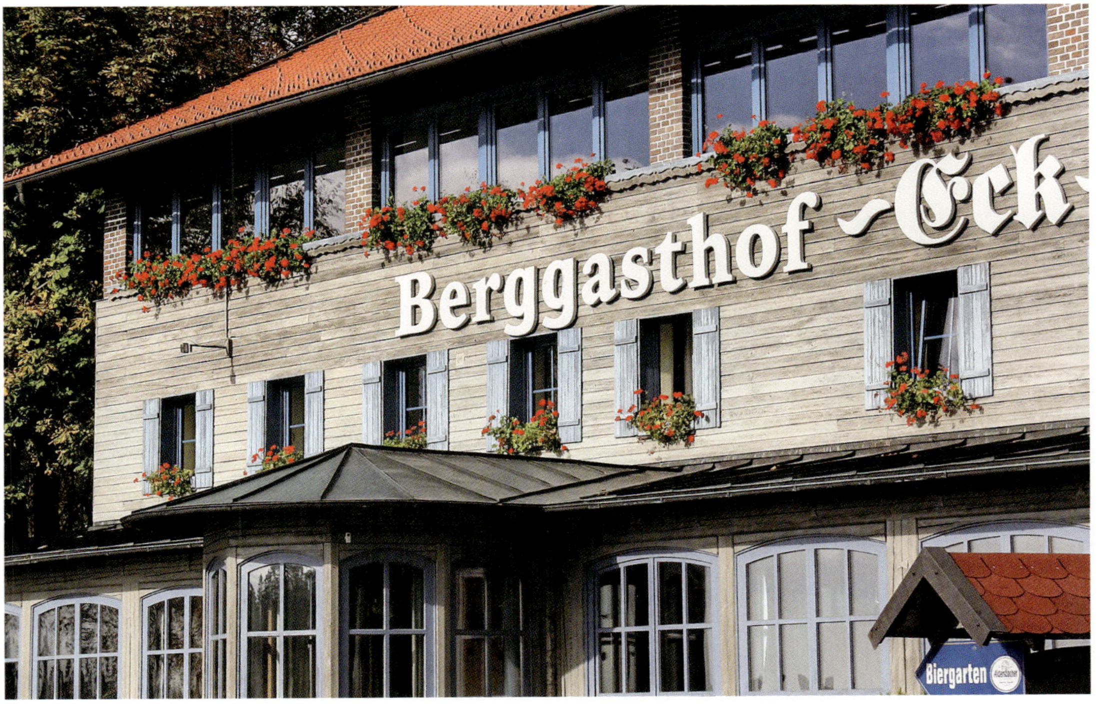

Ausgangs- und Endpunkt für eine Reihe schöner Touren: der großräumige Berggasthof Eck

des Waldwegs eine ungewöhnliche Metallkonstruktion – den ersten Skywalk im Bayerwald. Eine Brücke gen Himmel will diese Art von Aussichtspunkt nicht nur hier sein. Sicher gehört unsere zehn Meter lange Version mit Holzboden zu den zahmeren Varianten. Wer bis zur Panoramakarte vorgeht, lässt den Blick auf Höhe der Baumwipfel vom höchsten Berg im Vorderen Bayerwald, den Einödriegel, bis zum Pröller schweifen. Bei glasklarer Sicht überraschen obendrein die am Horizont hervorspitzenden Alpen. Gegebenenfalls grüßt aus sage und schreibe 180 Kilometer Luftlinie der Watzmann aus dem Berchtesgadener Land, dessen Aussehen an einen Vulkankegel erinnert.
Auf unserem rund zehnminütigen Endspurt gehen wir weiter sanft bergan. Kurz nachdem sich der Waldweg der Passstraße nähert, lockt die Einkehr auf der Sattelhöhe. Über den Parkplatz, welcher von Hausgästen kostenfrei genutzt werden darf, peilen Hungrige entweder die geräumigen Gaststuben oder die von der Straße abgewandte Terrasse mit ihren Biergartengarnituren an. Dahinter befindet sich ein kleiner Spielplatz. Übrigens: Der unterhalb gelegene Wasserspeicher speist im Winter die Schneekanonen, welche weiße Pisten befeuern.

3 Auf den Kleinen Arber

Von Bodenmais durchs Rißloch zum Brudergipfel des Bayerwaldkönigs

schwer | 10,5 km | 640 m | bis zu 5 Std.

Alter
Ab 10 Jahren

Tourencharakter
Anspruchsvolle Tour auf großenteils steinigen Pfaden mit kurzen Passagen auf geschotterten Wegen zu bestechender Aussicht und uriger Hütte

Anfahrt
Nach Bodenmais aus Nordwesten via Drachselsried, aus Nordosten via Bretterschachten, aus Südwesten via Teisnach, aus Südosten via Regen oder Zwiesel und Langdorf; am Rißlochweg Gleise queren

Ausgangs-/Endpunkt
Wanderparkplatz Rißlochweg

GPS-Koordinaten
49.080238, 13.110251

Markierung
Erst Bo2, nach den Rißlochfällen Bo7, zum Gipfel auch Goldsteig

Einkehr
Chamer Hütte/Schutzhaus Kleiner Arber (15. Juni bis 31. Oktober)

Karte
Kompass Wanderkarte Nr. 195, Nördlicher Bayerischer Wald, 1:50 000

Information
Bodenmais Tourismus, Tel. 09924/77 81 35, bodenmais.de

Neben dem höchsten Berg im Bayerwald, dem Großen Arber, ragt der Kleine Arber als stattlicher Seitengipfel empor. Der äußerst sportliche Aufstieg startet bei Bodenmais und führt an den Rißlochfällen vorbei durch die Südflanke zur Chamer Hütte und zum Gipfelkreuz.

Vom Wanderparkplatz Rißlochweg marschieren wir zunächst geradewegs auf der Forststraße weiter. Um optimal voranzukommen, folgen wir bei der Gabelung halb rechts dem vergleichsweise bequemen Weg Bo 2. Auf dieser Variante umgehen wir den steilen Anstieg neben dem Hauptfall, freuen uns jedoch über das springende Nass kleinerer Kaskadenreihen (wer sich ganz den Rißlochfällen widmen will, entscheidet sich womöglich besser für Tour 31).

Nachdem sich die zwei Wegvarianten hinter den Rißlochfällen wieder vereinen, folgen große und kleine Gipfelstürmer einen Steinwurf weiter dem Goldsteig-Zubringer mit der Markierung Bo 7 links über den Holzsteg in Pfeilrichtung »Chamer Hütte«. Bergan blinzelt die Sonne durch die Schatten spendenden Baumkronen. Am Boden entdecken Jung und Alt Farne oder mit Moos übersäte Gneisblöcke. Ein Stück geht es auf der Auerhahnstraße voran. Ausdauernd begleitet uns das Plätschern des Schwellbachs, bis wir über die Banklstraße hinweg zur urigen Chamer Hütte gelangen, welche auch »Schutzhaus Kleiner Arber« genannt wird.

Das Gebäude verharrte im Dornröschenschlaf, bis es zum Glück der »Schi-Club Bodenmais« übernahm und es zu einer beliebten Einkehr machte. Tagesgäste sind ab 11 Uhr in der Stube und auf der Sonnenterrasse willkommen, allerdings zum Schutz des Auerhahns nur ab 15. Juni bis Ende Oktober (bei Erstdruck des Buches beantragte der Verein beim Landratsamt, bereits im Laufe des Mai aufsperren zu dürfen).

Wer den Kleinen Arber erstürmen will, sollte mit dem Hüttenzauber am besten noch bis zur Rückkehr vom Gipfel warten. Mit

dem Goldsteig-»S« überwinden wir auf steiler Strecke die letzten rund 100 Höhenmeter zum Holzkreuz. Bis hierher benötigen Familien zweieinhalb Stunden und mehr. Der Blick vom harten Gneisgipfel schweift in südlicher Richtung über Bodenmais und im Westen über das Zellertal hinweg in die Ferne. Der Große Arber mit seinen zwei markanten Radarkugeln überragt den Kleinen Arber im Osten um exakt 72 Meter.
Auf der uns bekannten Strecke marschieren wir zurück ins Tal. Von der Chamer Hütte führt Bo 7 aus lichter Höhe wieder unter dichte Baumkronen. Ein Stück hinter der geschotterten Passage vereint sich talwärts hinterm Holzsteg schließlich der Weg Bo 7 kurz mit dem bekannten Weg Bo 2. Zum Ende der fordernden Tour bevorzugen die meisten erneut den vergleichsweise bequemen Weg zurück zum Ausgangspunkt. Dort angekommen können wir uns darüber freuen, die Tour mit den meisten Höhenmetern in diesem Buch geschafft zu haben.

Unten: Auf dem Kleinen Arber

Einkehrstation Chamer Hütte

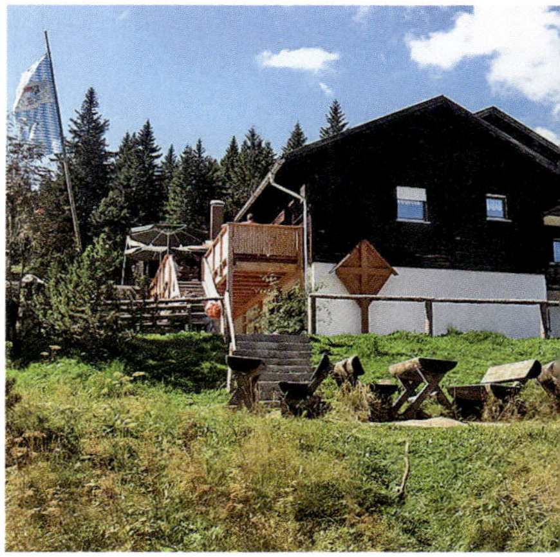

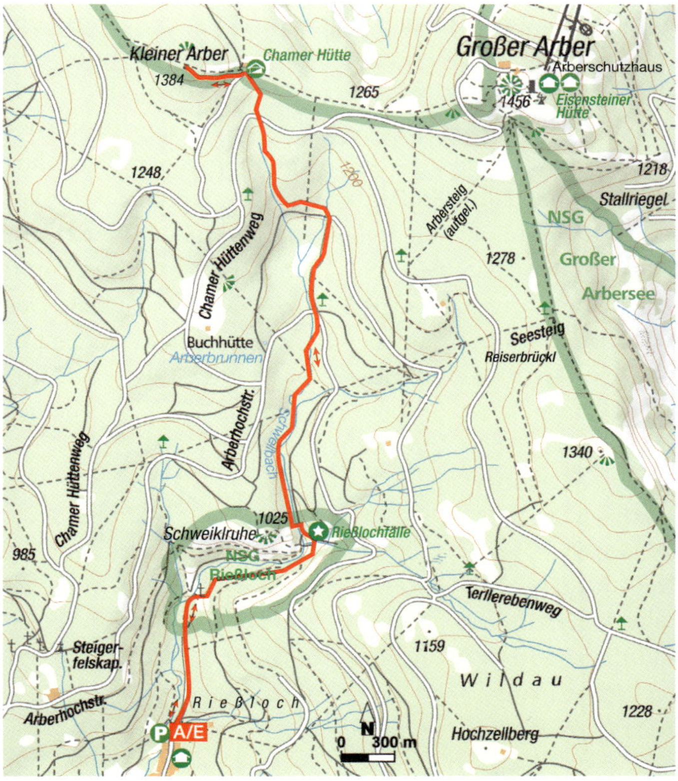

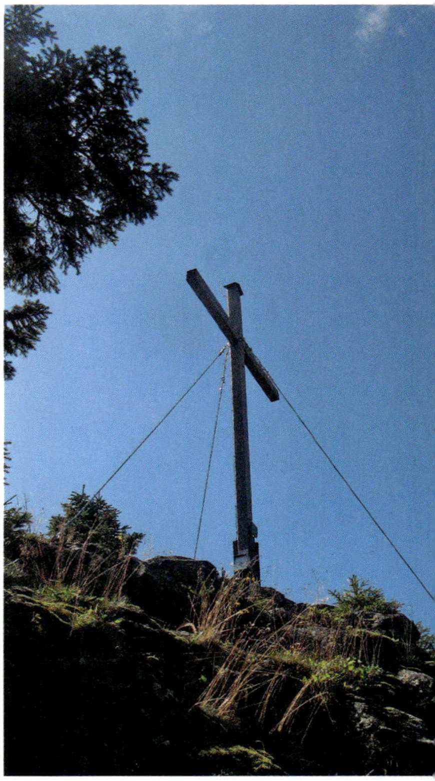

4 Der Große Arber

Mit der Gondel auf den Bayerwaldkönig zum Rundwanderweg am Gipfelplateau

leicht | 2 km | 100 m | 1.15 Std.

Alter
Ab 3 Jahren

Tourencharakter
Einstieg/Abschluss etwas steiler, auf dem Plateau weitgehend ebener Splittweg, fordernde Riegel-Abstecher

Anfahrt
Auto: Von Zwiesel via B 11, aus Bodenmais über Bretterschachten, aus Lamer Winkel und Bayerisch Eisenstein über Brennes. Bus: Wanderbus 7148 ab Zwiesel (Mo–Fr), RBO-Bus 6198 ab Bodenmais, Bus 6080/590 aus Lam

Ausgangs-/Endpunkt
Bergbahn-Talstation (3 €/Tag)

GPS-Koordinaten
49.120882, 13.142551

Markierung
Rundwanderweg

Einkehr
Arberschutzhaus, Eisensteiner Hütt'n (barrierefrei ab Bergstation)

Karte
Kompass Wanderkarte Nr. 195, Nördlicher Bayerischer Wald, 1:50 000

Information
Talstation, Tel. 9925/941 40, arber.de; Tourist-Info, Tel. 09925/94 03 16, bayerisch-eisenstein.de

In jedem Gebirge zieht der höchste Berg magisch an – so auch der Große Arber. Um den majestätischen Bayerwaldberg ohne Strapazen zu bezwingen, gondeln Familien mit der Bahn an den 1456 Meter hohen Gipfel heran. Übers Haupt des Königs führen ein breiter Weg sowie steinige Abstecher auf die vier Gipfelriegel.

An der Talstation der Bergbahn drei Kilometer nordwestlich des Großen Arbersees finden Autofahrer einen geräumigen Parkplatz, welcher nur im Winter an seine Grenzen stößt. Von dort bringen Gondeln bequeme Gipfelstürmer in vier Minuten bis auf 50 Höhenmeter ans Plateau heran (täglich ab 9 Uhr, u. a. zwei Erwachsene plus zwei Kinder hin und zurück 40 €). Direkt unterhalb der Bergstation laden zwei bewirtschaftete Hütten ein, welche, falls gewünscht, mittels Aufzug erreichbar sind.
Wer zum Gipfel will, marschiert von der Bergstation über zwei Serpentinen bergauf. Oben an der Kreuzung bietet sich nach links ein Abstecher zum Großen Seeriegel sowie zur Arberkapelle an. Zur Madonna aus Kalkstein pilgern am vorletzten Sonntagvormittag im August auch Gläubige bei der Arber-Kirchweih. Das kleine Gotteshaus geht auf das Jahr 1806 zurück. Das frostige und raue Klima bringt es mit sich, dass die Kapelle immer wieder erneuert werden muss. Der Rundwanderweg führt mit dem Uhrzeiger an der unbewirtschafteten Zwieseler Hütte vorbei, danach treffen wir links auf den Bodenmaiser Riegel. In dieser Gneisformation entdecken Kreative den Kopf von Richard Wagner. Da das Arberplateau über der Baum-

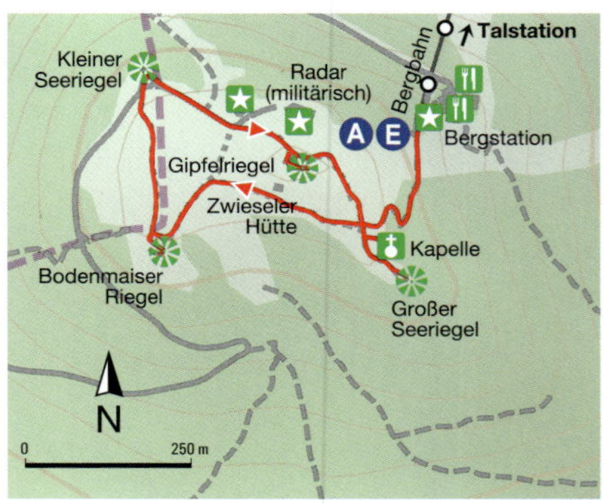

grenze liegt, begegnen uns alpine Latschen und Magerrasen, deren Gräser in der Herbstsonne goldgelb leuchten. Verdecken Wolken die Sonne und bläst der Wind, kann es frisch werden.

Vom Bodenmaiser Riegel wandern wir geradewegs in Richtung Norden zum Kleinen Seeriegel. Wer sich dort nach rechts wendet, stößt hinter den militärischen Radaranlagen auf den Gipfelriegel samt Kreuz. Nicht nur von dort erblicken wir in östlicher Richtung den Talort Bayerisch Eisenstein, dahinter Železná Ruda (Markt Eisenstein) hinter der Grenze auf tschechischer Seite. Die markante Schneise im Wald gehört zum Skigebiet Špicák (Spitzberg). Beim Blick in die Ferne in Richtung Süden grüßen unter anderem der Große Falkenstein sowie der zweithöchste Bayerwald-Gipfel, der Große Rachel, ein Stück weiter rechts.

Den Rundwanderweg vollenden wir, indem wir ein Stück weiter marschieren bis zur vom Hinweg bekannten Kreuzung. Nun geht es auf derselben Strecke wie am Anfang hinab zur Bergstation. Hungrige und Durstige peilen die unterhalb gelegenen Einkehrstationen an. Das Arberschutzhaus wirkt von außen uriger. Seit seiner Renovierung wird es wie die neuere Eisensteiner Hütt'n von der Arber-Bergbahn betrieben. Dadurch ähneln sich nicht nur die Speisekarten samt Kinderkarte, sondern auch die Atmosphäre. Wenn es auf den Sonnenterrassen kühl sein sollte, ermöglichen die Panoramafenster in der Eisensteiner Hütt'n eine ebenbürtige Aussicht. Übrigens: Die Bergbahn sowie die Waldungen hinab nach Bayerisch Eisenstein gehören dem Fürstenhaus Hohenzollern.

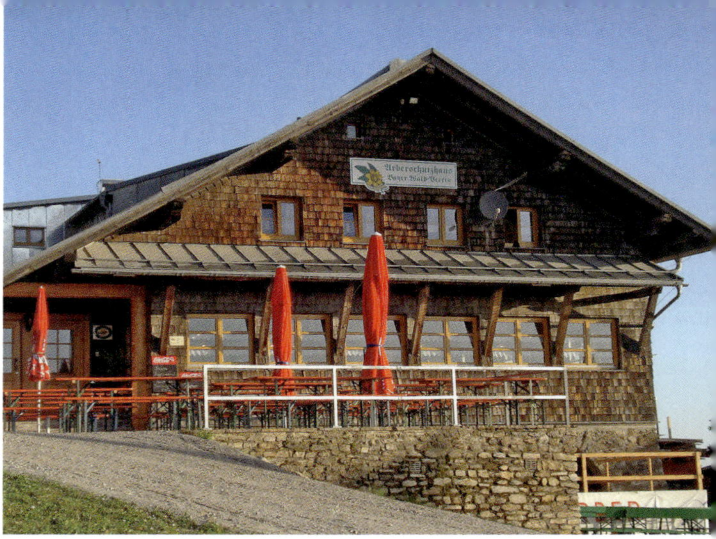

Das bewirtschaftete Schutzhaus unterhalb der Bergstation der Gondel vor dem Erweitern der Sonnenterrasse

Rund um den Großen Arbersee

An der Ostseite 500 Höhenmeter unter dem Arbergipfel liegt der sehr beliebte Große Arbersee, den Autofahrer auf breiter Straße erreichen (Parkplatz 4 €). Vom 2017 anstelle des altehrwürdigen Vorgängerbaus errichteten, bewirtschafteten Arberseehaus aus umkreisen Spaziergänger das eiszeitliche Gewässer auf einem zwei Kilometer langen barrierearmen Rundweg in maximal einer Stunde. Zur Halbzeit passieren wir den Geigenbach-Wasserfall. Alternativ stehen Tretboote zum Ausleihen bereit (10 € für 30 Min.).

5 Auf und im Silberberg

Hoch zum Gipfel, hinein ins Bergwerk

mittel | 3 km | 150 m | 2 Std.

Alter
Ab 5 Jahren

Tourencharakter
Einstieg Asphalt, oben zunehmend sonniger wie schmaler Pfad, Abstieg breiter und abschließend steiler Weg

Anfahrt
Auto: Nach Bodenmais wie bei Tour 3. Bahn: Waldbahn sowie Ostern bis Oktober mit »Bimmelbahn« zum Silberberg (Abfahrt vorm Bahnhof zur vollen Stunde; u. a. Familien 17 €; Info-Tel. 09924/70 15)

Ausgangs-/Endpunkt
Parkplatz Silberbergbahn (2 €)

GPS-Koordinaten
49.061474, 13.117858

Markierung
Bis halbe Höhe Bo15, zum/vom Kreuz »Silberberg Gipfelsteig«

Einkehr
Bergmannschänke am Stollen, Silberberg Alm an der Talstation

Karte
Kompass Wanderkarte Nr. 195, Nördlicher Bayerischer Wald, 1:50 000

Information
Bodenmais Tourismus, Tel. 09924/77 81 35, bodenmais.de; Silberbergbahn, Tel. 09924/94 14 11, silberbergbahn.de

Der Silberberg erfreut sich großer Beliebtheit. Auf breiten Wegen und schmalen Pfaden steigen Familien dem Bodenmaiser Hausberg aufs Dach und landen bei der Bischofshaube, welche an ihrer höchsten Stelle immerhin 955 Meter misst. Auch ein Abstecher ins Bergwerk gefällt.

Viele Sagen ranken sich um den Silberberg, der zu den 100 schönsten Geotopen in Bayern zählt. Für den schönsten Gipfelsturm lassen wir den Rummel an der Talstation links liegen und marschieren zunächst den asphaltierten Parkplatz entlang 400 Meter sanft bergauf. Am Ende der Teerstraße wechseln Eltern samt Nachwuchs halb links auf die Forststraße Bo15, die deutlicher bergauf führt. Erst ab Höhe der Mittelstation, die wir links liegen lassen, führt der teils steinige und schmale »Silberberg Gipfelsteig« um die Gneisfelsen herum im Halbkreis zur Doppelspitze.

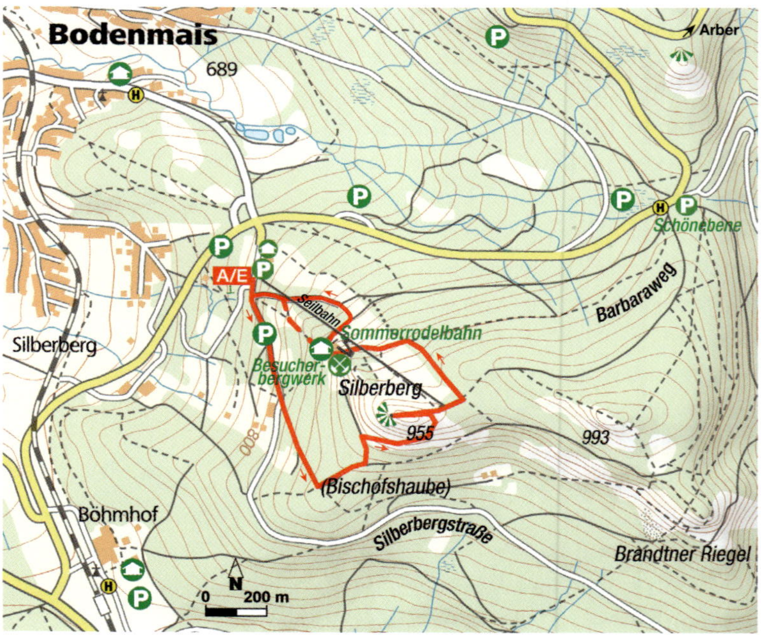

Zwischen den zwei nackten Steinköpfen lädt das Plateau zur Rast ein. Der beeindruckende Ausblick reicht vom Talort Bodenmais bis halb rechts zum kahlen Gipfelhang des Kleinen Arber. Der Abstieg führt über den »Silberberg Gipfelsteig« geradewegs am Sessellift vorbei. 100 Meter hinter der Bergstation biegen wir links ab in Richtung Mittel- sowie Talstation.

Keine 100 Meter unterhalb der Mittelstation liegt das Besucherbergwerk. Wer will, dringt dort ins Innere des Silberbergs vor. Ein Führer begleitet die Gruppen zu Fuß in den Stollen hinein. Hinter dem Maschinenraum folgt der sogenannte Große Barbaraverhau, ein mächtiger Felsendom, der über insgesamt 130 Stufen erkundet wird. Auch wenn blaue Umhänge gereicht werden, die Bergleute Cap nennen: Da im Herzen des Silberbergs die Temperatur bei höchstens fünf Grad Celsius liegt, bitte unbedingt warme Sachen anziehen. Bergwerksführungen werden angeboten von April bis Oktober 10–16 Uhr; Erwachsene 8,70 €, Kinder 4–15 Jahre 5,90 € (für jüngere Kinder nicht zu empfehlen); silberberg-online.de. Auf asphaltiertem Weg, der sich in etwa der Lifttrasse und der Sommerrodelbahn entlang teils steil talwärts schlängelt, erreichen wir den Parkplatz. Alternativ spüren findige Wanderer bei der SB-Schänke links ums Eck herum rechts den unmarkierten Einstieg in den alten Trampelpfad der Bergleute auf. Wer diese Strecke zurücklegt, landet erst 100 Meter vor der Talstation auf Asphalt (siehe gestrichelte Linie auf der Karte).

Lust auf eine Rodelpartie?

Wer will, rauscht von der Mittelstation unweit des Besucherbergwerks auf der altehrwürdigen Sommerrodelbahn zu Tal. Die Gefährte sind als Einsitzer für Fahrer ab 8 Jahren ausgelegt, Eltern dürfen Kleinkinder auf den Schoß nehmen. Starterlaubnis wird erteilt, wenn die 600 Meter lange Strecke durchgehend trocken ist. Preise: Erwachsene 3 €, 8–15 Jahre 2 € oder Kombikarten mit Bergbahn und Bergwerk. Eine spritzige Alternative bietet die kürzere Tubing-Bahn nahe der Talstation.

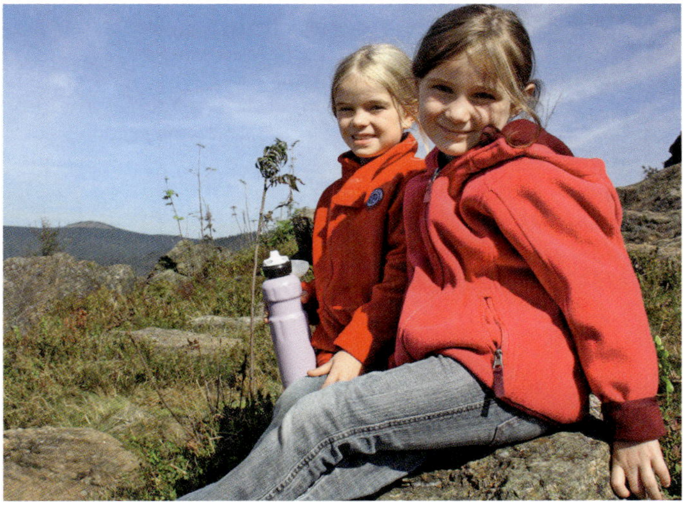

Verdiente Pause am Silberberg; links hinten spitzt der Kleine Arber hervor.

6 Am Großen Rachel

Übers Waldschmidthaus steil empor

schwer | 7 km | 500 m | 3.45 Std.

Alter
Ab 8 Jahren

Tourencharakter
Breiter, teils steiler, nach oben hin lichter Forstweg zur Einkehr, zum Gipfel holprig

Anfahrt
Auto: Via B 11/Zwiesel, B 85/Eppenschlag, B 533/ Grafenau oder Neuschönau; in Spiegelau dem Pfeil »Rachel/ Lusen/P+R« folgen; Abfahrt Rachel-Bus P+R ab 8.17 Uhr etwa halbstündlich (einfache Strecke 2,70 €, 6–14 Jahre 1,40 €, 9-Uhr-Tageskarte inkl. Kinder bis 14 Jahre 5 €; bayerwald-ticket.com). Bahn/Bus: Rachel-Bus 601; Waldbahn (Busanschluss)

Ausgangs-/Endpunkt
P+R Spiegelau bzw. Gfäll

GPS-Koordinaten
48.917342, 13.355256

Markierung
Auerhahn

Einkehr
Waldschmidthaus

Karte
Kompass Wanderkarte Nr. 196, Mittlerer Bayerischer Wald, 1:50 000

Information
Tourist-Info Spiegelau, Tel. 08553/96 00 17, spiegelau.de

Wer 500 Höhenmeter meistern kann und will, fährt mit dem Rachel-Bus von Spiegelau in den Nationalpark bis Gfäll und steigt von dort auf dem fordernden Forstweg zum Waldschmidthaus. Ein steiniger Pfad führt die letzten 100 Höhenmeter zum Gipfel des Großen Rachel, dem höchsten im Nationalpark.

An der Bus-Endstation Gfäll verrät der »Auerhahn« unter anderem die schnellste Strecke hoch zum Waldschmidthaus. Die angegebenen eineinviertel Stunden Fußmarsch erweisen sich mit Kindern als knapp bemessen. Der Weg ist zwar breit, aber überraschend steil. Den Lieslbrunnen lassen wir auf halber Strecke zum Berghaus links liegen. »Natur Natur sein lassen« heißt die offizielle Devise, wo der Borkenkäfer den Fichtenbestand arg lichtete. Nach der scharfen Linkskurve geht es nicht mehr ganz so sportlich weiter. Schließlich erreichen tapfere Wanderer die nach dem Heimatdichter Maximilian Schmidt benannte, 2021 komplett renovierte Einkehr. Wer höher hinaus will, legt dort besser erst nach der Rückkehr vom Gipfel eine Pause ein.
Der steinige Pfad nach ganz oben fordert uns erneut heraus, ganz besonders die letzten Meter hoch zum Gipfelkreuz mit seinem Corpus Christi auf dem zerklüfteten Gneisblock. Übrigens: Die Spitze des Kruzifix liegt bereits höher als der Gipfel des Großen Arber, welcher den Großen Rachel nur um schlappe drei Meter überragt. Beim Blick die Grenze entlang in Richtung Norden fällt auf tschechischer Seite der Mittagsberg (Poledník) mit seinem Aussichtsturm ins Auge.
Auf derselben steinigen Strecke geht es zurück zum Waldschmidthaus. Aus der Ferne sieht es aus wie ein kleines Hexenhäuschen. Zwar gibt es dort keine Lebkuchen, doch die letzten Pächter setzen bislang die liebgewonnene Tradition ihrer Vorgänger fort und bieten zuckersüßen Kaiserschmarrn mit Apfelmus an. Darüber hinaus dreht sich vieles um die Wurst. An der Theke bedienen sich die Gäste selbst. Sitzplätze ergattern Jung

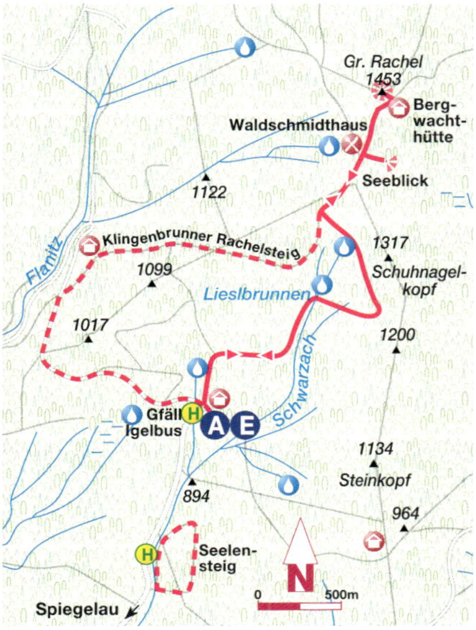

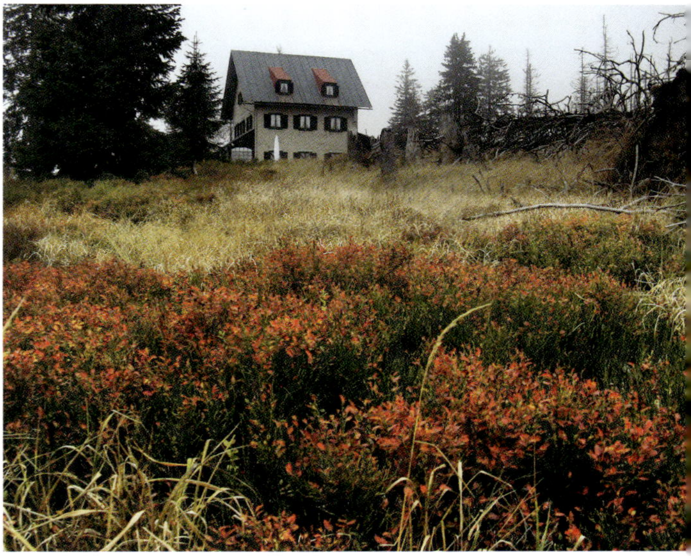

Erinnert an ein Hexenhäuschen: das bewirtschaftete Waldschmidthaus vorm Start der Renovierung 2021

und Alt in der gemütlichen Stube, im Wintergarten sowie bei warmem Wetter vor und neben dem Haus.
Bevor es talwärts geht, sollten Mamas, Papas und ihre Sprösslinge den kurzen Stichweg zur gesicherten Kanzel nicht verpassen, um den Blick hinunter zum Rachelsee zu genießen. Sodann wird der Abstieg auf bekannter Strecke und mit der nötigen Vorsicht gemeistert. Von Gfäll bringt uns der Rachel-Bus zurück nach Spiegelau (8.30–18.30 Uhr etwa halbstündlich). Schlaue Füchse überprüfen die aktuellen Abfahrtszeiten bereits bei der Ankunft.
Varianten: Eine Runde kreiert, wer von Gfäll zunächst der Markierung »Bärlapp« auf weitgehend flachem Forstweg in Richtung Klingenbrunn folgt. Dann geht es auf einem typischen Wanderpfad, dem Klingenbrunner Rachelsteig, an der Schutzhütte Emeiriegel vorbei bergwärts (gestrichelte Linie auf der Karte). Der Weg zum Waldschmidthaus verlängert sich dadurch um knapp 30 Minuten. Wem wiederum der Marsch zur Einkehr reicht, der lässt den Gipfelsturm einfach ausfallen und spart sich auf diese Weise rund 45 Minuten Marsch.

Entdeckertipp

Eine Station vor dem Rachel Bushalt Gfäll startet der »Seelensteig«. Der 30- bis 45-minütige Rundweg auf Holzbohlen und -treppen läuft teils entlang der Schwarzach und vermittelt die natürliche Vielfalt im Kerngebiet des Nationalparks (untere gestrichelte Runde auf der Karte).

7 Steinernes Meer am Lusen

Auf der Himmelsleiter zum Gipfelkegel

mittel | 5 km | 280 m | 2.30 Std.

Alter
Ab 7 Jahren

Tourencharakter
Fantastisches Gipfelerlebnis auf zuletzt steilem Pfade, talwärts ab Schutzhütte auf bequemem Winterweg

Anfahrt
Auto: Von der Nationalparkstraße nach Waldhäuser abbiegen, in Waldhäuser spätestens am »Ausblick« unmittelbar vor der Sperre für Privatfahrzeuge parken. Bus: Lusen-Bus 602

Ausgangs-/Endpunkt
Parkplatz Waldhäuser-Ausblick bzw. Waldhausreibe

GPS-Koordinaten
48.928082, 13.471052 (letztmöglicher Parkplatz)

Markierung
Luchs

Einkehr
Lusenschutzhaus, in Waldhäuser Café-Restaurant Am Guldensteig und Berggasthof

Karte
Kompass Wanderkarte Nr. 196, Mittlerer Bayerischer Wald, 1:50 000

Information
Nationalparkzentrum Lusen, Tel. 08558/961 50, nationalpark-bayerischer-wald.de

Große und kleine Gipfelstürmer lassen sich zunächst bis zur Waldhausreibe kutschieren, früher Lusenparkplatz genannt. Dort startet ein zuletzt anspruchsvoller Wanderweg hinauf zum großartigen Blockmeer. Neben dem Gipfelkegel bewirtet der Wald-Verein im Schutzhaus Groß und Klein.

Zum Startpunkt unserer Tour gelangen Wanderlustige mit dem Lusen-Bus (Abfahrt Waldhäuser-Ausblick ab 9.14 Uhr stündlich, 4 Minuten Fahrzeit, einfache Strecke Erwachsene 1,90 €, Kinder 6–14 Jahre 1 €, 9-Uhr-Tageskarte inkl. Kinder bis 14 Jahre 3,50 €; alternativer Einstieg u. a. bei Fredenbrücke ab 9.05 Uhr stündlich; bayerwald-ticket.com).

Ab Waldhausreibe folgen Familien der Markierung »Luchs« im Uhrzeigersinn. Breit und sanft ansteigend bringt uns der Sommerweg zur Glasarche, in welche die Kids oft gerne hineinklettern. Anschließend lassen wir dieses grün schimmernde Schiff samt Schutzhütte links liegen. Sogleich führt ein geschotterter, breiter Pfad stetig bergauf sowie schnurgerade in Richtung Gipfelkreuz.

Wo der gefräßige Borkenkäfer seine Spuren hinterließ, wachsen junge Bergfichten und Vogelbeeren nach, die teils schon wieder etwas Schatten spenden. Alle Pessimisten, die glaubten, der Forstschädling hätte dauerhaft die Oberhand gewonnen, belehrt die Natur offensichtlich eines Besseren.

Auf unserem Sommerweg folgt eine lang gezogene Mulde. Dahinter geht der geschotterte Weg schrittweise in die Himmelsleiter über. Von den Steintreppen aus scheint das Gipfelkreuz zum Greifen nah, doch der Aufstieg zieht sich und kostet ordentlich Puste. Der mit gelbgrünen Flechten bewachsene, kahle Gipfelkegel ist nicht Werk von Windwurf und Borkenkäfer aus unseren Tagen, sondern von Jahrtausende währender Verwitterung. Geologen sprechen vom eiszeitlichen Blockmeer und zählen es zu den 100 schönsten Geotopen in Bayern. Kinder

nutzen es als natürlichen Kletterspielplatz. Vielleicht entdeckt jemand den Goldschatz, der einer Sage nach hier verborgen liegt.
Das Schutzhaus des Wald-Vereins erreichen Einkehrwillige auf felsigem Steig in Richtung Süden. Bei passendem Wetter erfreut der Blick von der Sonnenterrasse. Nicht minder gemütlich zeigt sich die Gaststube mit urig-schwerer Holzdecke und Kachelofen. Speisen werden an der rechten, Getränke an der linken Theke abgeholt.
Der Abstieg erfolgt über den sogenannten Winterweg. Auf der ehemaligen Schlittenziehbahn, auf der heute bergtüchtige Fahrzeuge das Schutzhaus versorgen, geht es relativ angenehm bergab. Im Unterschied zum Aufstieg erreichen wir schneller einige schattige Passagen. Vom Endpunkt der Wanderung an der Waldhausreibe fährt der Lusen-Bus stündlich bis 18.41 nach Waldhäuser (Stand bei Drucklegung des Buches).

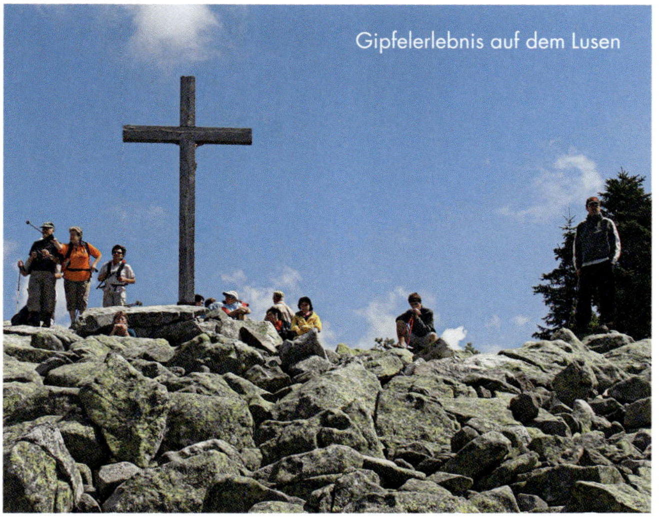
Gipfelerlebnis auf dem Lusen

Verlängerung gefällig?

Fitte Familien können von der Waldhausreibe dem grünen Dreieck (Fernwanderweg) folgen und erreichen über Bohlen durch sumpfiges Terrain sowie um den Waldhausriegel herum die Ortschaft Waldhäuser mit den dortigen Parkplätzen sowie Bushaltestellen (zum Parkplatz Waldhäuser-Ausblick einfach gut 2 km, 75 Hm, 1 Std.).

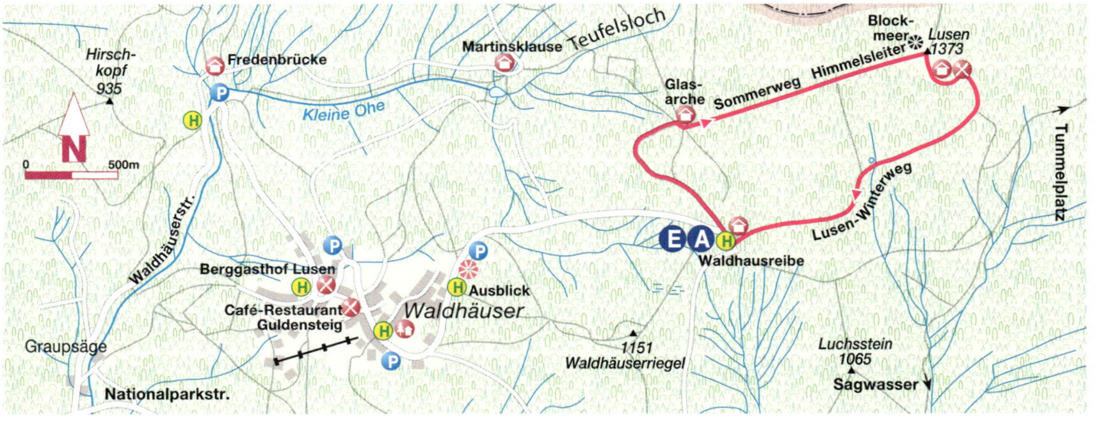

8 Hochstein am Dreisessel

Zur schönsten Aussicht nahe dem Dreiländereck

leicht	3 km	100 m	1.30 Std.

Alter
Ab 4 Jahren

Tourencharakter
Auf Asphalt zum Berggasthof samt Dreisesselfels, zuletzt steiler; auf breitem Schotterweg über einfaches, lichtes Terrain zum Hochstein; ist mit etwas Mühe auch mit Kinderwagen zu meistern

Anfahrt
Von Norden via Philippsreut, von Süden via Altreichenau, bei Frauenberg abbiegen in die ausgeschilderte Bergstraße

Ausgangs-/Endpunkt
Wanderparkplatz Dreisessel am oberen Ende der Bergstraße (Münzautomat, 1 €/Std., 5 €/Tag)

GPS-Koordinaten
48.779756, 13.800741

Markierung
Richtungspfeile

Einkehr
Berggasthof Dreisessel

Karte
Kompass Wanderkarte Nr. 197, Südlicher Bayerischer Wald, 1:50 000

Information
Tourismusbüro Neureichenau, Tel. 08583/96 01 20, neureichenau.de

Viele Wege führen in eines der 100 schönsten Geotope in Bayern, den granitenen Dreisesselberg. Ab Parkplatz Dreisesselstraße erreichen Eltern samt Sprösslingen den nahen Berggasthof sowie den beeindruckenden Aussichtsfelsen namens Hochstein flott.

Einen für Familien geeigneten Einstieg in das Wandergebiet am Dreiländereck von Deutschland, Tschechischer Republik und Österreich bietet der lang gezogene Dreisesselberg-Parkplatz (am besten so weit nach oben fahren wie möglich). Von dort führt eine gesperrte, asphaltierte Straße, die im Winter geräumt wird, in rund 25 Gehminuten zum Berggasthof. Das letzte Stück nach der Spitzkehre geht es geradlinig bergan, was mit Kinderwagen Kraft kostet. Ohne Buggy können Wanderer auf dieser Teilstrecke auf den fast parallel zur Straße verlaufenden Pfad wechseln, der an der deutsch-tschechischen Grenze entlangführt.

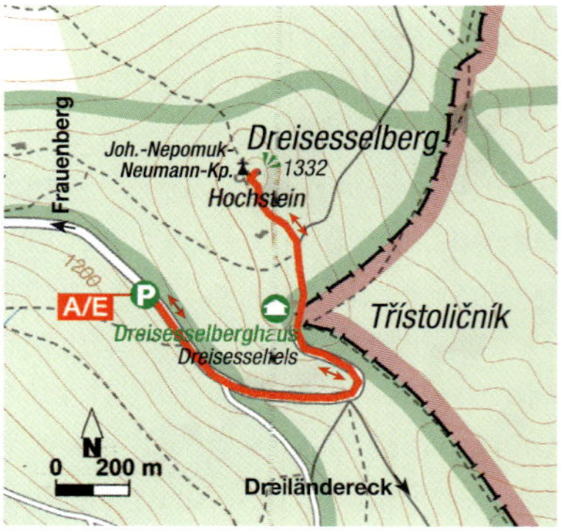

Direkt neben dem Berggasthof erklimmen Gipfelstürmer auf in Stein gehauenen Treppen den Dreisesselfels mit seinen drei Sitzen. Den 1312 Meter hohen Turm aus geschichtetem Granit suchen einer Sage nach in der Dreikönigsnacht drei verwunschene Prinzessinnen heim. Wer hochsteigt, sollte kleine Mädchen und Buben unbedingt an die Hand nehmen.

Vom Berggasthof gut 15 Gehminuten in Richtung Norden liegt der Hochstein. Auf nur leicht ansteigendem, geschottertem sowie im Winter gewalztem Weg lässt sich die weithin sichtbare Granitformation problemlos erreichen. Die mit Holzkreuz geschmückte Felsspitze überragt den Dreisesselfels um immer-

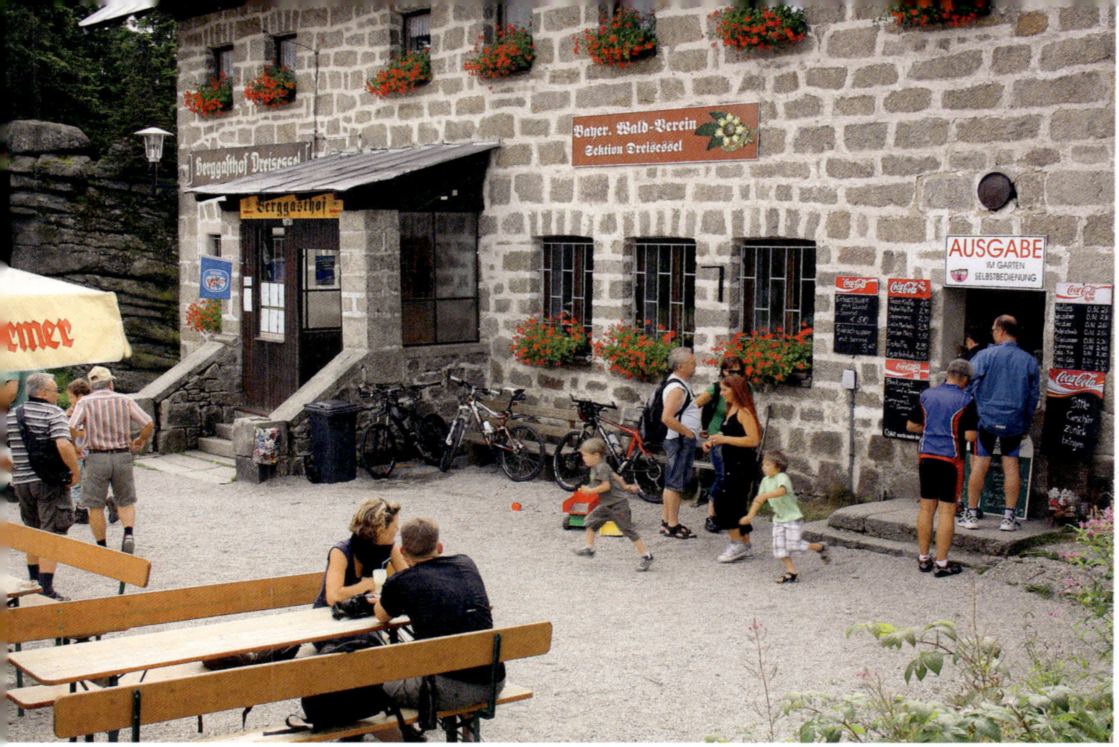

Der Berggasthof Dreisessel präsentiert sich passenderweise im Stein-Design.

hin 21 Meter. Wer mit gebotener Vorsicht die Stufen meistert, dem bietet sich ein fantastischer Rundblick – unter anderem in Richtung Nordwesten über den nahen Haidel mit seinem Sendemast hinweg in Richtung Nationalpark. Übrigens: Die kleine Kapelle am Fuße des Hochstein erinnert an den Heiligen aus dem Böhmerwald, Johann Nepomuk Neumann.

Auf gleicher Strecke geht es flott zurück zu Berggasthof und Parkplatz, wobei niemandem die Puste ausgehen sollte.

Fleißaufgabe: Wer ordentlich Ausdauer mitbringt, kann den fordernden Weg zum Dreiländereck über den Hochkamm mit Bayerischem Plöckenstein oder den rund 50 Höhenmeter tiefer gelegenen Adalbert-Stifter-Steig mit Steinernem Meer einschlagen und daraus eine Runde kreieren. Für die hin und zurück etwa 7,5 Kilometer lange, steinige Strecke sollten Familien mit Kindern ab 8 Jahren bis zu vier Stunden einplanen. Der beschilderte Einstieg erfolgt an der Spitzkehre.

Entdeckertipp

Auf der Bergstraße zum Wanderparkplatz kommen Autofahrer an einem ehemaligen Triftspeicher, der idyllisch gelegenen Kreuzbachklause, vorbei. Wer dem Kreuzbach entlang auf dem Wanderpfad Nr. 5 sanft talwärts folgt, erreicht in wenigen Minuten verspielte Wasserfälle in Miniaturform, in denen durchaus geplanscht werden kann.

9 Steingewordene Käsplatte

Am granitenen Blockstrom einen ganz besonderen Vorwald-Gipfel entdecken

mittel	7 km	240 m	3.15 Std.

Alter
Ab 7 Jahren

Tourencharakter
Waldwege sowie Pfade durch ein Stück echten Vorderen Bayerwald

Anfahrt
In Grün 2 km westlich von St. Englmar zweimal in Richtung Skilifte Pröller abbiegen sowie erneut 1 km weiter, sodann 3 km hoch bis Hinterwies

Ausgangs-/Endpunkt
Parkplatz an der Wandertafel »Naturpark Bayerischer Wald«

GPS-Koordinaten
49.030432, 12.818946

Markierung
Durchgängig Nr. 16, bis Kolmberg zusätzlich Goldsteig-»S«, von Münchshöfen bis Hinterwies auch Nr. 21 und »Wolfgangweg«

Einkehr
Berggasthof Hinterwies (Mo Ruhetag), Kramerwirt in Grün (Mo/Di Ruhetag)

Karte
U. a. Kompass Wanderkarte Nr. 195, Nördlicher Bayerischer Wald, 1:50 000

Information
Urlaubsregion St. Englmar, urlaubsregion-sankt-englmar.de

Vom Kammsattel in Hinterwies geht es bequem zum schlanken Holzkreuz der Käsplatte. Der Gipfel zeigt sich von Granit übersät. Was an den sagenhaften Lusenkegel im Hinteren Wald erinnert, sucht im Vorderen Wald seinesgleichen. Auf alle Fälle ist hier weit weniger los.

In Richtung Käsplatte marschieren wir nahe der Straße ein paar Schritte am Waldrand entlang. Sodann geht es durch eine lichte Senke über die geschützte Wacholderheide, die Ahornwies, hinweg.

Zuerst lassen wir das früher bewirtschaftete Ahornstüberl links liegen. Das Ensemble rund um den umgebauten Kuhstall liegt da wie eine Alm. Am folgenden Anwesen marschieren wir ebenso vorbei. Dahinter erreichen wir am Waldrand eine Wanderkreuzung und biegen nach links ab. Nun führt unser Wald-

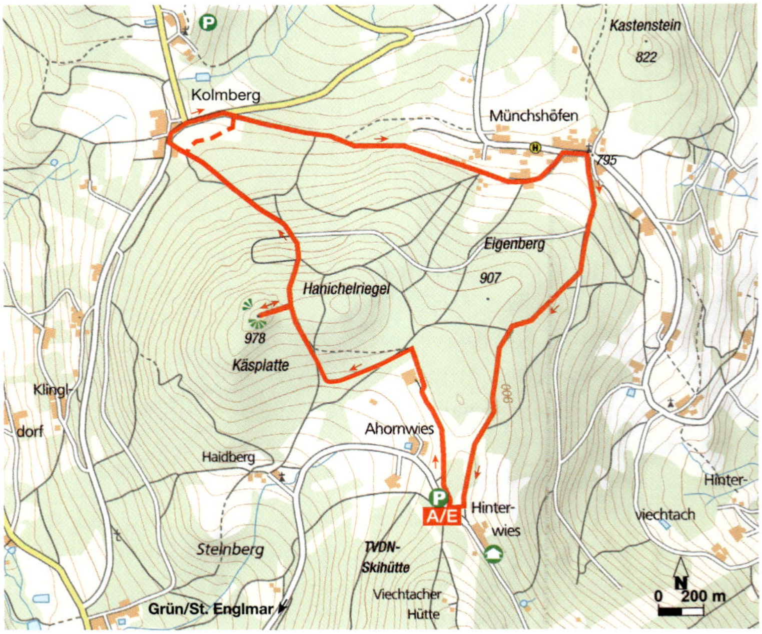

weg erneut leicht bergab. Dann weist uns bei der Gabelung die Wandermarkierung halb rechts bergan. Sobald das Terrain flach wird, gelangen wir zu einer unmarkierten Gabelung. Dort halten wir uns halb rechts. Nur einen Steinwurf entfernt entdecken wir einen reichlich beschilderten Wanderstern samt Holzbank.

In weniger als fünf Minuten gipfelt der Abstecher in Pfeilrichtung »Gipfel/Kreuz« auf der Käsplatte. Die gesamte Kuppe zeigt sich von Granitgeröll übersät, welches Flechten und Moose bewachsen. Über insgesamt 60 000 Quadratmeter zieht sich das Blockmeer, als wäre die Käsplatte der kleine Bruder des Lusen (siehe Tour 7).

Ohne Hast setzen wir vom Gipfel zum Wanderstern zurück. Nach links schlängelt sich der Pfad in Pfeilrichtung Kolmberg zunächst überraschend sportlich bergab. Schließlich mündet dieser in einen breiten Waldweg, welcher zuletzt sanft ausläuft. Sodann treten wir ans Licht, erreichen den Asphalt und verlassen den Goldsteig am tiefsten Punkt der Tour. Unser Weg Nr. 16 führt offiziell nach rechts 350 Meter an der Teerstraße entlang. 50 Meter, nachdem der Wald bis an den Asphalt heranreicht, zeigt ein Pfeil halb rechts in den Forst hinein nach Münchshöfen. Bei Druck des Buches sprach nichts dagegen, direkt am Waldrand entlang zu diesem Einstieg vorzudringen, um sich den Asphalt zu sparen (siehe gestrichelte Linie auf der Karte).

In Pfeilrichtung Münchshöfen kreuzen wir nach nur 30 Metern einen Waldweg, erst nach 100 Metern fädeln wir halb links ein. Den richtigen Weg bestätigt erneut die an Baumstämmen angebrachte Nr. 16. Zweimal führt unser Marsch an den Waldrand. Eine Allee mit zahlreichen Birken leitet uns schließlich hinein nach Münchshöfen. An einer Marienfigur vorbei erreichen wir auf Asphalt die Kreuzung in der Ortsmitte und biegen nach rechts ab. Sogleich kommen wir am (bei Drucklegung geschlossenen) Wirtshaus Zum Wurzlsepp sowie einer Kapelle vorbei.

Unmittelbar hinter dem Gotteshaus biegen wir nach rechts ab. Nun erwartet uns ein langer, jedoch weitgehend sanfter Aufstieg. Wenn wir vom Waldrand in den Forst eintreten, halten wir uns gemäß Markierung bei der ersten Gabelung halb links, bei der zweiten rechts. In höheren Gefilden erreichen wir eine Lichtung. Abschließend wird im dunklen Fichtenhain über eine letzte kleine Kuppe hinwegmarschiert. Bei Hinterwies macht unser Weg vor der Weide einen Rechtsknick. Einen Katzensprung dahinter liegt der Parkplatz versteckt.

Unten: Verstecktes Kreuz im Steinmeer

Holz vor der Hütte

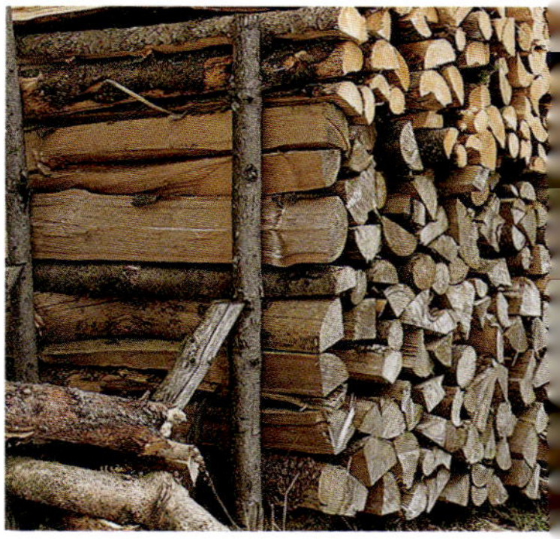

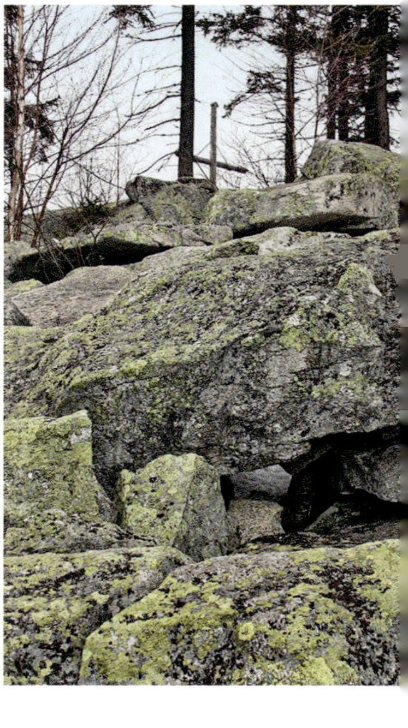

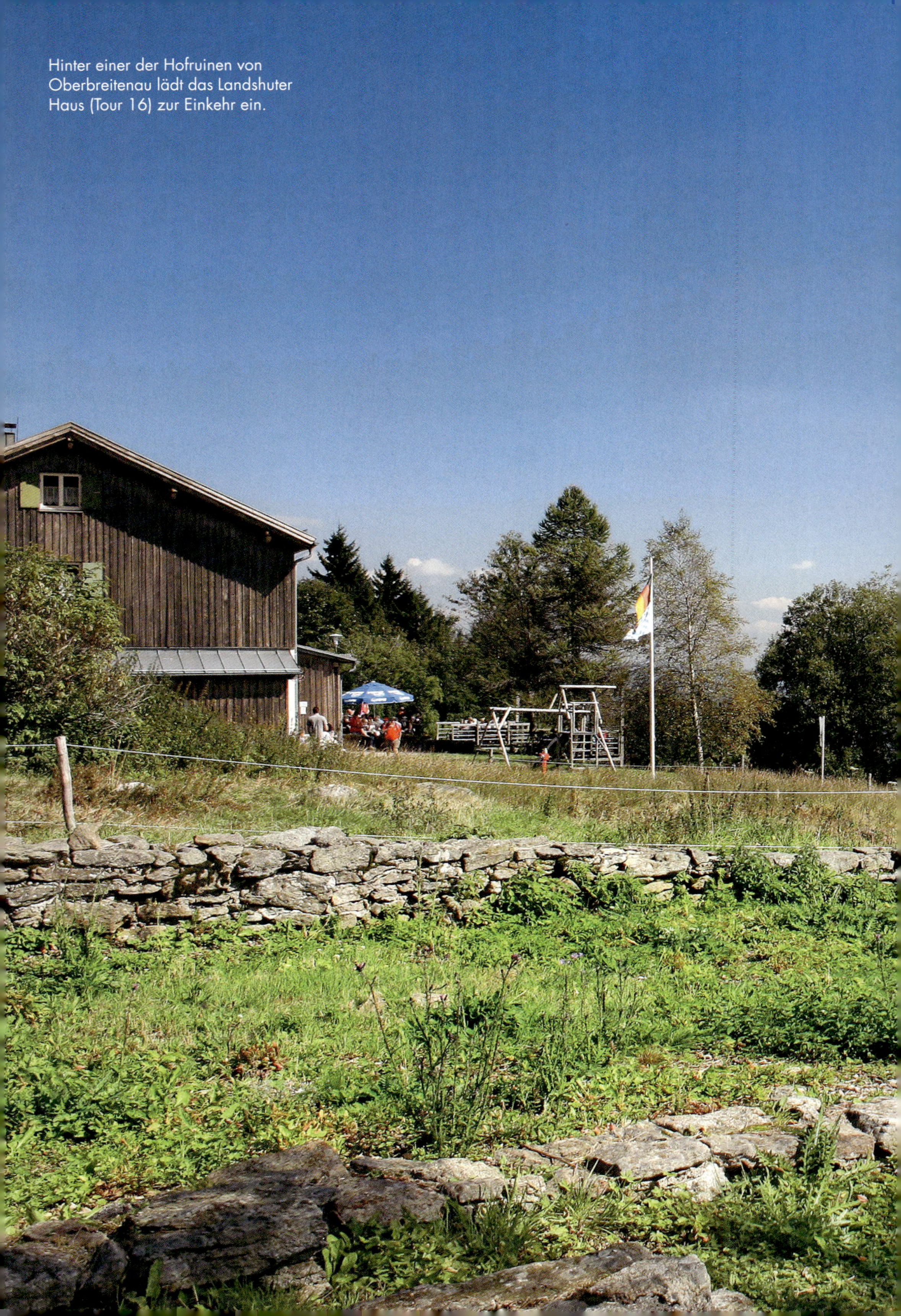

Hinter einer der Hofruinen von Oberbreitenau lädt das Landshuter Haus (Tour 16) zur Einkehr ein.

Bergtouren mit schönen Aussichten

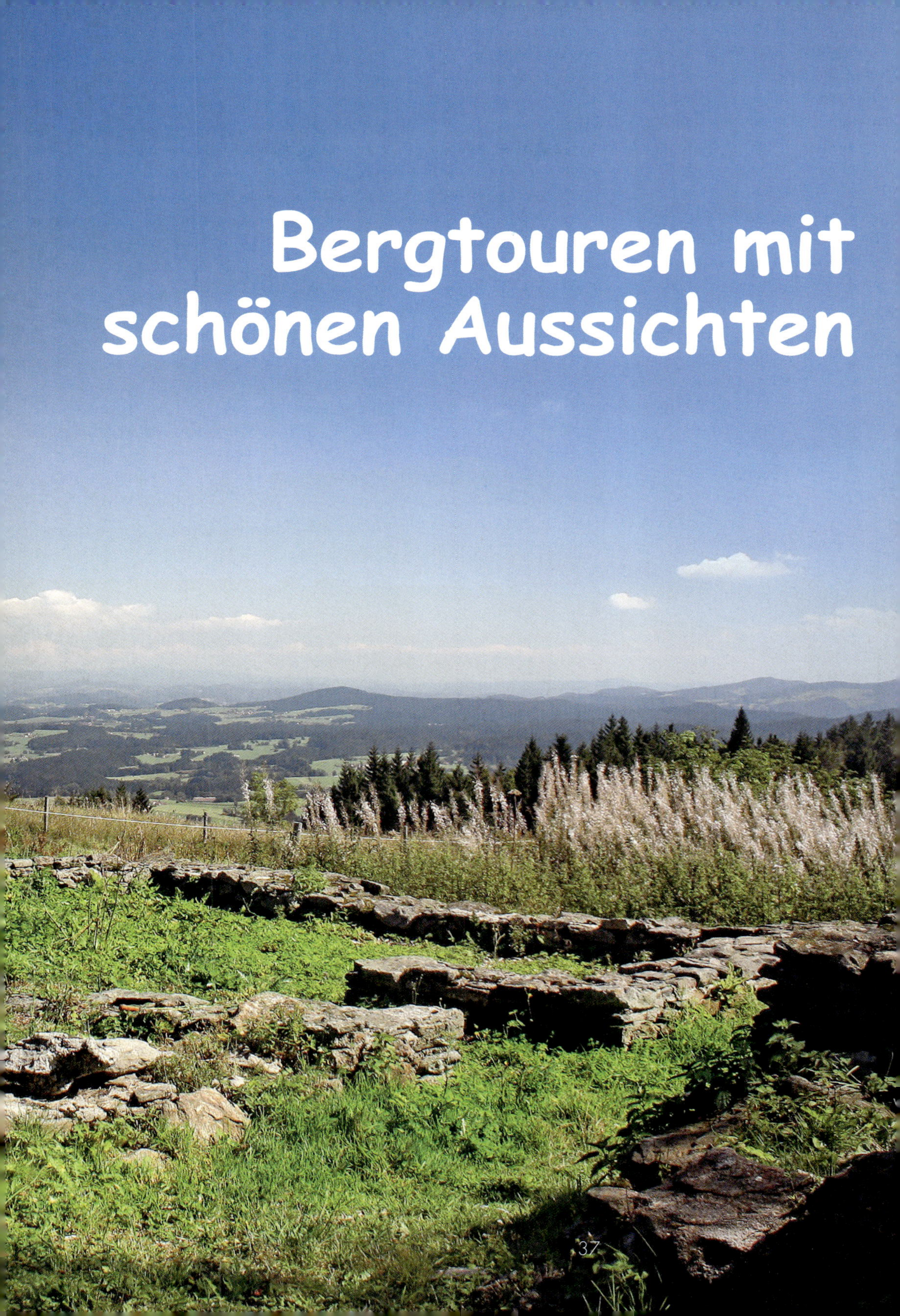

10 Über den Hohen Bogen

Ein Bergrücken zum Entzücken

mittel | 7,5 km | 300 m | 3.30 Std.

Alter
Ab 7 Jahren

Tourencharakter
Auf Wegen und Pfaden werden am breiten Bergrücken bewirtschaftete Hütten und herrliche Aussichten erreicht.

Anfahrt
Im Dreieck zwischen Rimbach, Furth im Wald und Eschlkam in Madersdorf dem Pfeil »Forstdiensthütte Hoher Bogen« gut 3 km bergauf folgen

Ausgangs-/Endpunkt
Wanderparkplatz unterhalb der Forstdiensthütte Hoher Bogen

GPS-Koordinaten
49.240654, 12.908172

Markierung
Nk3/Baierweg/Goldsteig; Passage Eckstein/»sektor.f« Richtungspfeil + Ri11

Einkehr
Berghaus Hohenbogen (neben Sessellift-Bergstation), Forstdiensthütte, Haus Schönblick

Karte
Kompass Wanderkarte Nr. 195, Nördlicher Bayerischer Wald, 1:50 000

Information
Tourist-Info Rimbach, Tel. 09941/89 31, gemeinde-rimbach.de

Auf dieser entzückenden Höhenwanderung über den Hohen Bogen bleiben wir dem Pfad treu, der uns in stetem Auf und Ab über den langen und breiten Kamm leitet. Am Bärenriegel, am Eckstein, vom Turm am »sektor.f« und am Berghaus erwarten uns herrliche Aussichten.

Vom Parkplatz gehen wir auf Asphalt zur bewirtschafteten Forstdiensthütte hoch und folgen dem Pfeil »Sesselbahn/Bergstation«. Nur 100 Meter weiter halten wir uns an der Gabelung halb rechts und steigen im Schatten von Fichtennadeln, Buchenblättern und vereinzelter mächtiger Ahornbäume bergwärts. Rasch erreichen wir den Farrenruck. Von dieser Kuppe an wird weitgehend am breiten Kamm entlang gewandert. Nachdem wir eine Forststraße gequert haben, folgt der nächste Anstieg. Sodann führt links ein kurzer Stichweg auf den Bärenriegel. Vom Felskopf schweift der Blick knapp über die Baumwipfel sowie über den 80 Meter hohen ehemaligen NATO-Horchposten hinweg, der heute zum sogenannten sektor.f gehört.

Eine Viertelstunde hinter dem Bärenriegel erreichen Wanderer eine markierte Gabelung. Dort halten wir uns halb rechts. Am oberen Ende des steilen Weges steht der Eckstein. Dorthin grüßen die Osser-Doppelgipfel und das Zwercheck.

Neben dem Eckstein lag lange Zeit eine von den USA betriebene Abhörstation. Seit diese Stellung aufgelassen ist, erreichen Wanderer auf der neuerdings als Ri11 ausgewiesenen Strecke über die übrig gebliebenen Betonplatten hinweg direkt den monströsen Horchposten der ehemaligen deutsch-französischen Stellung. Beim Einstieg in diese Passage sollten Eltern unbedingt auf den Abgrund hinweisen, welcher sich linksseitig auftut.

Bereits seit 2004 befindet sich die ehemalige Militäranlage mit ihren zwei Stahlbetontürmen in privater Hand. Der Träger strebt an, im sektor.f ein Begegnungszentrum einzurichten (aktuelle Infos auf sektor-f.de). Im ersten Schritt wurde die 50 Meter hohe Aussichtsplattform geöffnet. Ein automatisiertes

Kassensystem gewährt bei Tageslicht und passendem Wetter für 6 € Einlass (Scheine werden gewechselt). Für den Nachwuchs öffnet sich eine kostenfreie Kinderschleuse. Wer das Gelände zurücklassen will, marschiert auf Asphalt bergab. Nach 500 Metern wird eine Straßenkreuzung erreicht. Dort folgen wir dem Holzpfeil zum »Berghaus« über eine Kuppe hinweg, bis der Waldweg kurz vor der Einkehr erneut auf die Straße trifft. Das Berghaus Hohenbogen liegt neben dem unauffälligen Ahornriegel. Vor der Tür liegt eine vom Ostwind geschützte Terrasse.

Alternative Einkehr: Wer Ausdauer mitbringt, steigt an der Längsseite des Berghauses vorbei auf der Skipiste zum Haus Schönblick hinab (siehe gestrichelte Linie auf der Karte). Die letzten Meter wechseln wir auch zu dieser Einkehr auf eine Forststraße. Auf der Sonnenterrasse und in den zwei gemütlichen Gaststuben bestellen Einheimische gerne die deftigen Spezialitäten des Hauses: Schweinebraten oder Schweinshaxe aus dem Holzbackofen. Zurück auf den Kamm und über die Skipiste zum Berghaus Hohenbogen nutzen wir dieselbe Strecke (hin und zurück 0.45 Std., knapp 1,5 km, 80 Hm).

Von dort begeben wir uns auf bekannter Strecke über die Kuppe hinweg zurück zur Straßenkreuzung und biegen dort rechts ab. Nur 100 Meter weiter erfolgt halb rechts der Einstieg in den Pfad, der durch zunehmend abschüssigen Wald um den Eckstein herumführt. Ausgewiesen ist diese Strecke als Nk3 und Baierweg. Via Bärenriegel und Farrenruck geht es weiter westwärts. Zwar haben wir keine Runde absolviert, jedoch alternative Rückwege auf eher faden Forststraßen vermieden.

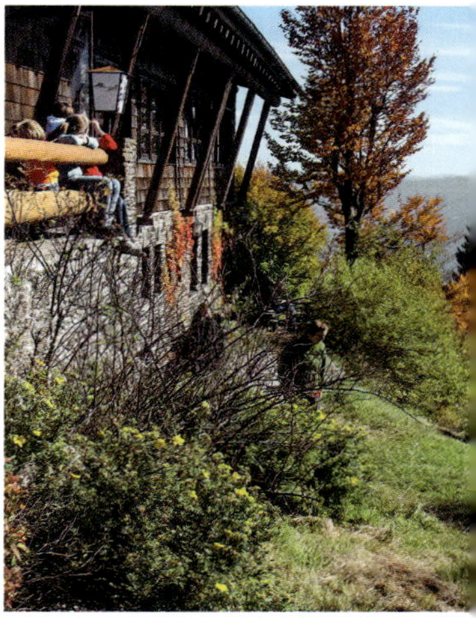

Windgeschützte Terrasse am Berghaus Hohenbogen

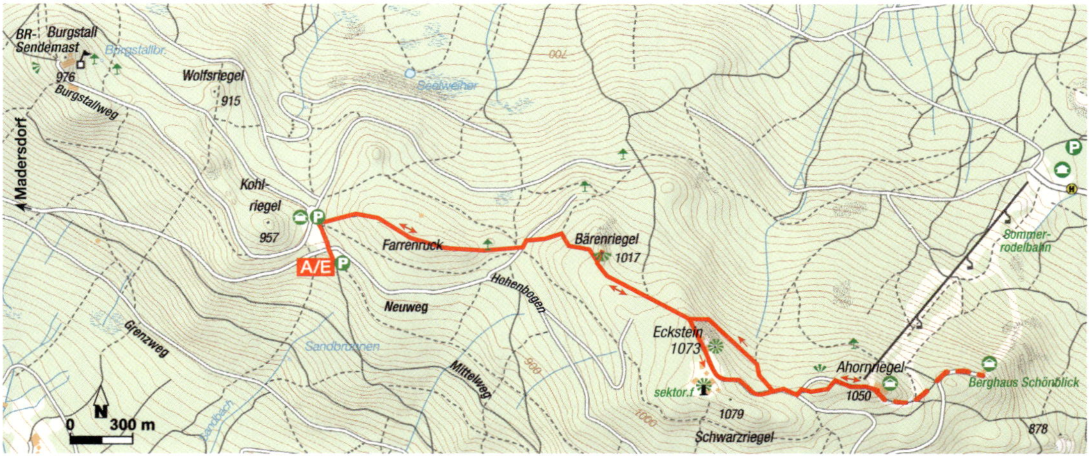

11 Rund um den Plattenriegel

Von der Berghütte Schareben auf Höhentour

leicht | knapp 3 km | 100 m | 1.15 Std.

Alter
Ab 5 Jahren

Tourencharakter
Teils steinige Wege und Pfade zur Aussicht sowie hinab zur Forststraße, welche um die restliche Bergkuppe herumführt; abschließend geht die Spitzwaldtour bergauf.

Anfahrt
Am besten zwischen Bodenmais und Drachselsried nach Unterried/Oberried abbiegen und beschilderter Straße 7 km bergauf folgen (im Mittelteil 1,5 km nicht asphaltiert)

Ausgangs-/Endpunkt
Wanderparkplatz an der Berghütte Schareben

GPS-Koordinaten
49.129780, 13.052407

Markierung
Dr 63 (alter Rundweg 12)

Einkehr
Berghütte Schareben

Karte
Kompass Wanderkarte Nr. 195, Nördlicher Bayerischer Wald, 1:50 000

Information
Tourist-Info Drachselsried, Tel. 09945/90 50 33, drachselsried.de;
Berghütte Schareben, Tel. 09945/10 37, berghuette-schareben.de

Die malerisch gelegene Berghütte Schareben erweist sich für unternehmungslustige Familien als idealer Ausgangspunkt, um den bewaldeten Plattenriegel zu umrunden. Im teils lichten, teils dichten Bergwald besticht der Ausblick von der Spitzwaldkanzel.

Zwischen alter Forsthütte und Kneippbecken hindurch führt der Wanderweg Dr 63 hinein in den von Fichten dominierten Forst sowie sanft bergab. Auf zunehmend steinigem und bisweilen verwachsenem Terrain erreichen wir in höchstens 20 Minuten die Spitzwaldkanzel. Ein 20 Meter langer Stichweg bringt uns auf den Kopf des massiven Felsvorsprungs, auf dem eine Holzbank zur Rast einlädt. Da sich der aussichtsreiche Platz nahe am Abgrund befindet, nehmen alle mit der gebotenen Vorsicht Platz. In Richtung Westen lässt sich die Skipiste am Ecker Sattel vor dem Kaitersberg mit dem Großen Riedelstein gut ausmachen sowie drunten im Zellertal der Ort Arnbruck.

Nach dem Abstecher zur Kanzel folgen wir dem Forstweg nur noch ein paar Schritte. Dann wechseln wir dem Pfeil gemäß halb rechts auf einen Pfad. Unter dem dichten Nadeldach des Drachselsrieder Forsts marschieren wir bergab und treffen maximal zehn Gehminuten später auf eine Forststraße, in die wir halb links einfädeln. Beim folgenden sanften Auf und Ab fällt der Blick aus der lichten Schneise hinüber auf die alte Skipiste am Pröller-Nordhang im Vorderen Bayerwald. Ein Stück weiter weist ein Pfeil links hoch.

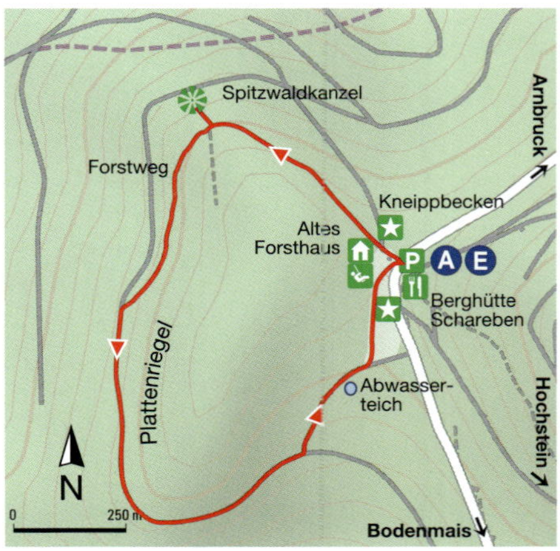

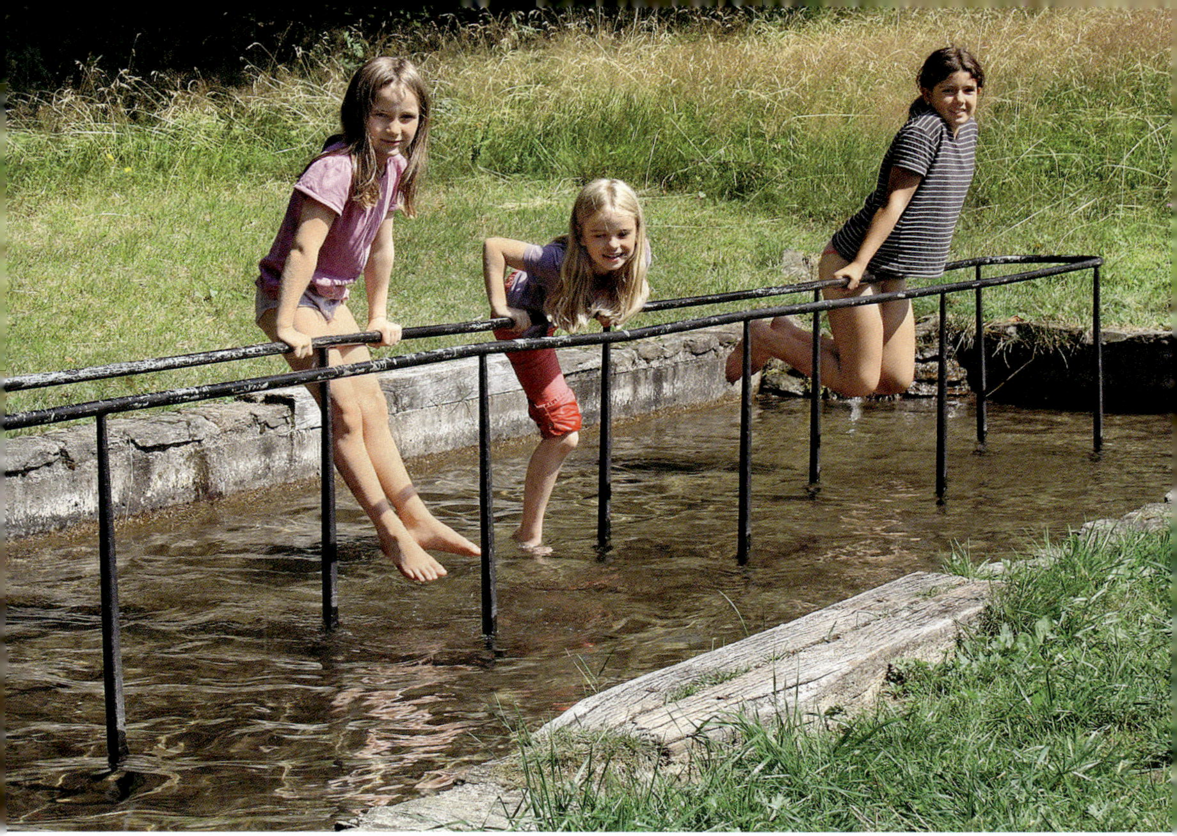

Äußerst erfrischend: ein Fußbad im kalten Kneippbecken gegenüber der Berghütte

Sogleich führt uns der abzweigende Waldweg geradewegs ordentlich bergan. Wenn wir rechts den zurückversetzt liegenden Klärteich ignorieren, erblicken wir auf der anderen Seite die vom Einstieg bekannte Hütte. Bergwärts erreichen Jung und Alt die Einkehr am oberen Rand der almartigen Lichtung. Die Berghütte Schareben des Wald-Vereins Drachselsried dient seit über 50 Jahren als Gastwirtschaft und hat die letzte Renovierung zur Jahrtausendwende gut überstanden. Auf der Sonnenterrasse oder in einer der drei einfachen Gaststuben servieren die Wirtsleute gerne Suppen, Brotzeitteller, Schnitzel, Käsespätzle oder Kaiserschmarrn, Apfelstrudel und Kuchen. Von der Sonnenterrasse über die Straße werden Mädchen und Buben überschüssige Kräfte auf dem Spielplatz los. Oder fitte Familien hängen die Tour 12 dran.

Entdeckertipp

Autofahrer, die von Bodenmais kommend in Böbrach links den Harlachberg hochfahren, erreichen die bunte Märchenalm der Familie Geiger. Neben der Terrasse des urigen Ausflugslokals lockt ein kurioser Spielplatz samt Streicheltieren (kleine Gebühr). Märchenalm, Raschau 2, Tel. 09924/76 15; Mai bis ca. Mitte Oktober 9–18 Uhr, Di Ruhetag

12 Hochstein ab Schareben

Von der Hütte zum versteckten Seitengipfel

mittel | gut 3 km | 130 m | 1.30 Std.

Alter
Ab 6 Jahren

Tourencharakter
Zunächst breiter Waldweg, zuletzt enger Pfad zum Hochstein; Abstieg erst wieder auf Pfad, restlicher Rückmarsch auf breiter Forststraße

Anfahrt
Am besten zwischen Bodenmais und Drachselsried nach Unterried/Oberried abbiegen und beschilderter Straße 7 km bergauf folgen (im Mittelteil 1,5 km nicht asphaltiert)

Ausgangs-/Endpunkt
Wanderparkplatz an der Berghütte Schareben

GPS-Koordinaten
49.129780, 13.052407

Markierung
Dr60 (alter Rundweg 11)

Einkehr
Berghütte Schareben

Karte
Kompass Wanderkarte Nr. 195, Nördlicher Bayerischer Wald, 1:50 000

Information
Tourist-Info Drachselsried, Tel. 09945/90 50 33, drachselsried.de;
Berghütte Schareben, Tel. 09945/10 37, berghuette-schareben.de

Auf der vom Plattenriegel (Tour 11) abgewandten Seite marschieren wir von der Berghütte Schareben zu dem aus der Ferne unscheinbaren Hochstein – nicht zu verwechseln mit der gleichnamigen Formation am Dreisessel. Auf dem Seitengipfel angekommen, beeindruckt die Aussicht vom Holzkreuz.

Vom Parkplatz hinter der Berghütte weist der Schilderwald auch zur Hochsteintour Dr60. An der großflächigen Übersichtskarte vorbei geht es auf breitem Waldweg voran. Rasch weist ein Pfeil nach links in einen Pfad nach oben. Wir arbeiten uns bis zu einem Waldweg hoch. Dort angekommen geht es nach rechts sowie sanft bergan weiter. Einen Katzensprung hinter der folgenden Linkskurve queren wir eine Forststraße. Dahinter geht es deutlicher bergauf. Ein Stück weiter wird der Waldweg enger und führt über zunehmend abschüssiges Gelände. Auf dem fordernden Pfad kreisen wir den Hochstein rechtsherum Schritt für Schritt ein. An einer Stelle erhaschen wir bereits einen Blick hinauf zum Kreuz. Der Pfeil an der Kreuzung sowie die folgenden Markierungen an den Baumstämmen verraten, wie der Gipfel von hinten zu nehmen ist. Oben auf der massiven Felsformation angekommen, achten Eltern und ihre Sprösslinge bitte auf die steil abfallende Kante, ehe der großartige Blick in Richtung Südwesten übers Zellertal hinweg ausgekostet wird.

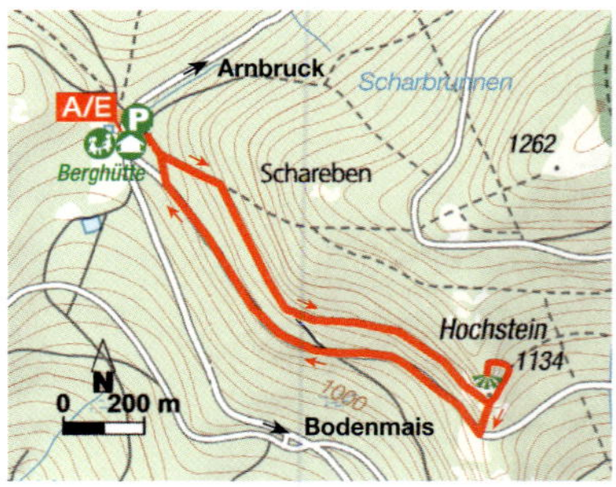

Im Anschluss an die Gipfelpause setzen wir im Halbkreis zur Kreuzung zurück. Dort folgen wir nicht dem Pfeil auf bekannter Strecke in Richtung Schareben, sondern schreiten nach links bergab. Auf schmalem und kurzzeitig kurvenreichem Pfad treffen wir auf eine breite Forststraße samt Rastplatz und

Jägerstand. Nach rechts weisen seit 2021 die neuen Markierungen Dr 60 sowie Bo 62 den Rückweg zur Berghütte. Bei der Gabelung nach 300 Metern halten wir uns halb links. Es scheint, als marschierten wir die Höhenlinie entlang. Genau genommen geht es sogar ein paar Meter hinab. Um die einladende Einkehrstation zu erreichen, schwenken wir zuletzt auf den vom Hinweg bekannten Waldweg ein. Das Tuckern des Dieselmotors verrät schließlich das nahe Ziel.

Gehupft wie gesprungen

Wie das Rundwege an sich haben, können Wanderer diese auch andersrum meistern. Auf alle Fälle werden die letzten Meter zum Hochstein hin und zurück auf derselben Strecke absolviert.

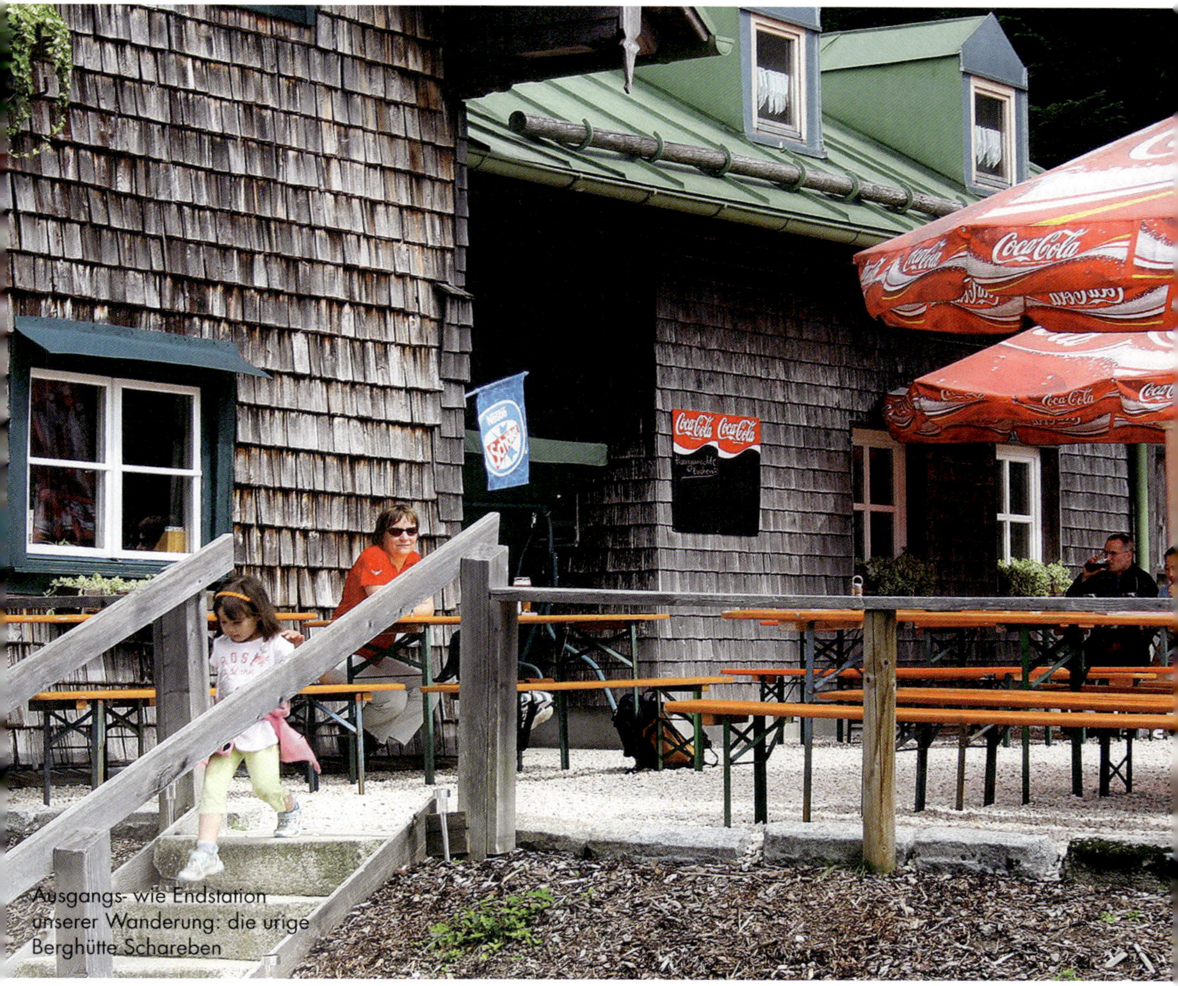

Ausgangs- wie Endstation unserer Wanderung: die urige Berghütte Schareben

13 Grenznaher Hochfels

Der Aussichtspunkt bei Bayerisch Eisenstein

schwer | knapp 4 km | 170 m | 2 Std.

Alter
Ab 7 Jahren

Tourencharakter
Teils sportliche Pfade führen durch urwüchsige Natur hinauf zum Hochfels; ab/bis Wanderpark etwas Asphalt.

Anfahrt
Auto: Via B 11 oder über Brennes nach Bayerisch Eisenstein, von der Hohenzollernstraße in der Ortsmitte in den Anton-Pech-Weg abbiegen. Bahn: Waldbahn

Ausgangs-/Endpunkt
Wanderpark Bayer. Eisenstein

GPS-Koordinaten
49.120610, 13.201699

Markierung
Waldmaus, MTB-Radweg auf Forststraße

Einkehr
In Richtung Bahnhof Grenzglashütte (Di Ruhetag) und Schmugglerhütte (Mo Ruhetag), nahe Parkplatz Hotel-Restaurant Eisensteiner Hof

Karte
Kompass Wanderkarte Nr. 195, Nördlicher Bayerischer Wald, 1:50 000

Information
Tourist-Info Bayerisch Eisenstein, Tel. 09925/94 03 16, bayerisch-eisenstein.de

Wer nicht ganz bis zur versteckten Hochbergkuppe steigen will, begnügt sich einfach damit, den Hochfels zu bezwingen. Von der Holzbank am Aussichtspunkt am Rande des Nationalparks schweift der Blick hinüber zum Großen Arber und hinunter in den Talort Bayerisch Eisenstein.

Vom Wanderpark marschieren wir am Eisensteiner Hof vorbei zur Kreuzung Hohenzollernstraße. Dort folgen wir der »Waldmaus« sowie dem lilafarbenen Schild »Urwaldsteig« nach rechts. Bergauf kreuzen wir die Bahnhofstraße, wo Wanderer einsteigen, die mit der Waldbahn anreisen. Sogleich lassen wir das Localbahnmuseum links liegen, queren am Andreaskreuz die Gleise und folgen der Hochbergstraße bergauf. Kurz bevor das Hinweisschild zum Nationalpark Bayerischer Wald erreicht wird, zweigen wir gemäß »Waldmaus« nach rechts in einen zauberhaften Hohlweg ab. Im dichten Wald stechen die Fichtennadeln die Buchenblätter aus. Bei der folgenden Gabelung beachten wir die links am Baumstamm zurückversetzte Markierung. Die folgende Forststraße wird gequert. Gleich neben der Bank geht es weiter bergauf bis zu einer T-Kreuzung, an der wir den »Urwaldsteig« verlassen und der »Waldmaus« nach rechts folgen.

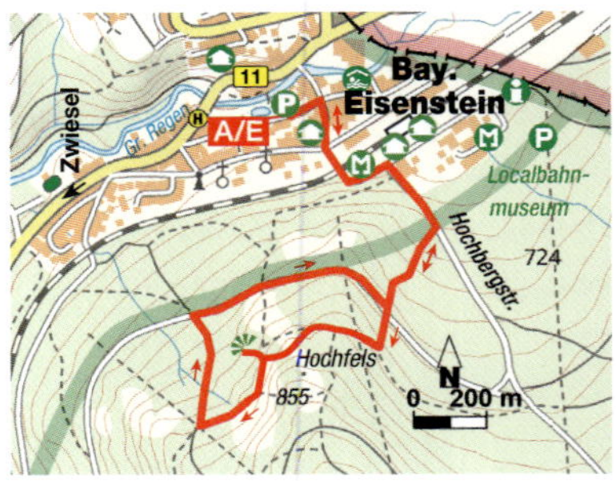

Sanfter bergan als bislang geht es an der folgenden Gabelung geradeaus weiter. Schließlich verrät ein Pfeil den Abstecher zum Hochfels, welcher zuletzt auf nahezu unwegsamem Gelände erreicht wird. Dort unbedingt die Kids vor den versteckten Abhängen warnen! Der Blick reicht hinüber zu den Arberhängen, hinunter nach Bayerisch Eisenstein sowie über die Grenze hinein in die Tschechische Republik. Während Groß und Klein an der Bank unterhalb des Seitengipfels Platz nehmen, bleibt der Hochfels geübten Kletterern vorbehalten. Einst zierte ihn ein schmiedeeisernes Kruzifix. Heute spitzt nur noch dessen Verankerung heraus. Das wird wohl auch so bleiben, denn im Nationalpark sollen nur noch die höchsten Gipfel mit Kreuzen versehen sein.

Nach dem Abstecher zur Aussicht am Hochfels führt uns die »Waldmaus« kurz weiter bergauf, sodann deutlich bergab. Beim folgenden Wanderstern biegen wir nach rechts ab und gehen talwärts in Richtung Bayerisch Eisenstein. Bei der kreuzenden Forststraße verlassen wir die Markierung »Waldmaus« und folgen dem MTB-Radweg nach rechts in etwa an der Höhenlinie entlang (so sparen wir uns abschließend den Marsch durch den halben Ort). Rund 400 Meter hinter der folgenden Rechtskurve achten wir darauf, den Einstieg in den Abstieg nicht zu verpassen. Dieser verläuft auf der vom Hinweg bekannten »Waldmaus«-Strecke zurück zum Wanderpark.

Haben wir die Tour so gut wie gemeistert, empfangen uns über die Gleise hinweg an der Bahnhofstraße rechts wie links zusammen drei Einkehrstationen. Die mächtigen Gebäude zeugen von der Zeit, als an der Eisensteiner Grenze die Dampfrösser fauchten. Zu Zeiten des Eisernen Vorhangs endete die Bahnstrecke jäh im Stacheldraht. Aktuell sorgt der Waldbahn-Anschluss für einen kleinen Grenzverkehr.

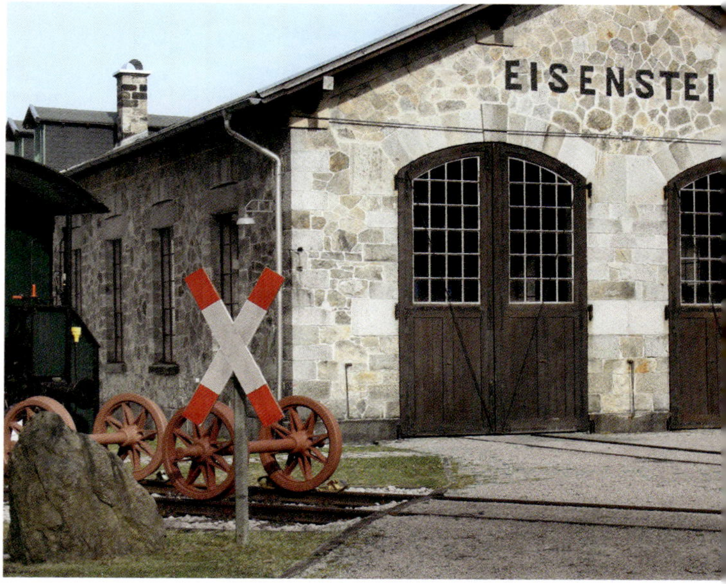

Altehrwürdiger Grenzbahnhof von Bayerisch Eisenstein

Über den Sattel zur Einkehr

Eine im Vergleich zur »Waldmaus« gut doppelt so lange Runde legt zurück, wer ab Wanderpark dem »Bussard« folgt. Über den Hochbergsattel hinweg erreichen Aktive am tiefsten Punkt der Tour die bezaubernde Lichtung rund ums bewirtschaftete Schwellhäusl (siehe auch Tour 25). Den Rückweg starten wir auf dem Pfad am Spielplatz vorbei bergan, passieren das Eiserne Kreuz an der Forststraße und umrunden die Hochbergkuppe linksseitig (8 km, 3,5 Std., 300 Hm).

14 Am Siebensteinkopf

Vom Reschbach über die tschechische Grenze

schwer | 6,5 km | 260 m | 3 Std.

Alter
Ab 7 Jahren

Tourencharakter
Anfangs schattige Forststraße, dann Pfad über Stock und Stein durch lichtes Idyll, Gipfelpassage teils sehr steinig, hinein ins Tschechische Asphalt

Anfahrt
Auto: Via Mauth, hinter Finsterau halb links bis zur Sperre für Privatfahrzeuge. Bus: Finsterau-Bus 603

Ausgangs-/Endpunkt
Wanderparkplatz Wistlberg kurz nach dem Schullandheim; Rückfahrt von der Grenzhaltestelle Teufelshäng mit dem Bus

GPS-Koordinaten
48.941593, 13.570962

Markierung
Birkhuhn zum Einstieg, Hauptwanderweg (drei Bäume) bis zur Grenze

Einkehr
Hotelgaststätte Alpská vyhlídka in Bučina/Buchwald, Gasthaus Fuchs in Mauth (Mo nur abends)

Karte
Kompass Wanderkarte Nr. 196, Mittlerer Bayerischer Wald, 1:50 000

Information
Infostelle Mauth, Tel. 08557/ 97 38 38, mauth.de

Am Rande des Nationalparks überqueren große und kleine Wanderer hinter der Alten Klause und der Reschbachklause den Siebensteinkopf und schließen nach Gusto einen Abstecher über die tschechische Grenze zur dortigen Hotelgaststätte an. Von der Haltestelle auf deutscher Seite verkehrt der Finsterau-Bus zurück.

Vom Wanderparkplatz folgen wir zunächst dem »Birkhuhn« vom Asphalt weg auf einer Forststraße sanft bergab. Auf halber Strecke zur Alten Klause wechseln wir halb rechts auf den schattigen Waldpfad. Den verfallenen Triftspeicher erreichen wir geradewegs, unmittelbar nachdem uns das »Birkhuhn« rechts verlässt. Eine Holzbank lädt zur ersten kleinen Rast ein.

Vom tiefsten Punkt der Tour wandern wir auf dem »Hauptwanderweg« (stilisierte Bäume) sanft bergan. Für rosarote Farbtupfer am Wegesrand sorgen schmalblättrige Weidenröschen sowie glockenförmige Fingerhüte, wobei Letztere nicht nur schön, sondern auch giftig sind. Zunächst hören wir den Reschbach rauschen, dann marschieren wir direkt an ihm entlang. Stromaufwärts wird die Stelle passiert, an welcher der Schwellgraben einen Teil des Wassers abzweigt. In Richtung Reschbachklause öffnet sich ein wildromantischer Talkessel, in dem kurz vor Druck der Erstauflage ein Biber in

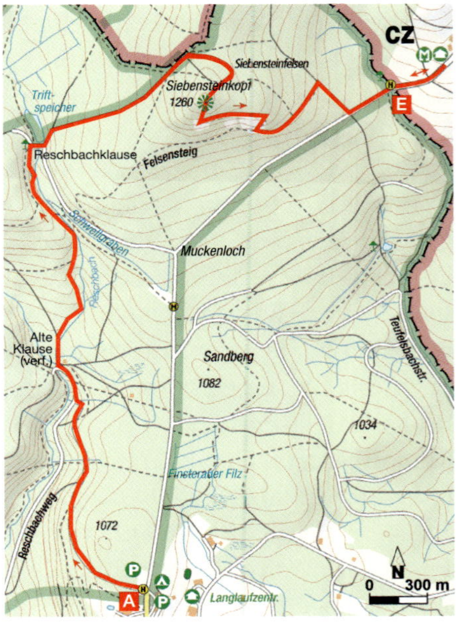

freier Wildbahn gesichtet wurde. Einst von Menschenhand für den Holztransport geschaffen, wirkt das aufgestaute Nass heute wie ein kleiner Gebirgssee (wer hier wenden will, absolviert Tour 45). Rund einen Kilometer Luftlinie in Richtung Norden liegt die Wasserscheide, hinter der auf tschechischer Seite die Hauptquelle der Moldau blubbert.

Von der Reschbachklause folgen wir weiter dem »Hauptwanderweg«. Es geht deutlicher, aber nicht steil bergauf. Zwischen Baumskeletten und Vogelbeeren treffen wir an der deutsch-tschechischen Grenze auf eine Wanderkreuzung. Dort biegen wir nach rechts ab in Richtung Siebensteinkopf und erreichen in einem weiten Bogen die lichte Gipfelkuppe. Wer entdeckt das mächtige Holzkreuz zuerst?

Der Abstieg vom Siebensteinkopf erweist sich als schwierigste Passage der Tour. An der folgenden beschilderten T-Kreuzung gehen wir links in Richtung Landesgrenze. Schließlich landen wir auf der Teerstraße. Links befindet sich einen Katzensprung entfernt direkt vor der Grenze die Bushaltestelle. Wer vor der Rückfahrt einkehren will, geht auf Asphalt hinüber nach Buchwald (tschechisch: Bučina). Es gibt keine Kontrollstation, es besteht aber Ausweispflicht. Rund 400 Meter hinter der Grenze taucht eine stattliche Hotelgaststätte mit mächtiger Sonnenterrasse auf, welche Mountainbiker gerne bevölkern. Beim Begleichen der Rechnung werden Euro akzeptiert, wobei wir am besten passend zahlen. Bei Druck des Buches entsprach ein Euro rund 25 Kronen. Interessant: Neben der Einkehr rekonstruiert ein Mahnmal den Eisernen Vorhang, wie dieser bis zum Zusammenbruch des Ostblocks aussah. Darüber hinaus halten Ruinen die Erinnerungen an das einstige Dorf Buchwald wach.

Von der Hotelgaststätte kehren wir in gut zehn Minuten zurück zur Bushaltestelle an der Grenze. Dahinter bringt uns der Finsterau-Bus in sechs Minuten zum Parkplatz Wistlberg (Abfahrt bei Druck des Buches 9.14, 11.14, 13.14, 15.14, 17.14, 18.14 Uhr; Erwachsene 1,90 €, Kinder 6–14 Jahre 1 €; bayerwald-ticket.com).

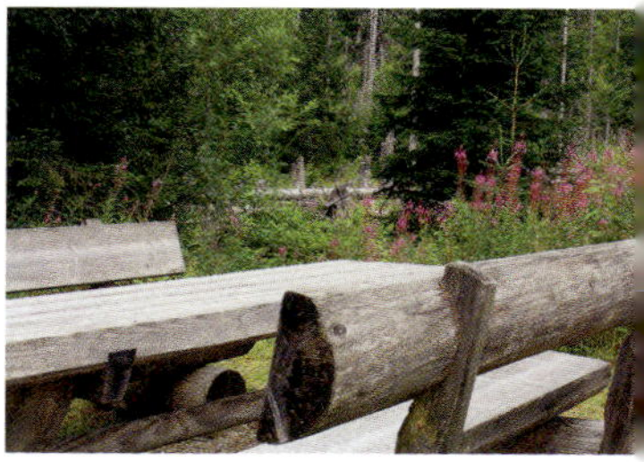

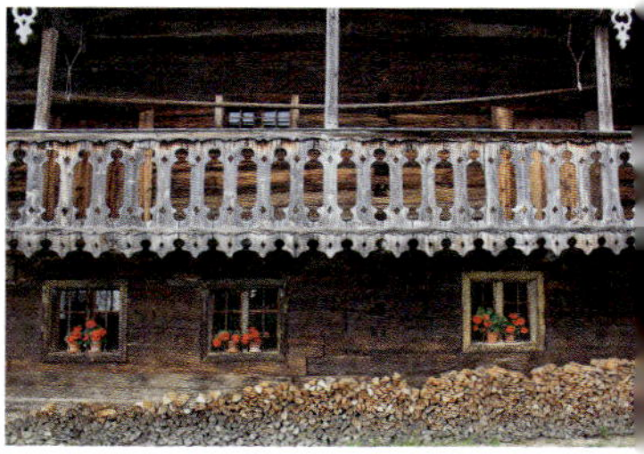

Lohnender Abstecher: das Freilichtmuseum Finsterau (siehe Tipp Tour 45)

Oben: Rastbank an der Alten Klause

Zu Fuß zurück

Wer bei der Einkehr genügend Kraft für den Rückmarsch getankt hat, folgt auf deutscher Seite an der Bushaltestelle links dem Pilgerweg »Via Nova« über die Teufelsbachklause sowie ein Stück am Schwellgraben entlang. Sodann geht es in Richtung Finsterauer Filz (Nationalpark-Erweiterung geplant), welches zuletzt vereint mit dem »Birkhuhn« durchquert wird. Am Trampelpfad neben dem Asphalt kehren wir zum Parkplatz Wistlberg zurück (4,5 km, 70 Hm, 2 Std.).

15 Rundblick am Haidel

Vom verlassenen Dorf zum Aussichtsturm

leicht | 4 km | 75 m | 1.45 Std.

Alter
Ab 4 Jahren

Tourencharakter
Spaziergang auf einem Weg durch die ruhige Schneise einer Forststraße im bewirtschafteten, von Fichten dominierten Wald

Anfahrt
Von der grenznahen Staatsstraße Haidmühle–Philippsreut in Bischofsreut bei der Kirche braunem Schild 5 km folgen; letzte 1,5 km nicht asphaltiert

Ausgangs-/Endpunkt
Leopoldsreut, Parkplatz vor Kfz-Sperre

GPS-Koordinaten
48.833415, 13.683742

Markierung
Goldsteig und Richtungspfeile

Einkehr
Alte Schule (Leopoldsreut) in Vorbereitung

Karte
Kompass Wanderkarte Nr. 197, Südlicher Bayerischer Wald, 1:50 000

Information
Tourist-Info Haidmühle, Tel. 08556/194 33, haidmuehle.de

Eine einsame Forststraße führt vom verlassenen Dorf Leopoldsreut geradewegs und sanft auf den 1167 Meter hohen Haidel – und wieder zurück. Die Strecke eignet sich für Kinderwagen bestens. Vom mächtigen Aussichtsturm auf dem Bergbuckel genießen Schwindelfreie den grandiosen Rundblick.

Vom Parkplatz in Leopoldsreut marschieren wir geradewegs weiter und erreichen nach 300 Metern ein kleines Schulhaus sowie die Kirche St. Nepomuk. Diese zwei Gebäude zeugen als letzte vom einstigen Bergdorf, dessen trutzige Bauernhöfe 300 Jahre lang die Forststraße säumten. Da Landwirtschaft in dieser Höhenlage ein allzu hartes Brot ist, wurde Leopoldsreut vor gut 60 Jahren endgültig aufgegeben. Bis damals galt die Schule als höchstgelegene Deutschlands. Das in dem alten Gebäude geplante Gasthaus war trotz jahrelanger Bemühungen von Markus Trauner bei Druck des Buches noch nicht eröffnet.

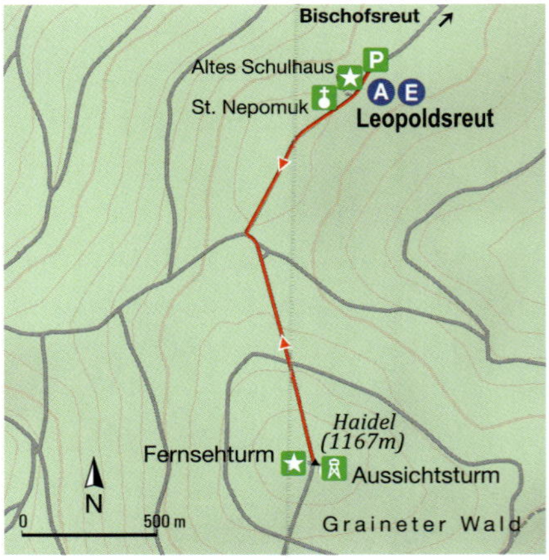

Dem sanften Anstieg folgt eine Senke. Nach einer Links-rechts-Kombination nehmen Wanderer die Gipfelkuppe ins Visier. Da Leopoldsreut bereits gut 1100 Meter hoch liegt, brauchen kleine Gipfelstürmer nur wenige Höhenmeter zu meistern. Den letzten halben Kilometer wechseln wir in gerader Linie von der breiten Forststraße auf den geschotterten Waldweg.

Keine 100 Meter voneinander entfernt stehen ein markanter Fernmeldeturm und der begehbare Aussichtsturm, welcher

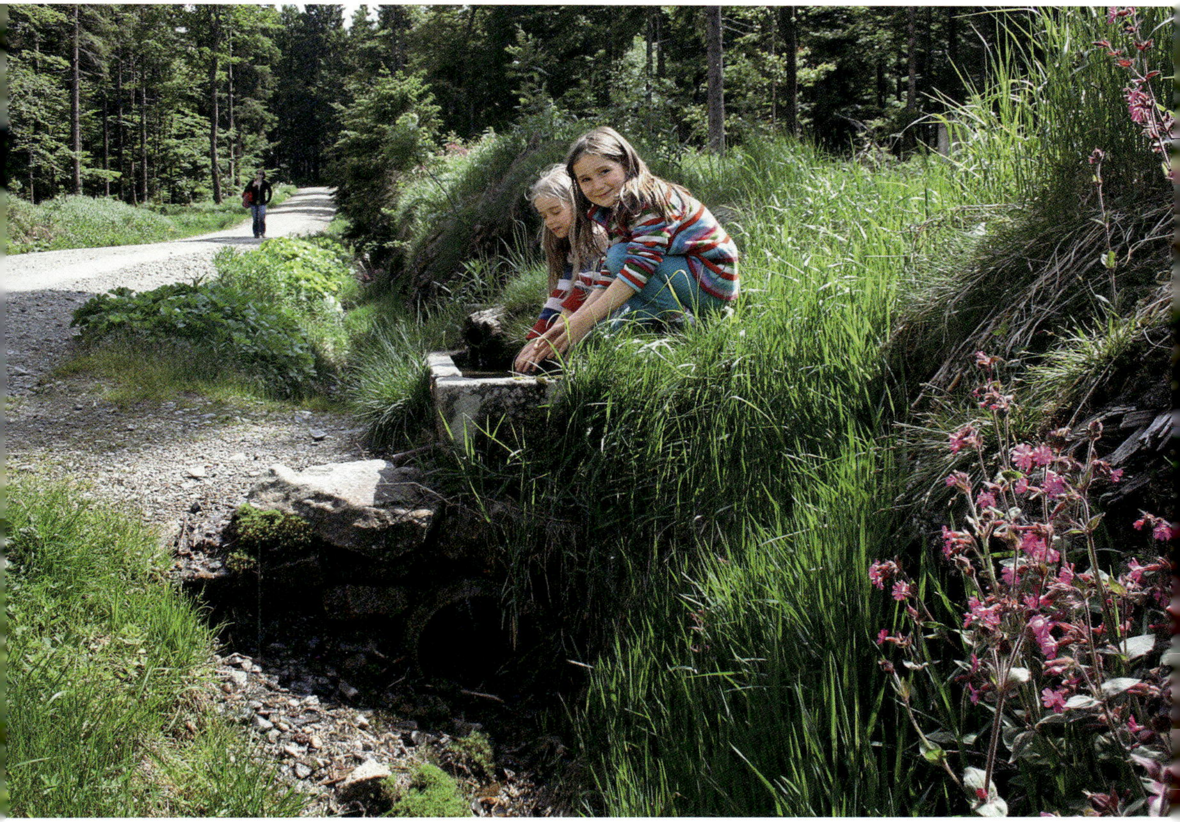

Diese Forststraße führt geradewegs zum mächtigen Aussichtsturm auf der Haidelkuppe.

satte 35 Meter in die Höhe ragt. Schwindelfreie Mamas, Papas sowie Mädchen und Buben, die 159 Stufen meistern, genießen einen prächtigen Blick auf den Dreisesselberg im Südosten sowie zum Siebensteinkopf und Lusen am Rande des Nationalparks im Nordwesten. Panoramatafeln helfen, die Berge in der Ferne auszumachen.

Vor allem an der rauen Witterung liegt es, dass der beliebte Aussichtsturm bereits zwei Vorgänger hatte. Um den Bestand zu gewährleisten, sind die Stützpfeiler des aktuellen Bauwerks aus robustem, regionalem Douglasienholz gefertigt.

Für Märchenfans

Unmittelbar südlich von Bischofsreut freuen sich Familien mit kleinen Kindern über einen kostenfreien Märchenwald (Zufahrt ausgeschildert). Unter schattigem Nadeldach bereiten vor allem Szenen aus Geschichten der Gebrüder Grimm große Freude. Den Eingang bildet der »Schwammerling«. Direkt neben dem Märchenwald gefällt der Spielplatz.

16 Übern Breitenauriegel

Vom Ruselabsatz zum Landshuter Haus im verlassenen Bergbauerndorf

schwer	12,5 km	360 m	4.45 Std.

Alter
Ab 9 Jahren

Tourencharakter
Sanftes Auf und Ab auf spannenden Pfaden durch dichten wie lichten Mischwald, kurze Passagen auf geschotterten Wegen; wegen der Länge Ausdauer erforderlich

Anfahrt
Auto: Staatsstraße Deggendorf–Regen über Rusel. Bus: Unter anderem mit Bus 4116 Deggendorf–Bischofsmais

Ausgangs-/Endpunkt
Nordseite Parkplatz Ruselabsatz (Passhöhe)

GPS-Koordinaten
48.876153, 13.065493

Markierung
Hin Fernwanderweg (grünes Dreieck) sowie über den Breitenauriegel Nr. 3, zurück Nr. 2 und Goldsteig, ab Hölzerne Hand erneut Fernwanderweg

Einkehr
Landshuter Haus (Mo Ruhetag)

Karte
Kompass Wanderkarte Nr. 196, Mittlerer Bayerischer Wald, 1:50 000

Information
Tourismusreferat Deggendorfer Land, Tel. 0991/310 02 31, landkreis-deggendorf.de

Wer im Forst ein Stück oberhalb von Deggendorf den Breitenauriegel stürmt, erobert den zweithöchsten Gipfel im Vorderen Bayerischen Wald. Nach der Einkehr im Landshuter Haus in der Wüstung Oberbreitenau streifen wir auf dem Rückmarsch ein Hochmoor.

Vom Parkplatz folgen wir neben einem Häuschen dem Wegweiser zum Fernwanderweg (grünes Dreieck) u. a. in Richtung Hölzerne Hand und Breitenauriegel. Hinter einer sanften Kuppe erreichen wir in wenigen Minuten eine Forststraße. Dieser folgen wir halb links keine 100 Meter weit, bis der etwas zurückversetzte grüne Pfeil rechts den Einstieg in einen breiten Wanderpfad verrät. Sanft bergan marschieren kleine wie große Wanderer über den vorwiegend von Fichten gesäumten Weg durch den Deggendorfer Vorwald. Vielerorts blinzelt die Sonne durchs Nadeldach. Nach gut 30 Minuten erreichen wir die markante Josefsbuche. Wer entdeckt den Baum zuerst?

Nun streben Jung und Alt geradewegs weiter und erleben zunehmend lichte Passagen. Der Pfad präsentiert sich teils sehr verwurzelt. Die Steigungen bleiben gut zu meistern. Über eine unscheinbare Kuppe hinweg erreichen wir einen Wanderstern nach insgesamt gut einer Stunde Gehzeit. Auf der rechten Seite erwartet uns ein Rastplatz mit pilzartigem Dach. Links zurückversetzt erblicken Neugierige, was dem Ort seinen Namen gibt: die Hölzerne Hand. Hintergrund: Einer Legende nach half einst eine geheimnisvolle Frau einem Mann, der sich gnadenlos verirrt hatte. Die Hand erinnert an den richtungsweisenden Fingerzeig hinaus aus dem dunklen Dickicht.

Zum Glück wissen wir, wo es langgeht und folgen dem grünen Pfeil in Richtung Breitenauriegel. Zunächst geht es über Stock und Stein leicht bergan. Dann verengt sich der Waldweg und wird teils zum Hohlweg. Der Anteil der Laubbäume, die uns umgeben, steigt. Rund 30 Gehminuten ab Hölzerner Hand führt links ein Stichweg zu einem Gedenkstein samt Kreuz.

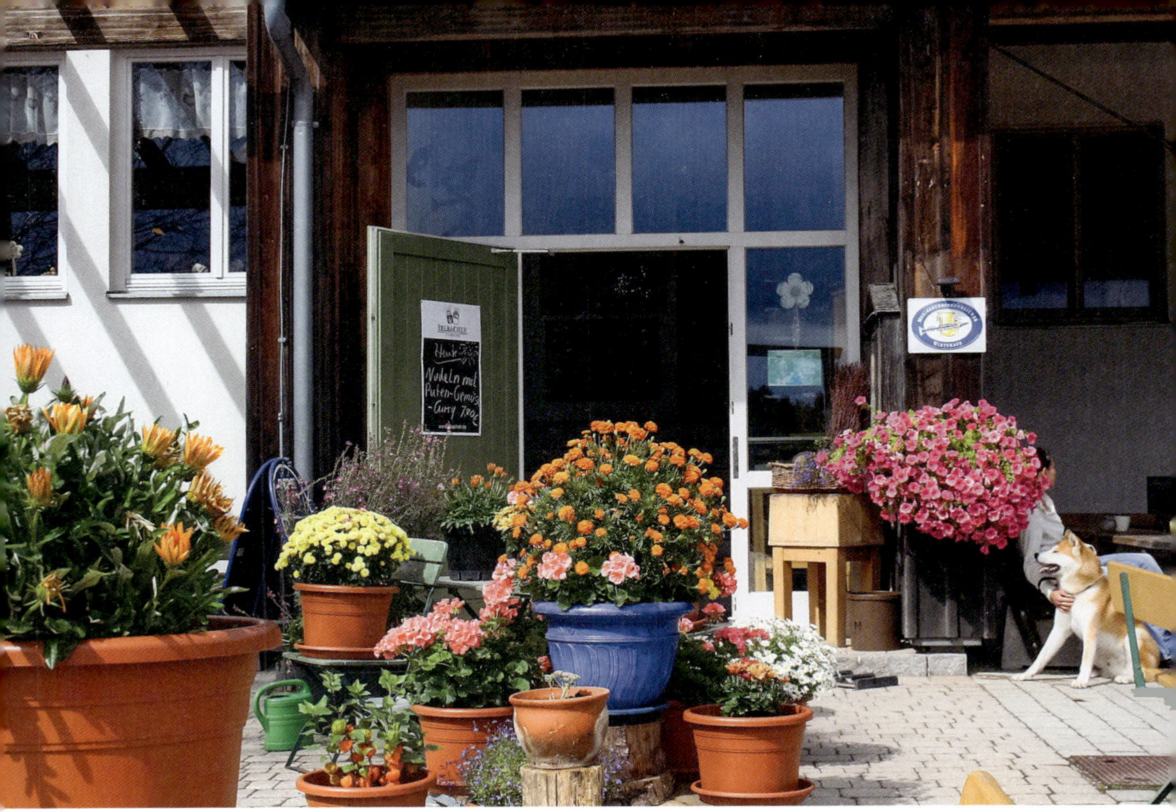

Hereinspaziert: Im Landshuter Haus werden Gäste drinnen wie draußen bewirtet.

Auf unserem Hauptweg passieren wir die unbewirtschaftete Bergwachtdiensthütte. Von dort geht es auf einem geschotterten Waldweg wenige Minuten weiter. Dann führt der Weg Nr. 3 zunächst nach rechts, sogleich nach links in Richtung Breitenauriegel. Zusammen mit dem grünen Pfeil führt dieser Pfad bergan, bis wir rund 20 Gehminuten von der Bergwachtdiensthütte entfernt nach insgesamt knapp zwei Stunden den Gipfel erreichen. Die Formation liegt vom Weg aus links zurückversetzt. Mit 1118 Meter Höhe wird das Massiv im Vorderen Bayerwald nur vom drei Meter höheren Einödriegel überragt. Wer zum Kreuz kraxelt, sollte trittsicher sein und beachten, dass der Gneiskegel nach Südwesten hin steil abfällt. Der Blick in diese Richtung reicht aus dem Wald hinaus zwischen dem nahen Dreitannenriegel (links) und dem Geißriegel (rechts daneben) geradeaus über die verdeckte Donau hinweg ins flach wirkende Hügelland.

Vom Breitenauriegel führt uns ein verwurzelter Pfad sanft bergab. Nach rund 20 Minuten stoßen wir auf einen Forstweg und orientieren uns nach rechts in Richtung Oberbreitenau. Da in dieser Höhenlage die Landwirtschaft ein allzu hartes Brot war, verließen die letzten Bauern in den 50er-Jahren des letzten Jahrhunderts die über 1000 Meter hoch gelegene Streusiedlung.

Ruinen am Wegesrand zeugen vom Niedergang der heutigen Wüstung. Nach rund einer Viertelstunde Gehzeit erreichen wir auf der Strecke, welche sich behutsam dahinschlängelt, das Landshuter Haus (2022 Pächtersuche/-wechsel). Der Nachfolgebau des einstigen Greil-Hofs gilt heute als eines der beliebtesten Wanderziele im Vorderen Bayerischen Wald.

In der Einkehrstation finden Hungrige und Durstige in zwei Stuben sowie auf der großen Sonnenterrasse Platz. Wer sich an der Theke erfrischende Getränke holt, kann dort auch Essen bestellen. Die fertigen Speisen werden an den Tisch serviert. Zum Angebot zählen Suppen, Nudeln und ein Tagesgericht. Übrigens: Über der Tür von der Theke zur Küche hängt ein Bild des mächtigen wie urigen Vorgängerbaus, welcher vor über 50 Jahren einem Brand zum Opfer fiel. Das Bild neben dem Eingang zur Stube zeigt wiederum, was unmittelbar danach übrig blieb. Den erweiterten Neubau hielt der Bayerische Wald-Verein im Jahr 1999 im sachlichen Stil, wodurch sich das heutige Aussehen der Einkehrstation erklärt. Von der Sonnenterrasse blicken wir halb rechts zurück auf den von uns im Sturm eroberten Breitenauriegel sowie halb links zum fernen Brotjacklriegel mit seinem schlanken Sendemast.

Vom Landshuter Haus setzen wir auf uns bekannter Strecke an den Ruinen vorbei ein Stück zurück. Dann folgen große und kleine Wanderer dem Weg Nr. 2 sowie dem gelben Goldsteig-»S« nach links. Der von uns gewählte Rückweg zur Hölzernen Hand führt über einen geschotterten Pfad am Rand des Hochmoors (früher ging es auf Bohlen durchs Moor hindurch). Neben einer Reihe von Krüppelbirken mit ihren typischen weiß-dunklen Rinden tauchen einzelne Moortümpel auf, über die Libellen gerne schwirren. Einst vom Austrocknen be-

Kurze Variante oder kleiner Umweg

Eine gut sechs Kilometer lange Runde (2 Std., 150 Hm) legt zurück, wer an der Hölzernen Hand dem Weg Nr. 2 in Richtung Oberfrohnreut folgt und dort dem Böhmweg (stilisiertes Rad) zurück zur Josefsbuche (gestrichelte Linie auf der Karte). Auf bekannter Strecke geht es zurück zum Russelabsatz. Am Wochenende finden viele prima, dass die Hochwaldhütte des Alpenvereins ihre Pforten öffnet, welche nahe der Hölzernen Hand auf einer Schneise im Wald liegt. Zur mitgebrachten Brotzeit servieren die diensthabenden Vereinsmitglieder gerne Kaffee, Kuchen und erfrischende Getränke. Draußen blicken die Gäste über den Ulrichsberg hinweg in Richtung Gäuboden.

Aufgepasst: Natürlich lässt sich auch auf der großen Runde ein Abstecher hierher mit einplanen, was die gesamte Wegstrecke um gut einen halben Kilometer (0.15 Std.) verlängert.

droht, wird das Hochmoor seit bald 30 Jahren Stück für Stück renaturiert. Ob das sehr seltene Karlszepter, welches bezeichnenderweise auch Moorkönig genannt wird, hier immer noch gedeiht – darüber streiten die Experten. Zweifelsohne sprießen im Frühjahr die gelben Blüten der Sumpfdotterblume.
Hinter dem Moor folgen ein Links- und ein Rechtsknick. Nun schreiten wir sanft bergab, und der Pfad geht in einen geschotterten Waldweg über. Im Wasserschutzgebiet orientieren wir uns nach rechts kurz und knackig bergan. Danach geht es immer wieder sanft auf und nieder. Dergestalt verläuft unser Weg weitläufig um den Breitenauriegel herum. Hinter dem Wasserschutz-

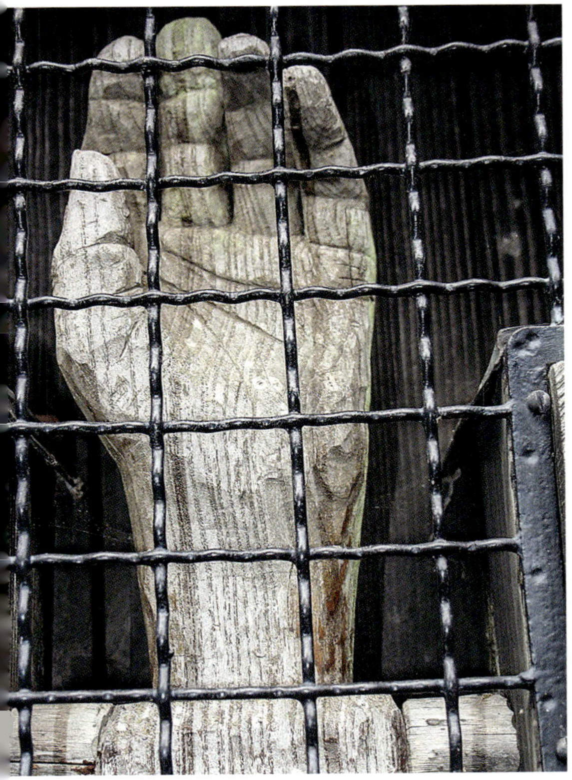

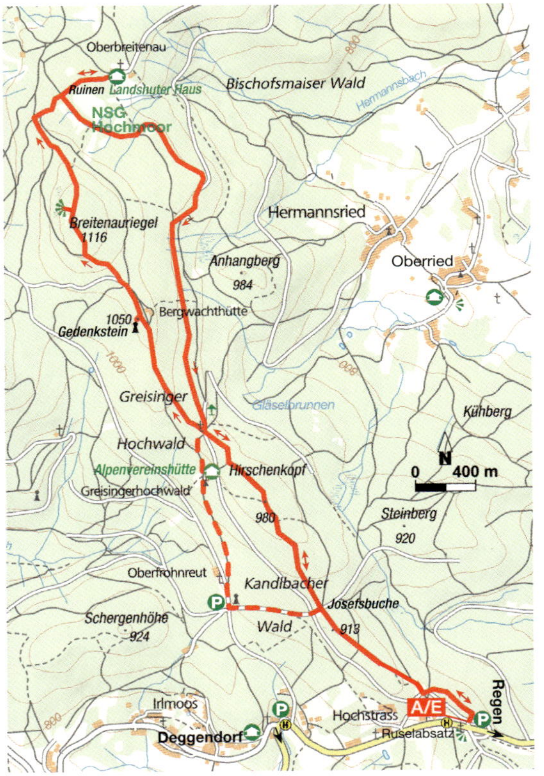

Links: Die Hölzerne Hand erinnert an eine wegweisende Frau.

gebiet ist die Hälfte des Rückmarsches gemeistert. Nach gut einer Stunde Gehzeit erreichen wir erneut die Hölzerne Hand. Von dort kehren wir auf dem vom Anmarsch bekannten Fernwanderweg via Josefsbuche zurück zum Ruselabsatz. Wenn wir von der Passhöhe die Motoren der Fahrzeuge dröhnen hören, steht der Endspurt an.

Spiel- und Bastelideen

Flauschige Tiere

Falls der Himmel in den bayerischen Landesfarben Weiß und Blau erstrahlt, können Groß und Klein versuchen, in den Wolken Formen oder Gestalten zu entdecken, welche ihnen bekannt vorkommen. Tiere lassen sich mit etwas Geduld und Fantasie besonders gerne ausmachen. Die Faustregel lautet: Wer suchet, der findet.

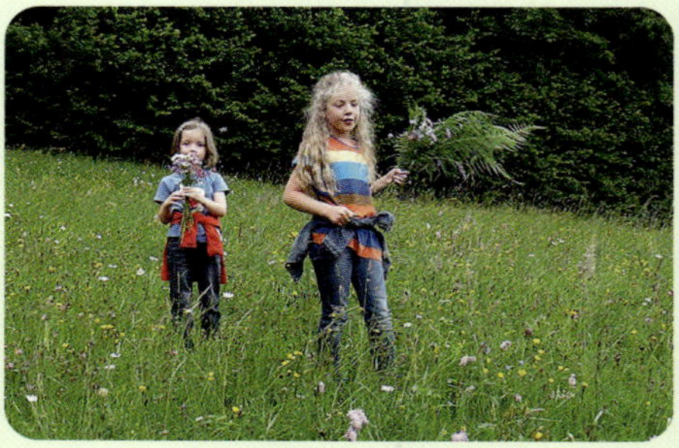

Aus Gräsern und Blumen lässt sich nicht nur ein schöner Strauß binden.

Schlauer Ratefuchs

Zwischen Wald, Wiese und Feld sucht eine Person geeignete Gegenstände, welche die anderen ertasten und dadurch erraten sollen – etwa Fichtenzapfen oder etwas Moos. Ein um die Augen gebundener Schal versperrt dem Rater die Sicht. Zur Not geht das auch mithilfe von zwei Händen.

Hallo Baum

Wer einen halbwegs frisch geschnittenen Baumstumpf am Wegesrand entdeckt, kann diesen als Resonanzkörper nutzen. Während eine Person an einem Ende das Ohr ans Holz legt, erzeugt Nummer zwei am anderen Ende Geräusche durch Kratzen oder Klopfen. Wie deutlich das Ergebnis zu vernehmen ist, überrascht Jung und Alt bei diesem Baumtelefon immer wieder. Darüber hinaus eignen sich die Stümpfe natürlich auch zum Balancieren.

Große Familie

Wer an einem besonders umfangreichen Baum vorbeikommt, kann ihn mit seiner Familie oder Wandergruppe umkreisen und dabei die Arme ausstrecken und einander die Hand geben. Das erzeugt ein schönes Gefühl des Zusammenhalts und gibt – falls gewünscht – ein nettes Fotomotiv.

Blättermandalas

Ein naturnahes Bild kreiert, wer Blätter zusammenträgt und daraus ein Mandala etwa in Form eines Baums fertigt. Um Material für derartige geometrische Schaubilder zu suchen, eignet sich der bunte Herbstwald besonders gut. Wer will, kann die Blätter mit nach Hause nehmen, dort mithilfe eines schweren Buchs pressen und im Anschluss daran auf ein Stück Pappe oder Papier kleben. Dergestalt entsteht ein bleibendes kleines Kunstwerk als Erinnerung an die erlebte Tour.

Windspiele

Wer eine Kordel oder eine Art Paketschnur zur Hand hat, kann daran Fundsachen aus dem Wald befestigen. Hübsch anzusehen ist es, am unteren Ende zunächst eine Vogelfeder festzubinden. Rund zehn Zentimeter darüber machen wir einen dicken Knoten, fädeln von oben den nächsten Gegenstand mit Löchlein ein – etwa ein Stück Rinde – und lassen ihn an dem Knoten anstehen. Oder wir binden im selben Abstand beispielsweise einen Zapfen oder ein Ästchen direkt an der Kordel oder Schnur fest. So reihen kleine Kreative vielerlei Dinge aus der Natur aneinander und schaffen ein zauberhaftes Windspiel. Abschließend befestigen wir das obere Ende der Kordel oder Schnur entweder an einem passenden Baum im Wald. Oder das Windspiel hält Zuhause im Garten oder auf dem Balkon die Erinnerungen an den Aufenthalt im Bayerwald wach.

Bayerwaldgestalten

An flachen Ufern von Bächen oder Flüssen können wir aus Steinen geheimnisvolle Türmchen oder Männchen aufeinanderschichten. Einst dienten diese Gebilde als Wegzeichen, heute werden sie vielerorts aus Spaß an der Freud errichtet. In Tibet vermuten Menschen sogar, Steintürmchen stimmten die Geister milde.

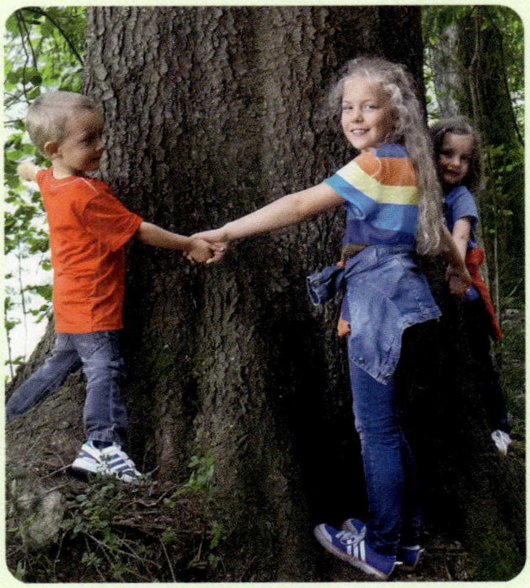

Hand in Hand schaffen es die Kinder, einen großen Baum zu umschließen.

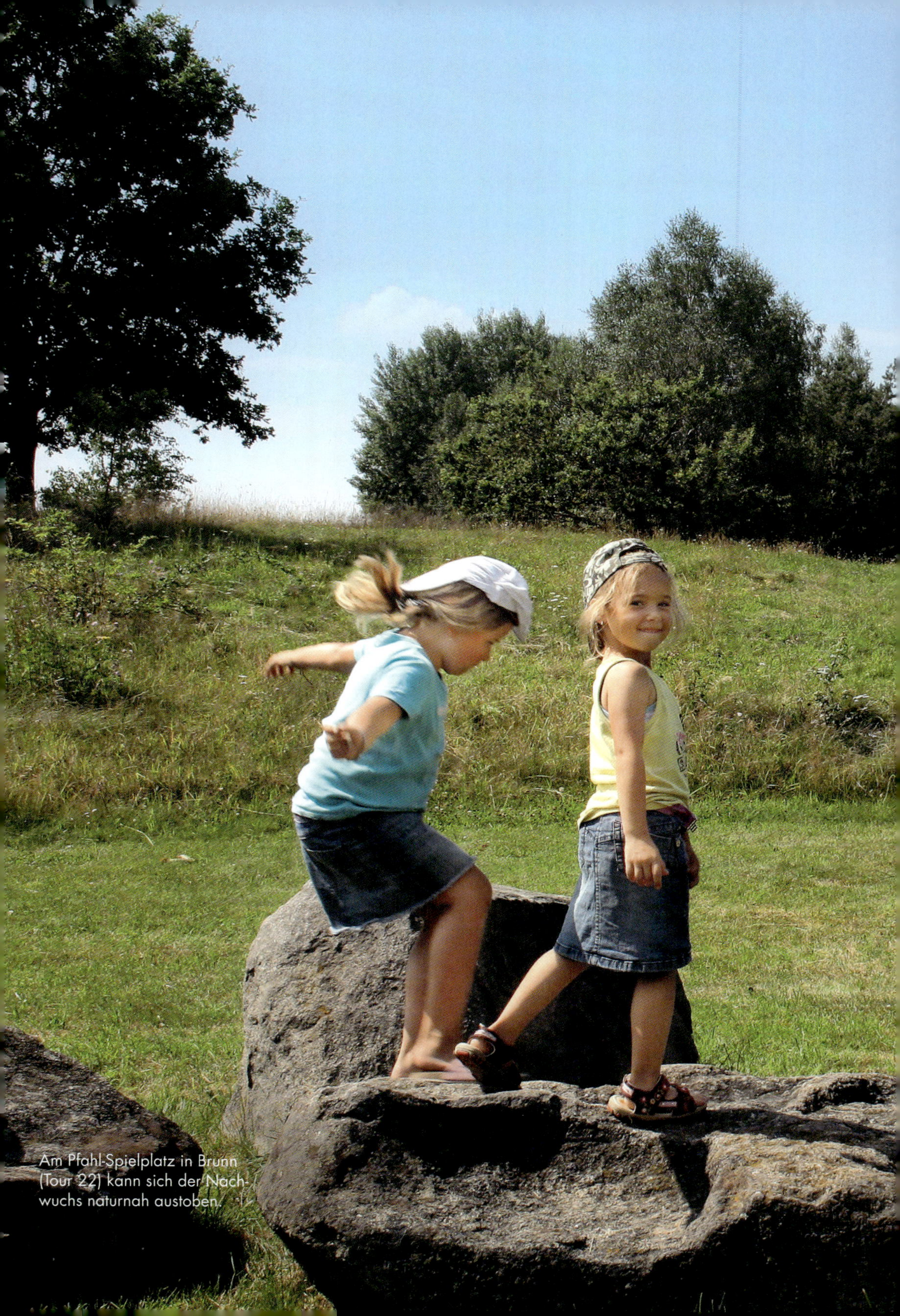

Am Pfahl-Spielplatz in Brunn (Tour 22) kann sich der Nachwuchs naturnah austoben.

Steinreiche Pfade beschreiten

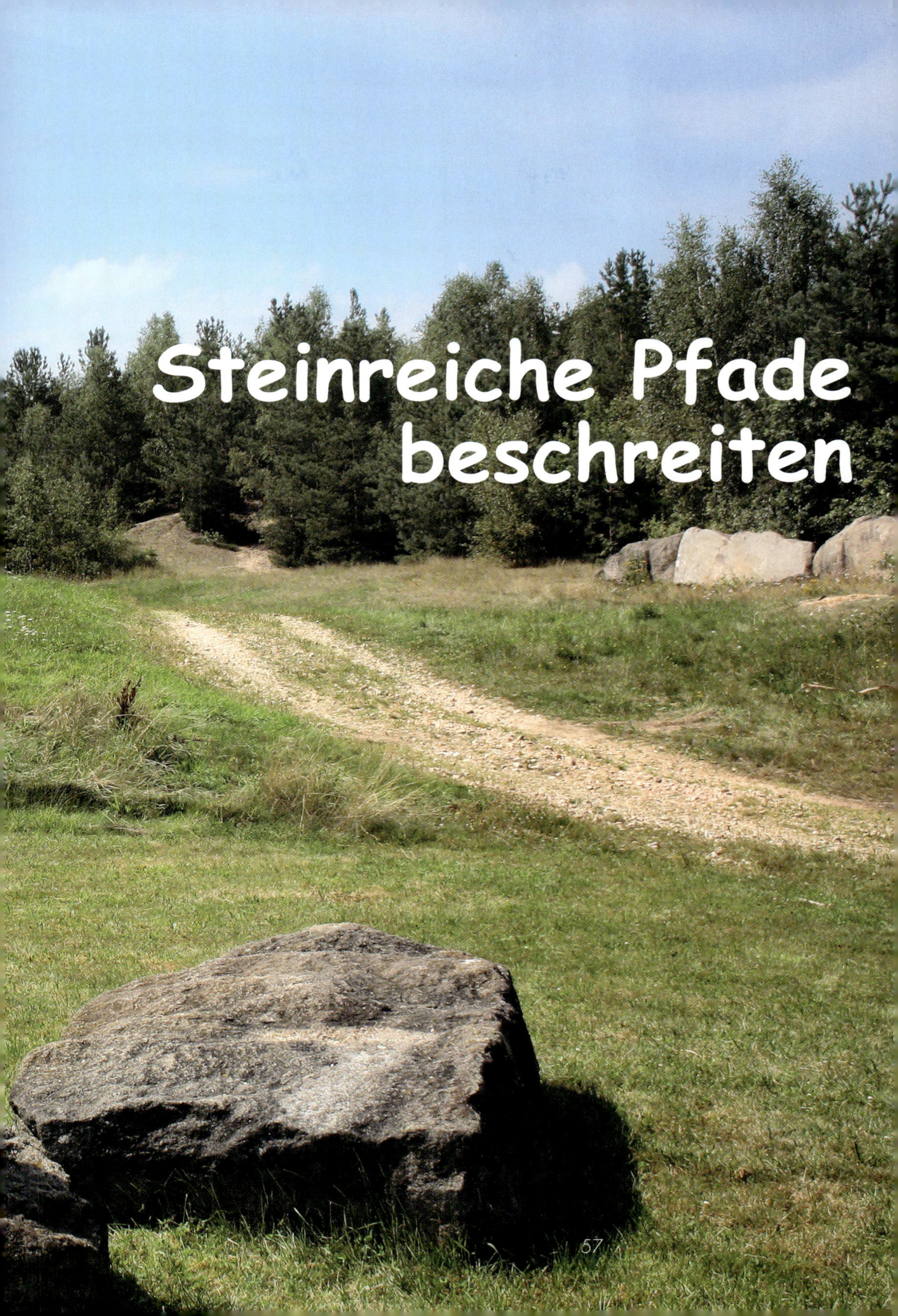

17 Durchs Felswandergebiet

Im steinharten Dschungel zur Großen Kanzel

mittel	4,5 km	200 m	2.15 Std.

Alter
Ab 6 Jahren

Tourencharakter
Abenteuerlicher, teils anspruchsvoller Pfad durch raue Wildnis; Fernblick nach Süden von der Großen Kanzel; An- und Abmarsch breite Wege

Anfahrt
Auto: Via Nationalparkzentrum oder Freyung (in Reschmühle von B 533 in Richtung Nationalpark abbiegen, in Sagwassersäge rechts) oder Mauth. Bus: Finsterau-Bus 603

Ausgangs-/Endpunkt
Wanderparkplatz Felswandergebiet an der Nationalparkstraße beim Jugendwaldheim

GPS-Koordinaten
48.879966, 13.529273

Markierung
Haselhuhn, Abstecher Große Kanzel Eberesche/Vogelbeere

Einkehr
Gasthof Euler (Di Ruhetag) in Neuschönau (5 km)

Karte
Kompass Wanderkarte Nr. 196, Mittlerer Bayerischer Wald, 1:50 000

Information
Nationalparkzentrum Lusen (Hans-Eisenmann-Haus), Tel. 08558/961 50, nationalpark-bayerischer-wald.de

Wegen seiner mächtigen Gneisblöcke scheuten lokale Waldbauern einst den unzugänglichen Steinberg. Heute durchziehen Wanderpfade die urwüchsige Natur. Die Markierung Haselhuhn weist durch das steinige und verwurzelte Herzstück des sogenannten Felswandergebiets. Es folgt ein Abstecher zur Großen Kanzel.

Vom Parkplatz geht es munter ein paar Treppen hoch. Dann folgen wir dem »Haselhuhn« nach links. Über eine sanfte Kuppe hinweg mündet unser Pfad nach knapp einer Viertelstunde in einen Forstweg. Nach rechts marschieren wir darauf ein Stück durch Mischwald, ehe wiederum rechts der Einstieg ins Felswandergebiet über Steintreppen erfolgt.

Zwischen moosbewachsenen Felsblöcken und -klippen sowie den Wurzeltellern modriger Stümpfe führt unser Pfad nun

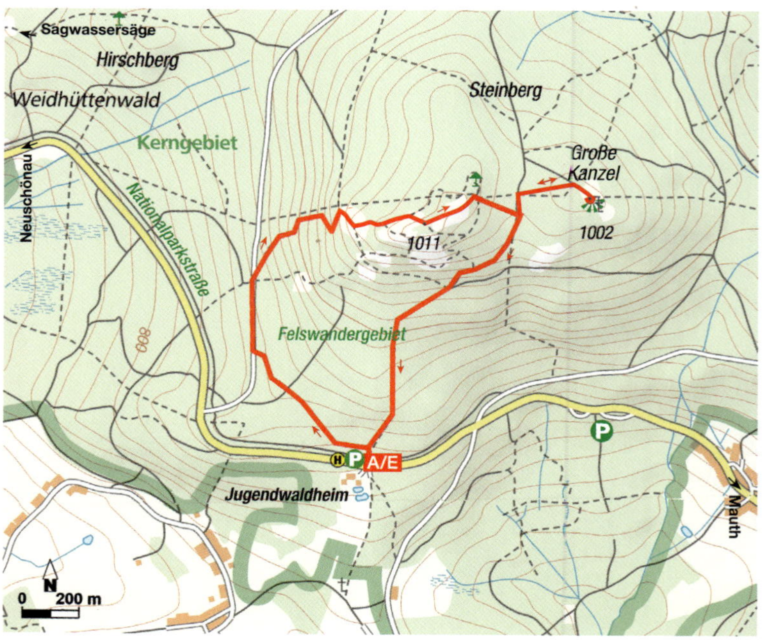

ein Stück weit sportlich bergauf. Die unbehelligt verrottenden Bäume verraten, dass wir uns in der Naturzone des Nationalparks befinden: »Natur Natur sein lassen«, lautet die Devise. Aufmerksame entdecken in verwinkelten Felsspalten das seltene Leuchtmoos, welches Sonnenlicht zu reflektieren vermag. Darüber hinaus bieten sich dem Nachwuchs jede Menge geeignete Verstecke. Nahe der eingewachsenen Kleinen Kanzel führt der Pfad direkt zwischen zwei mannshohen Blöcken hindurch. Vereint mit dem »Hauptwanderweg« (stilisierte Bäume) schlängelt sich das »Haselhuhn« weiter durchs Felswandergebiet, welches in Richtung Osten Schritt für Schritt ausläuft.

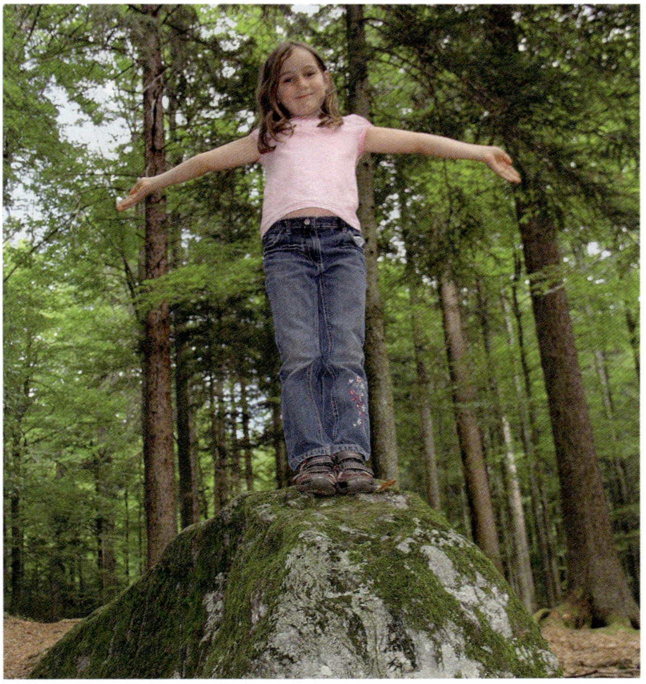

Kleine Gipfelstürmerin im großartigen Felswandergebiet

Nach insgesamt bis zu 75 Gehminuten erreichen wir eine T-Kreuzung und wechseln nach links vom »Haselhuhn« zur »Eberesche/Vogelbeere«. An der folgenden Kreuzung geht es nach rechts sowie ein Stück weiter in einem Bogen auf die Große Kanzel hinauf, welche 1002 Meter hoch liegt. Vom Gipfelkreuz der schroffen, steil abfallenden Gneisformation erblicken Schwindelfreie in Richtung Süden den kegelförmigen Kreuzberg vor Freyung mit der Wallfahrtskirche Sankt Anna. Natürlich heißt es, beim Blick in die Ferne den nahen Abgrund im Auge zu behalten. Auf dem Rückmarsch, welcher höchstens 45 Minuten dauert, setzen wir am Fuße der Kanzel zur Kreuzung zurück. Nach links in Richtung Schönbrunn folgen wir der »Eberesche/Vogelbeere«. Vereint mit dem »Haselhuhn« wird unter vorwiegend von Buchen gebildetem Laubdach recht geradlinig sowie auf breitem Pfad zurück zum Ausgangspunkt marschiert. Das sollte den Kindern wirklich gefallen.

Kurze Variante

Wer sich den Abstecher zur Großen Kanzel spart, verkürzt die Runde auf insgesamt 3,5 Kilometer und kehrt eine gute halbe Stunde eher zum Parkplatz an der Nationalparkstraße zurück.

18 Steinernes Kirchlein und Wackelstein

Kleiner Felsendom und große Laune der Natur

mittel | 4,5 km | 200 m | 2 Std.

Alter
Ab 5 Jahren

Tourencharakter
Vielseitige Vorwaldrunde zu kleinem Felsendom und wuchtigem Naturdenkmal; Zubringer lichter Feldweg, sodann schattige Wege und Pfade

Anfahrt
Entschenreuth liegt im Dreieck zwischen Zenting, Saldenburg und Thurmansbang; 50 m vom Ortsschild in/aus Richtung Thurmansbang/Zenting entfernt »Zum Wackelstein«

Ausgangs-/Endpunkt
Entschenreuth, Parkplatz hinterm Ende des Asphalts

GPS-Koordinaten
48.786121, 13.315906

Markierung
Nr. 84 (Wackelstein-Steig)

Einkehr
Gasthaus Klessinger 2 km Richtung Saldenburg in Hundsruck (Mi–So zu Essenszeiten)

Karte
Kompass Wanderkarte Nr. 196, Mittlerer Bayerischer Wald, 1:50 000

Information
Tourist-Info Saldenburg, Tel. 08504/91 23 12, saldenburg.de

Das im Saldenburger Granit verborgene Eisenkreuz sowie der tonnenschwere Stein, welcher durch Menschenhand bewegt werden kann, markieren die Höhepunkte dieser Tour. Dabei begeben wir uns ein Stück weit in schattigen Mischwald.

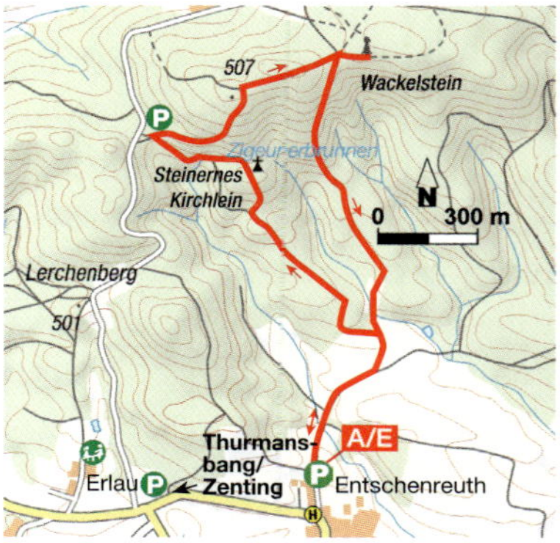

Vom kleinen Wanderparkplatz marschieren wir auf dem für Autos gesperrten Feldweg geradewegs über die erste Kreuzung hinweg. Nach einem Linksknick erwartet uns am Waldrand eine reich beschilderte Wanderkreuzung. Hier folgen wir dem Weg Nr. 84 nach links, absolvieren also die folgende Runde im Uhrzeigersinn. Bei der zweiten Gabelung halten wir uns gemäß Markierung halb links und kommen sogleich an einer Rastbank vorbei. Wo es sanft bergauf geht, weist ein Pfeil vom Waldweg nach rechts. Hinter einem Rinnsal beginnt der Pfad deutlich anzusteigen. Rechts erblicken wir moosbewachsene Granitblöcke.

Kurz hinter der Kuppe weisen zwei Pfeile zum zurückversetzten Eingang des Steinernen Kirchleins. Zwischen mehr als mannshohen Felsen begeben sich Groß und Klein geradlinig auf das Blockmassiv zu. Jetzt heißt es, den schmalen Durchschlupf zu erspähen, hinter dem sich ein stimmungsvoller Raum samt schwarzem Eisenkreuz verbirgt. Geduldiger Baumeister des kleinen Felsendoms war die Natur.

Vom Steinernen Kirchlein zurück, halten wir uns hinter den Pfeilen halb links, marschieren also sanft bergab und queren ein Rinnsal. Bevor Jung und Alt auf die Rastbank nahe der Forststraße treffen, weist uns die Markierung Nr. 84 rechts bergan.

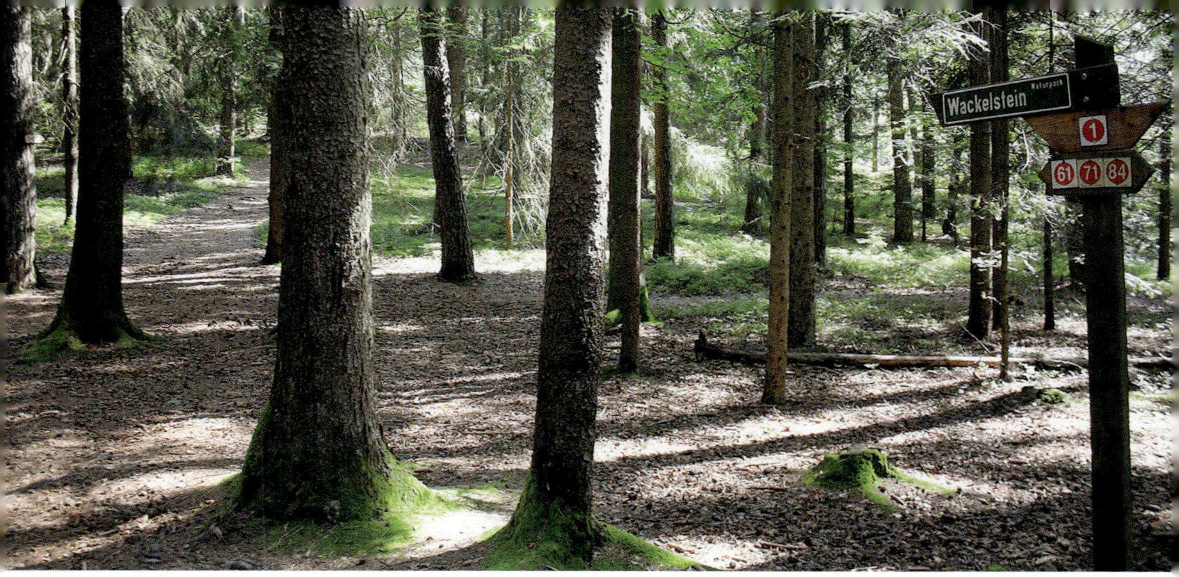

Steig Nummer 84 weist den Weg durch den Wald zum über 50 Tonnen schweren Wackelstein.

Kurz vor dem höchsten Punkt der Strecke lassen wir links die Lohberg-Kuppe liegen. Im verwurzelten Gelände blinzelt die Sonne nur vereinzelt durchs dichte Blätter- und Nadeldach. In der folgenden Senke erreichen wir einen Wanderstern. Ein grüner Pfeil deutet in die Richtung, in der sich der Wackelstein nur einen Katzensprung entfernt befindet. Ein Stein dieser Art ist sehr selten. Die gewölbte Unterseite des mindestens 50 Tonnen schweren Kolosses deutet an, was ein starker Mensch an der richtigen Stelle mit ihm zu tun vermag. Was sich über Jahrmillionen hinweg als Laune der Natur formte, bezeichnen Geologen als Wollsackverwitterung. Wesentlich jüngeren Datums sind die Fichten, welche dem Wackelstein eine Art natürliche Haarpracht verleihen.

Vom Wackelstein aus setzen wir zurück zum Wanderstern. Dort biegen wir nach links ab und streben auf steiler Strecke achtsam talwärts. Ein Stück weit bewegen wir uns an der Seite einer überschaubaren Schlucht entlang. Kurz vor dem Waldrand verläuft rechts parallel zur Nr. 84 ein Hohlweg. Auf der folgenden Lichtung liegt hinter einer Senke die Wanderkreuzung, welche wir vom Einstieg in die Runde kennen. Dort weist ein Pfeil zurück zum Ausgangspunkt.

Entdecker- und Badetipps

Wer die Tour im Gasthof Klessinger in Hundsruck ausklingen lässt, sollte unbedingt den dortigen Schrazlgang unter die Lupe nehmen. Uralte und geheimnisvolle Erdställe wie dieser durchziehen den ganzen Bayerwald und dienten vermutlich als Orte ritueller Reinigung. Auf ganz andere Art erfrischen der Badesee in Saldenburg samt Piratenschiff oder der Ebenreuther See vor Zenting in entgegengesetzter Fahrtrichtung (Eintritt jeweils frei).

19 Burgruine auf dem Pfahl

Lehrpfad und Turmbesteigung in Weißenstein

leicht	1 km	50 m (Lehrpfad)	0.30 Std. (ohne Burg)

Alter
Ab 3 Jahren

Tourencharakter
Spannender Rundweg über verwurzelten Pfad, Waldweg und Stufen; abschließende Turmbesteigung für Schwindelfreie

Anfahrt
Über B 11 bzw. B 85 Richtung Regen; Weißenstein liegt 2 km südlich der Umgehungsstraße von Regen, von welcher aus die Zufahrt ausgeschildert ist.

Ausgangs-/Endpunkt
Burgparkplatz

GPS-Koordinaten
48.950867, 13.143207

Markierung
Burglehrpfad

Einkehr
Weißensteiner Alm hinter dem Gläsernen Garten (Mo/Di Ruhetag), Kiosk am Parkplatz

Karte
Kompass Wanderkarte Nr. 195, Nördlicher Bayerischer Wald, 1:50 000

Information
Kurverwaltung Regen, Tel. 09921/604 82, regen.de

Die Burgruine Weißenstein bei Regen versprüht mittelalterlichen Charme. Der kurze Burglehrpfad öffnet überraschende Perspektiven aufs harte Pfahlgestein. Anschließend erwartet Familien gegen einen kleinen Obolus vom mächtigen Turm der Anlage ein herrlicher Rundblick. Hinterm Museum steht der Gläserne Wald.

Am Fuß der Ruine zeigt sich vom Parkplatz aus gesehen ein nettes Ensemble aus Dorfkapelle, Bolzplatz, Burg samt Aussichtspunkt, Museumsturm sowie – etwas versteckt – Gläsernem Wald. Die Reste der Burg stehen mit gut 750 Meter auf dem höchsten Punkt des Pfahls. Dieses harte Urgestein durchzieht teils kammartig den ganzen Bayerwald. Die helle Farbe der Formation verlieh Weißenstein seinen Namen.

Zwischen Ruine und Bolzplatz beginnt der Burglehrpfad, der rasch erstaunliche Eindrücke vom Drachenkamm des Pfahlgesteins samt gelben Schwefelflechten freigibt. Infotafeln vertiefen das Gesehene. Pfahlblöcke und Kreuz werden auf teils sehr verwurzeltem und etwas steinigem Pfad links liegen gelassen. Durch Heidelbeeren hindurch erreichen wir in einem laubholzreichen Wald die Tafel »Pflanzen und Tiere«, welche den Wendepunkt des Lehrpfads markiert. Gemäß Pfeil treten wir auf der anderen Pfahlseite den Rückweg durch den Forst an. Hinter dem dichten Fichtenbestand geht es auf einen Hof zu. Unmittelbar vor dem Hofeingang führt links eine steile Treppe empor. Diese liegt zwischen Ruine und Museumsturm, der »Fressendes Haus« genannt wird. Dahinter befindet sich im Freien ein Kunst-

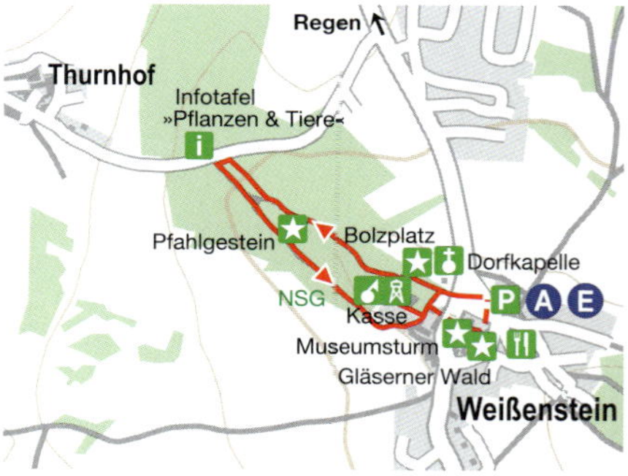

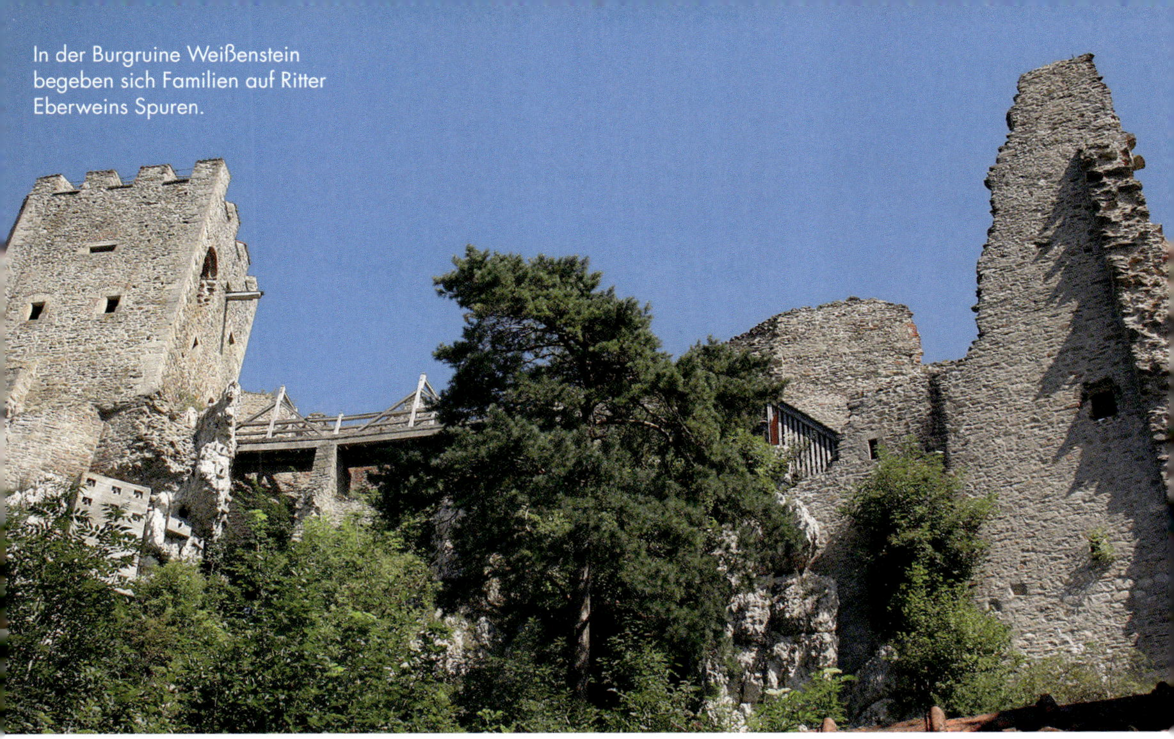

In der Burgruine Weißenstein begeben sich Familien auf Ritter Eberweins Spuren.

werk, welches zwei Symbole der Region – das Glas und das Holz – zum Gläsernen Wald vereint.
Wer zur gut erhaltenen Ruine hochsteigt, landet an der Kasse (vor Sanierung geöffnet von April bis Oktober Di bis Do 10–16.30 Uhr und Fr bis So 10–17.30 Uhr, außer bei Regenwetter; Erw. 1 €, bis 16 Jahre 0,50 €). Die Anfänge von Burg Weißenstein reichen über 900 Jahre zurück. Heute spukt einer Sage nach eine weiße Frau in den alten Gemäuern. Beim Streifzug durch die Reste der Burg sollten kleine Kinder am besten an die Hand genommen werden. Wer die Aussichtsplattform auf dem Wohnturm erklimmt (Sanierung 2022/23), erspäht im Hinteren Bayerwald den Großen Arber samt seiner zwei Radarkugeln sowie den Großen Rachel mit seinem Doppelgipfel. Im Nordwesten lassen sich die Skipisten am Geißkopf sowie der Einödriegel gut ausmachen.

Weiter wandern oder spielen gehen

Ein Wanderweg schlängelt sich von der Stadt Regen am gleichnamigen Fluss entlang gut sieben Kilometer nach Bettmannsäge (Gehzeit rund 3 Std.). Der dortige Haltepunkt der Waldbahn ermöglicht in der Regel im Stundentakt die Rückfahrt. Zunächst geht es vom Bahnhof Regen via Rodenstocksteg zum Nordufer des Schwarzen Regen. Am Regener Stausee wird über die Heubrücke ans Südufer gewechselt (Markierung »Wellen«).

Alternativ erreichen Familien in entgegengesetzter Richtung in zehn Fahrminuten via B 85 den abenteuerlichen Fledermaus-Spielplatz am Ortsende von Rinchnach.

20 Der Pfahl bei Viechtach

Bayerns Geotop Nummer eins entdecken

leicht | 3 km | 100 m | 1.15 Std.

Alter
Ab 4 Jahren

Tourencharakter
Teils Pfad, teils Weg an den Pfahlzacken entlang sowie durch den Wald rund um den gewaltigen alten Steinbruch

Anfahrt
Nach Viechtach u. a. via B 85, dort ein kleines Stück in Richtung Cham

Ausgangs-/Endpunkt
Wanderparkplatz »Großer Pfahl« an der B 85 unmittelbar an der Riedbachbrücke

GPS-Koordinaten
49.080341, 12.865473

Markierung
Großer Pfahl-Rundweg (blau)

Einkehr
Schnitzmühle (5 km Anfahrt; in Fahrtrichtung Regen von der B 85 gemäß Beschilderung abbiegen)

Karte
Kompass Wanderkarte Nr. 195, Nördlicher Bayerischer Wald oder Nr. 185, Westlicher Bayerischer Wald, 1:50 000

Information
Tourist-Info Viechtach, Tel. 09942/16 61, viechtach-tourismus.com

Nirgendwo tritt der Pfahl deutlicher zutage als nordwestlich von Viechtach. In der Tat sieht das harte Quarzgestein dort wie der Kamm eines Drachens aus. Formal gilt die signifikante Felsformation als Spitzenreiter unter den 100 schönsten Geotopen Bayerns – und lässt sich auf einer Runde bestens erforschen.

Der Pfahl-Rundweg führt Papas, Mamas und Kids vom Parkplatz schnell zum ungestüm gezackten Gestein. Im Uhrzeigersinn marschieren wir linksseitig sanft bergauf. Den bis zu 30 Meter herausragenden Quarzkamm zieren typische Krüppelkiefern. Kurz vor der letzten Zacke verlassen wir den Schotterweg und folgen halb links leicht erhöht kurzzeitig Weg Nr. 4 und Nr. 9. Ein Stück weiter schützt zwischen Fichten und Birken ein wuchtiges Geländer vor dem gewaltigen Abgrund zum ehemaligen

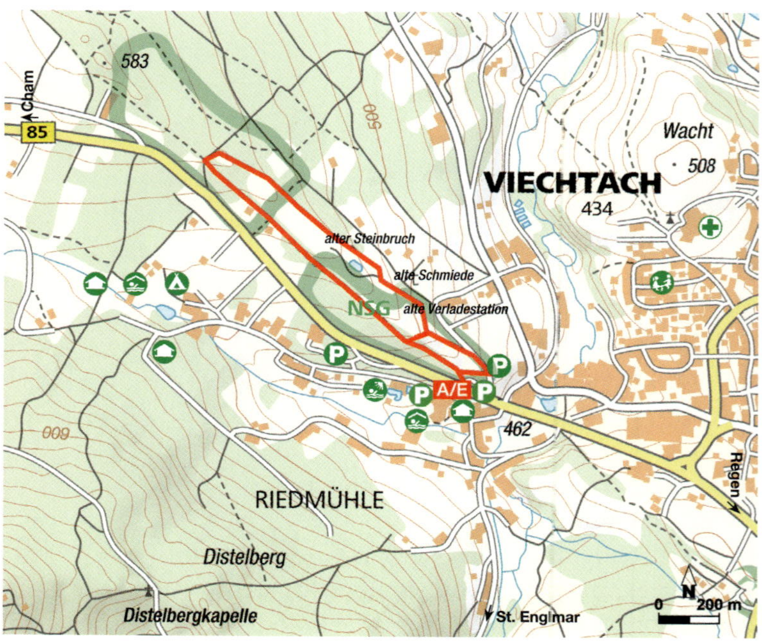

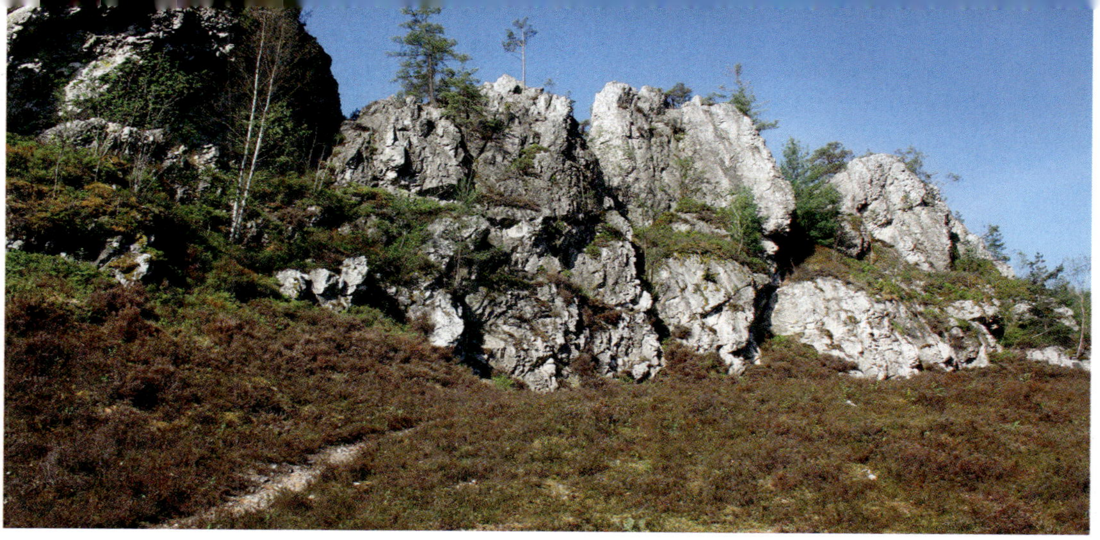

Der Pfahl bei Viechtach bietet ein bayernweit einmaliges Naturschauspiel.

Steinbruch. Vorsicht ist geboten! Die tiefe Narbe verrät, wie viel Quarzstein der Mensch dem Pfahl einst abrang.
Nach gut 30 Minuten erreichen wir einen mit Heidelbeeren bewachsenen, intakten Quarzkamm, der den Wendepunkt des großen Pfahl-Rundwegs markiert. Beim Rückweg treffen wir auf der gegenüberliegenden Seite des künstlichen Canyons erneut auf die Pfahlkante. Danach passieren wir die ehemalige Schmiede und Verladestation, gelangen zur reizvollen Nordseite des Quarzkamms und kehren nach gut einer Stunde Gehzeit zum Parkplatz zurück.
Insgesamt verläuft der Pfahl über bald 150 Kilometer Länge von der Oberpfalz durch den Bayerischen Wald bis hinein ins oberösterreichische Mühlviertel. Die außerordentliche Härte des hauptsächlich aus Kieselsäure (Siliziumdioxid) bestehenden Pfahlgesteins bringt mit sich, dass es vergleichsweise langsam verwittert. Folglich hob sich die Formation im Laufe der Zeit von der Umgebung im wahrsten Sinne ab. Die Zeiten, in denen man den Quarz abbaute und etwa als Schotter oder Edelsplitt nutzte, sind freilich vorbei. Vielmehr steht der Pfahl bei Viechtach bereits seit rund 80 Jahren unter Naturschutz.

Wo Badespaß winkt

Vom Wanderparkplatz aus gesehen auf der anderen Seite der Bundesstraße liegt das großzügige Freibad Viechtach, in dem jeder das passende Becken findet. Zu den Attraktionen zählen eine 36 Meter lange Wasserrutsche oder ein Drei-Meter-Sprungturm (mindestens Juni bis August ab 9 Uhr, Erwachsene 4,50 €, 15–17 Jahre 3,50 €, 6–14 Jahre 2 €). Wer die Strecke zu Fuß zurücklegen will, sollte die dicht befahrene B 85 nicht überqueren, sondern vom Parkplatz in Richtung Riedbachbrücke gehen und die Straße unterqueren (insgesamt 500 m Marsch). Alternativ macht man mit dem Auto eine Schleife und fährt als Erstes in Richtung Stadtmitte (ausgeschildert).

21 Am Moosbacher Pfahl

Hinterm Kreuzweg an der steilen Kante entlang

leicht | 4 km | 100 m | 1.30 Std.

Alter
Ab 6 Jahren

Tourencharakter
Spaziergang auf dem Kreuzweg, anschließend Trampelpfad entlang der steil abfallenden Pfahlkante; Rückmarsch anfänglich durch dichten Wald

Anfahrt
Zwischen Miltach und Viechtach von der B 85 abbiegen

Ausgangs-/Endpunkt
Kleine Parkbuchten am Kalvarienberg am Ortseingang von Moosbach

GPS-Koordinaten
49.114679, 12.788448

Markierung
Pfahl-Rundweg, Rückweg auch Pandurensteig (Säbel)

Einkehr
Gasthof Freund (Mo Ruhetag), Gasthof Kerscher (Mi Ruhetag), jeweils als Abstecher in die Tour einbaubar

Karte
Kompass Wanderkarte Nr. 195, Nördlicher Bayerischer Wald oder Nr. 185, Westlicher Bayerischer Wald, 1:50 000

Information
Tourist-Info Prackenbach, Tel. 09942/94 45 14, prackenbach.de

Als außergewöhnlich harmonisch in die Landschaft eingebettet erleben Gläubige wie Neugierige den Kreuzweg im Naturschutzgebiet Moosbacher Pfahl. Der anschließende Pfad führt teils an der steil abfallenden Pfahlkante entlang. Der Rückmarsch verläuft auf einem Waldweg am alten Steinbruch vorbei.

Wer von der Bundesstraße aus Richtung Viechtach anreist, den grüßen markante Pfahlzacken bereits vor Moosbach. Zur Felskanzel am Ortseingang, dem Kalvarienberg, führt seit 1852 ein Kreuzweg, der Jung und Alt vom Leidensweg Christi erzählt. Vom Kalvarienberg pilgern wir den Kreuzweg hinab und queren zwischen dessen zwölfter und elfter Station die Voggenzeller Straße. In einer von Birken und Eichen gesäumten Allee geht es neben den harten Quarzblöcken auf weichem Rasen sanft

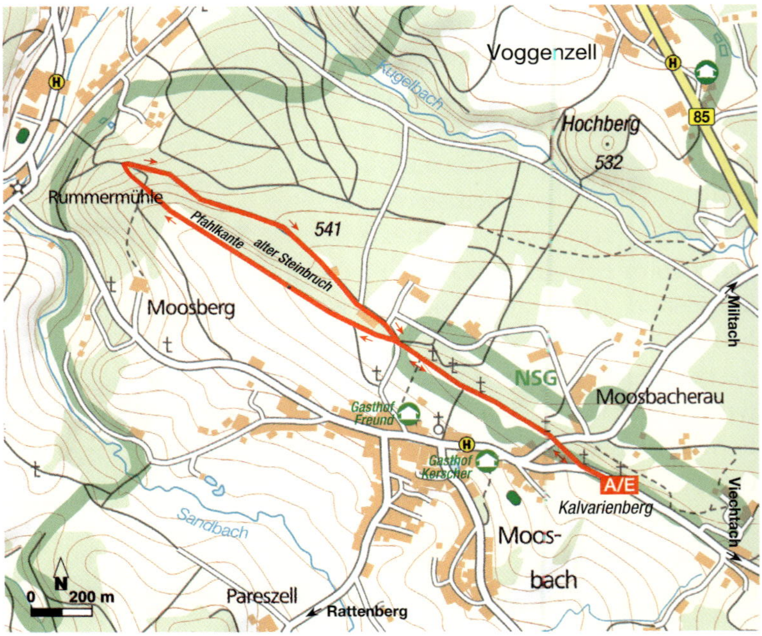

bergab. Aufgrund der rauen Witterung müssen die Bilder auf den Granitsäulen der 14 Stationen immer wieder erneuert werden.

An der Racklstraße endet der Kreuzweg. Über den Asphalt hinweg führt halb links eine Treppe hinauf zu Wiesen und Feldern, an deren Rand wir entlangschreiten. Aus Richtung Moosbach grüßt die Pfarrkirche St. Johannes. Der Bewuchs rechts des Pfades erinnert an einen Waldrand. In Wirklichkeit markieren die Bäume jedoch die ungesicherte und deshalb gefährliche Pfahlkante. Dahinter liegt bis zu 70 Meter tiefer der ehemalige Steinbruch. An der Kante heißt es also, unbedingt genügend Abstand zu halten und auf die Kleinen aufzupassen!

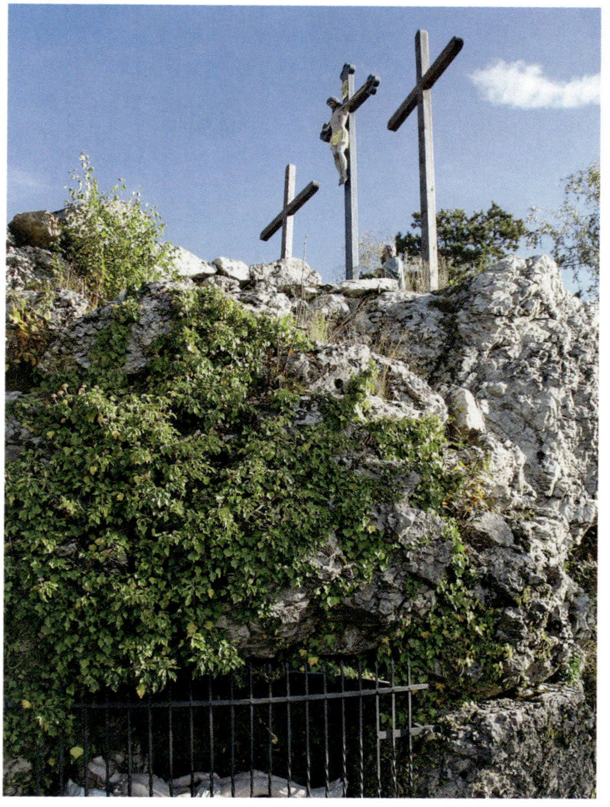

Kalvarienberg auf dem Moosbacher Pfahl

Den Wendepunkt der Rundtour markiert das Schild »Pfahlrundweg«, kurz nachdem der Pfad in den schattigen Wald hineinführt sowie ein Stück steiler hinab. Vereint mit dem Pandurensteig geht es nun am Fuß des alten Steinbruchs durch dichten, von Fichten dominierten Wald sanft bergauf. Hie und da lässt sich von unten ein Blick auf die Pfahlkante erhaschen. Eine gute Viertelstunde nach dem Wendepunkt treffen wir auf Asphalt, 300 Meter weiter auf den bekannten Einstieg zum Kreuzweg. Station für Station pilgern wir darauf zurück.

Den bereits bekannten Kalvarienberg krönt eine rund 100 Jahre alte Kreuzigungsgruppe mit Nachbildungen von Christuskörper, Madonna und Apostel Johannes. Am Fuß der Pfahlkanzel befindet sich zur Straße hin das nachempfundene Grab Jesu. Die angebrachten Gitter schützen vor neuzeitlichen Grabräubern. Auf der abgewandten Seite verstecken sich die schlafenden Jünger am Ölberg und der betende Jesus – ganz wie es in der Bibel geschrieben steht. Kreuzwege mit 14 Stationen wie in Moosbach gibt es übrigens seit rund 400 Jahren. Ihr Bilderzyklus beginnt in der Regel damit, dass Pontius Pilatus Jesus zum Tode verurteilt und endet mit der Grablegung des Gekreuzigten.

22 Pfahl-Spielplatz Brunn

Eine kurze Runde am harten Gesteinskamm

leicht | 1,5 km | 50 m | 0.45 Std.

Alter
Ab 6 Jahren

Tourencharakter
Größtenteils breiter Weg an stellenweise steil abfallender Pfahlkante; mit Kinderwagen auf parallel verlaufenden Feld-/Waldwegen zu meistern

Anfahrt
Südwestlich von Cham am Knoten B 85/B 20 im Kreisverkehr Richtung Schorndorf abbiegen, in Scharlau nach Brunn/Pfahlhäuser, dort dem Pfeil »Pfahl-Spielplatz« folgen

Ausgangs-/Endpunkt
Parkplatz Pfahl-Spielplatz

GPS-Koordinaten
49.192360, 12.621171

Markierung
Hin u. a. Pandurensteig (Säbel), zurück Fernwanderweg (grünes Dreieck)

Einkehr
Metzgerei & Gasthaus Luger in Penting (vom Parkplatz aus in Pfahlhäuser rechts abbiegen; So/Mo Ruhetag), D'Wasserwirtschaft in Cham

Karte
Kompass Wanderkarte Nr. 194, Südlicher Oberpfälzer Wald, 1:50 000

Information
Tourist-Info Cham, Tel. 09971/ 80 34 93, cham.de

Eine äußerst widerstandsfähige Felsformation verläuft der Länge nach mitten durch den Bayerwald – der Pfahl. Eine kindgerechte Kostprobe geboten bekommen Familien am Pfahl-Spielplatz westlich von Cham. Abstecher ins Gelände führen teils direkt über die Gesteinskrone.

Auf dem Pfahl-Spielplatz erkunden Mädchen und Buben gemäß eigenem Können die steinernen Figuren und noch einiges mehr. Wer vom Toben genug hat, schwenkt ein auf den breiten Weg, der dem Spielplatzgelände in nordwestlicher Richtung

Actionreich und farbenfroh

Ein buntes Vergnügen ganz anderer Art bietet der beliebte Churpfalzpark im nur fünf Kilometer entfernten Loifling. Wer fetzigen Fahrspaß oder farbenfrohe Gärten mag, kommt dort voll auf seine Kosten. Die Zufahrt ab Pfahl-Spielplatz erfolgt via Radling. Geöffnet außer bei starkem Regen Ende April bis Mitte September täglich 9–18 Uhr, bis Anfang Oktober Sa, So; Info-Tel. 09971/303 00; Preise: 3–5/ab 65 Jahre 20 €, 6–15 Jahre 23 €, ab 16 Jahre 24 €, Eltern plus 2 Kinder 84 €, jedes weitere eigene Kind 15 €; churpfalzpark.de.

entspringt. Dieser bringt uns sanft bergauf durch typische Pfahl-Vegetation, welche aus duftenden Kiefern und teils dürftigen Birken besteht. Nach der kleinen Lichtung verläuft der als »Pandurensteig« markierte Pfad halb rechts teils direkt über den markanten Gesteinskamm.

Nach spätestens 15 Minuten passieren wir die Wandertafel des Chamer Freizeitlands. Sogleich geht es ein kurzes Stück steiler

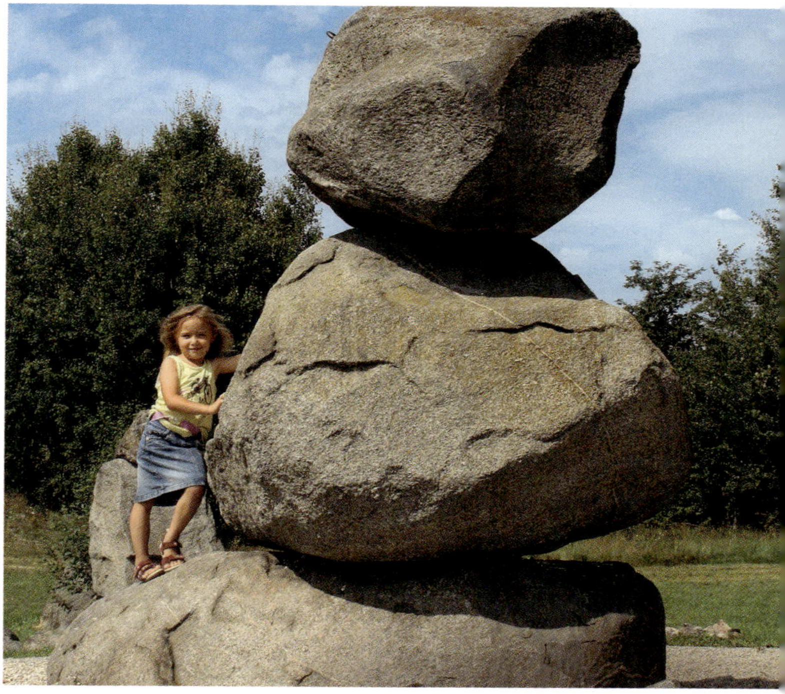

Zum Naturspielplatz gehören eine Reihe spannender Steinfiguren.

bergab, anschließend den Waldrand entlang. Rechtsseitig verbirgt sich die bis zu zehn Meter tiefe, ungesicherte Pfahlkante – dort bitte Vorsicht walten lassen! Hinter einer 30 Meter langen, geschichteten Mauer läuft der Wald aus. Betrachtet man den jetzt hinter uns liegenden Kamm als Rückenzacken eines Drachens, so haben wir nun dessen Schwanzende erreicht. Unsere Vorfahren sahen die markante Formation übrigens als diabolisches Werk an und nannten sie Teufelsmauer.
Die folgende Feldweg-Gabelung entspricht unserem Wendepunkt. Wir orientieren uns scharf nach rechts und folgen dem an einer Birke befestigten »grünen Dreieck« (auch Pilgerradweg) zurück zum Pfahl-Spielplatz. Die Pfahlkante erblicken wir nun von unten, marschieren erneut ein paar Meter durch den Wald, anschließend an dessen Rand entlang. Links fällt die Stadt Cham in den Blick. Dorthin lockt Durstige und Hungrige D'Wasserwirtschaft, ein familienfreundlicher Biergarten direkt am Regen, welcher die Stadt durchfließt. Die Anfahrt erfolgt stadteinwärts via Werner-von-Siemens- und Janahofer Straße.

Spannende Verlängerung: Wer ab Pfahlhäuser dem schwarzen Säbel in entgegengesetzter, südöstlicher Richtung folgt, erreicht nach gut 20 Minuten die geflutete Grube eines ehemaligen Steinbruchs, heute Pfahlsee genannt. Das geschichtete Gestein lässt sich dort besonders gut studieren. Erneut heißt es an der steil abfallenden Pfahlkante aufpassen.

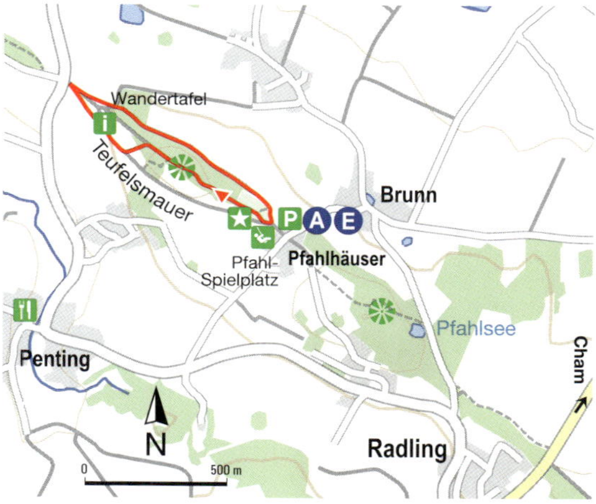

23 Schlosspark Falkenstein

In allen Ecken Granit entdecken

mittel | 2,5 km | 120 m | ab 1.30 Std.

Alter
Ab 6 Jahren

Tourencharakter
Anfangs Spaziergang, durch Felsformationen enge und steile Passagen

Anfahrt
Auto: Staatsstraßen führen sternförmig nach Falkenstein. Bus: Unter anderem mit dem Radlbus ab Regensburg

Ausgangs-/Endpunkt
Parkplatz vom Marktplatz in Fahrtrichtung Roding hinter dem Rechtsknick beim Wegweiser zum Schlosspark

GPS-Koordinaten
49.098995, 12.486150

Markierung
Rundweg, Königsweg, Rundweg, Ausweichweg, Himmelssteig, Schlosssteig mit Abstecher zur Burg, Rundweg (genau in dieser Reihenfolge)

Einkehr
Burgschänke (bei Druck Pächtersuche), Laguna Blues (Mo Ruhetag) südwestlich Zentrum

Karte
Kompass Wanderkarte Nr. 185, Westlicher Bayerischer Wald, 1:50 000

Information
Tourismusbüro Falkenstein, Tel. 09462/94 22 20, markt-falkenstein.de

Weniger einer Wanderung als einer Entdeckertour entspricht diese Schleife durch Bayerns zweitgrößten Felsenpark. Im märchenhaften Wald faszinieren versteckte Durchgänge. Über dem urwüchsigen Naturschutzgebiet thront Burg Falkenstein samt Aussichtsturm.

Von der Rodinger Straße weist ein Pfeil zum 100 Meter entfernten Schlosspark. Dort angekommen folgen wir dem Rundweg gegen den Uhrzeigersinn. Kurz hinter dem Schützenplatz biegen wir nach rechts in den Königsweg ein und gehen zur Klause. Im Bogen kommen wir zur bekannten Kreuzung zurück und freuen uns aufs folgende Herzstück des Parks (Kinderwagen nur bis hierher).

Erneut auf dem Rundweg geht es anschließend zwischen dem »Schiefen Stein« hindurch. Dem Froschmaul entwischt, folgen wir dem »Ausweichweg über Hohlen Stein zur Burg« am Rand

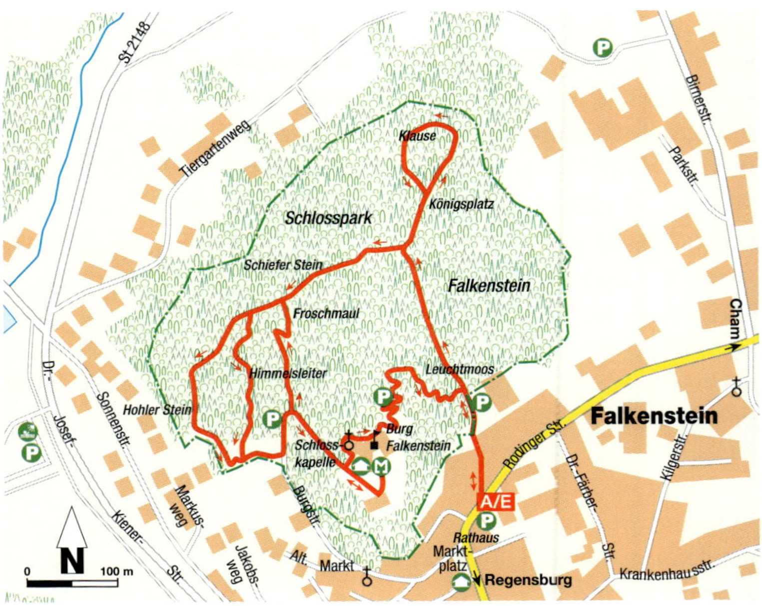

des Parks durch das Steinerne Gässchen. Der angekündigte »Hohle Stein« entpuppt sich als Höhle. Treppauf lassen wir das Herzbeutelgässchen links liegen. Am Parkplatz der Anlage marschieren wir entweder direkt zur Burg oder drehen besser noch eine Schleife. In diesem Fall folgen wir der Markierung Richtung Himmelssteig gegen den Uhrzeigersinn, biegen also von der Burgstraße links ab und gelangen via Teufelssteg ein zweites Mal zum Froschmaul.

Nun orientieren wir uns zweimal hintereinander nach links und halten nach der verborgenen, engen Felsspalte zur Himmelsleiter Ausschau. Dahinter bringen uns 30 Holzsprossen dem Paradies näher. Nun schreiten wir durch das Herzbeutelgässchen wieder zum Parkplatz. Auf der asphaltierten Zufahrt gehen wir über die Vorburg zur bestens erhaltenen Hauptburg sowie zum Turm. Wer passend zahlt (0,50 €), passiert das unbestechliche Drehkreuz. Oben angekommen freuen sich Schwindelfreie über den herrlichen Rundblick. Wer den Rundweg abschließen will, setzt ein Stück zurück und steigt rechts die Stufen zur Burgkapelle hoch. Um das Gotteshaus herum geht es via kurzer, steiler Holztreppe bergab sowie in Schlangenlinien durch die Felsformation. Zurück auf dem bekannten Rundweg schließen wir die Tour ab – am besten an heißen Sommertagen, weniger jedoch, wenn die Felsen nass und rutschig sind. Bayernweit gilt übrigens nur das Labyrinth im oberfränkischen Wunsiedel als größerer Felsenpark. Tipp: Wer den fordernden Abstieg via Kapelle meiden will oder mit Kinderwagen unterwegs ist, kann vom bzw. zum Marktplatz die Zufahrt zur Burg nutzen.

Unten: Wie vom Froschmaul geschluckt erscheinen die zwei Abenteurer.

Pack die Badehose ein

Von Mitte Mai bis Mitte September steuern Nixen und Wassermänner gerne das Freibad Falkenstein an (u. a. Familienkarte). Es befindet sich einen Katzensprung westlich von Burg und Ortsmitte.

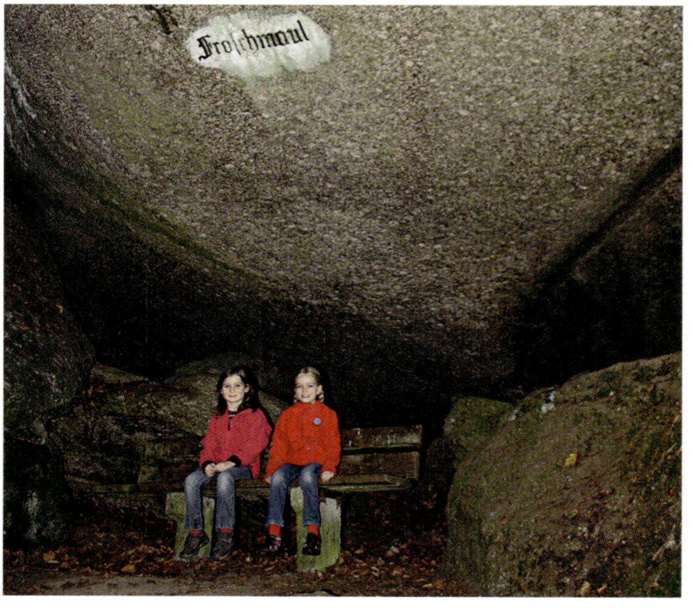

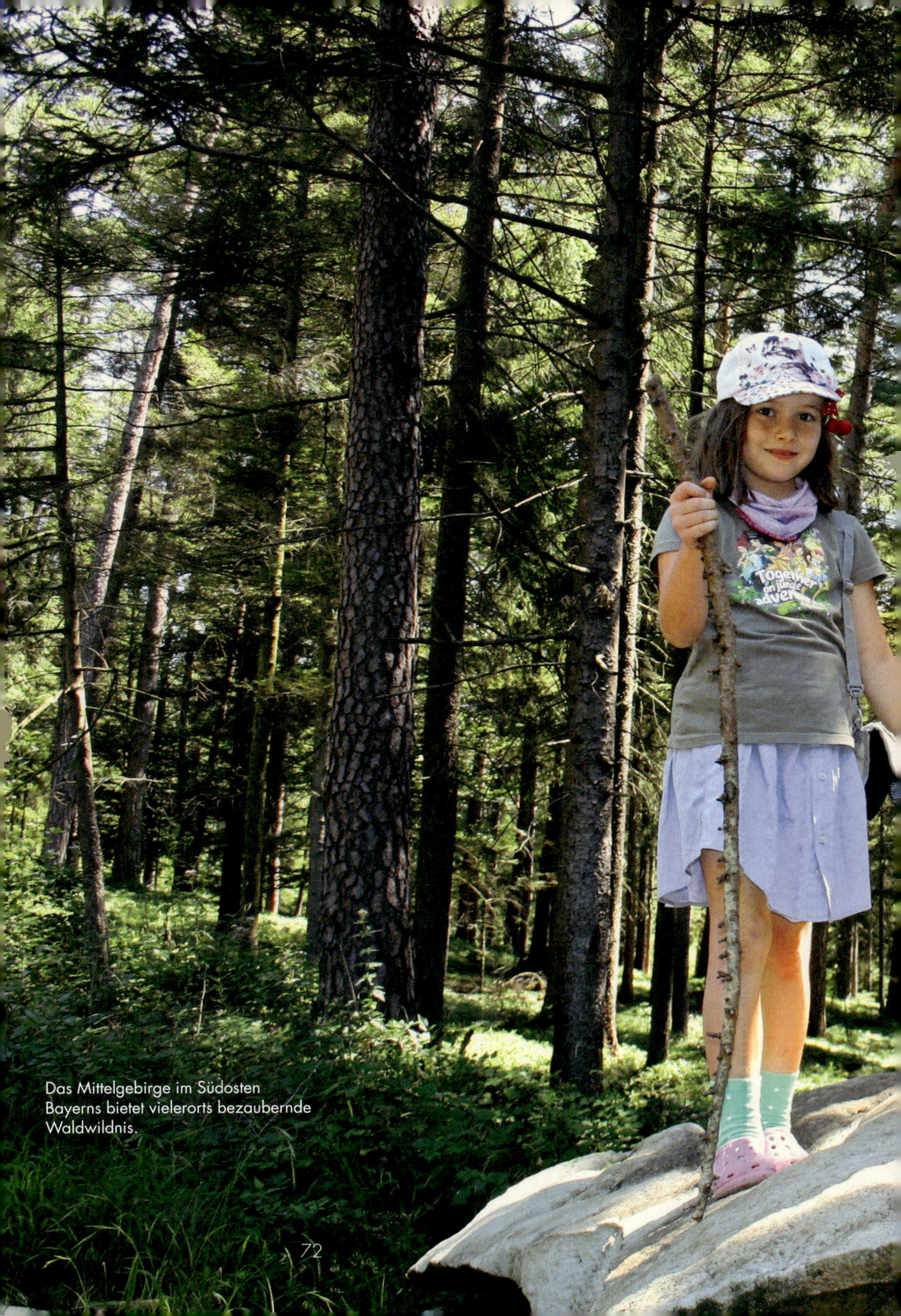

Das Mittelgebirge im Südosten Bayerns bietet vielerorts bezaubernde Waldwildnis.

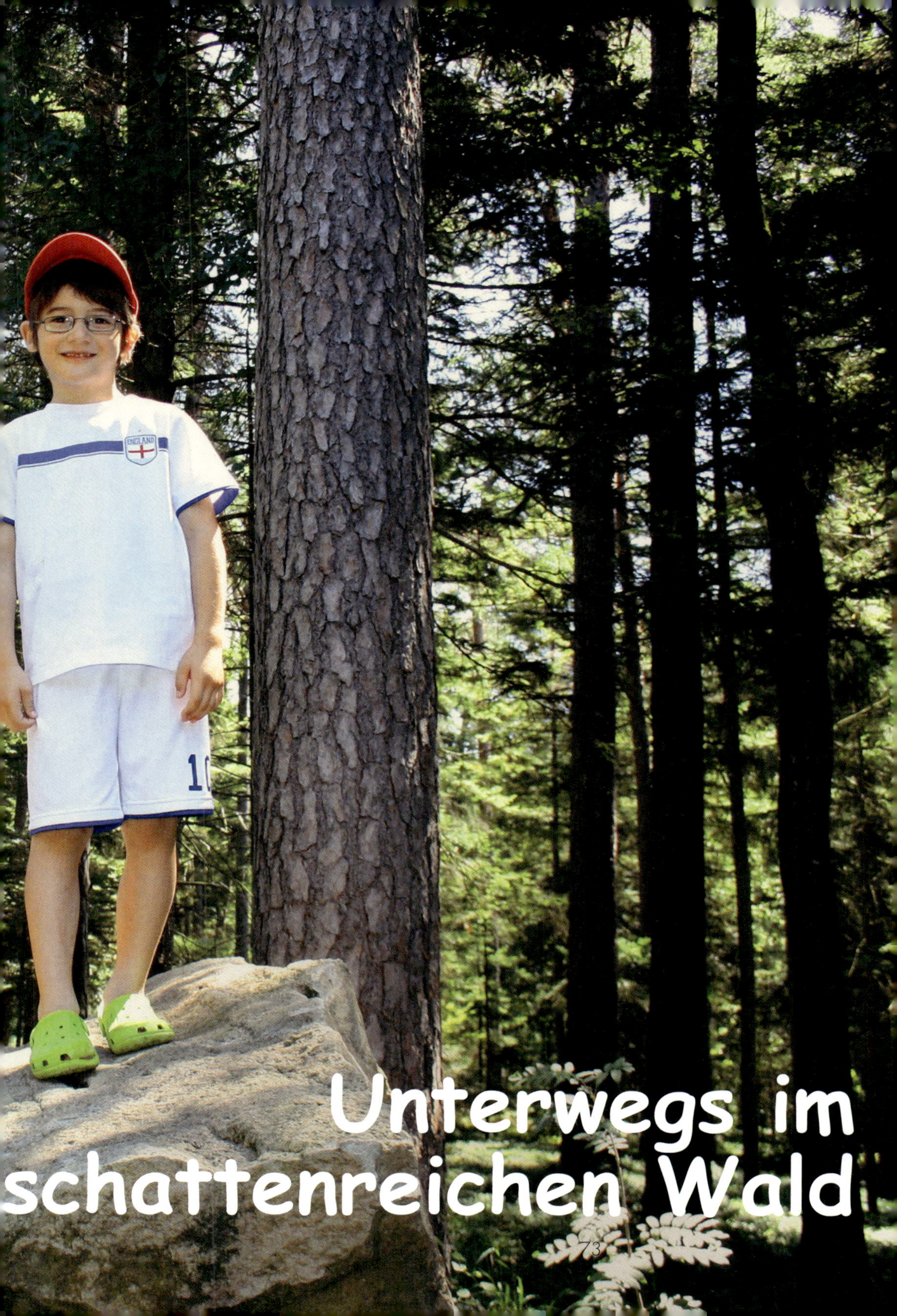

Unterwegs im schattenreichen Wald

24 Dem Osser zu Füßen

Basisrunde ab Märchenschloss Lambach

mittel | 4 km | 260 m | 2.30 Std.

Alter
Ab 6 Jahren

Tourencharakter
Einstieg auf Asphalt in Lambach, der lichten Passage folgen breite Waldwege.

Anfahrt
Ins Lamer Zentrum via Arrach oder Arber/Lohberg; auf Höhe Tourist-Info in Richtung Lambach abbiegen

Ausgangs-/Endpunkt
Wanderparkplatz Lambach beim Märchenschloss unmittelbar vor der scharfen Linkskurve

GPS-Koordinaten
49.215250, 13.070769

Markierung
Richtungspfeile, zudem »La 3/ Osser-Riesen-Steig« bis vor Teufelsritt, »La 1« bis Maria Hilf

Einkehr
Kaffeehaus Blaslhöhe zwischen Lambach und Lam (nur Sa, So), Hotel zur Post am Lamer Marktplatz (Mi Ruhetag), Café zum Sahneberg (Di Ruhetag)

Karte
Kompass Wanderkarte Nr. 195, Nördlicher Bayerischer Wald, 1:50 000

Information
Tourist-Info Lamer Winkel, Tel. 09943/777, lamer-winkel.bayern

Vom Marktflecken Lam bergwärts blicken Wanderer ins Reich des Osserriesen. Unsere Runde vom alten Märchenschloss in Lambach beschränkt sich auf die niedrigen, bewaldeten Gefilde und führt am Gotteshaus Maria Hilf und der bei Buchdruck geschlossenen Einkehr vorbei.

Es war einmal ein Hüne, der so groß war, dass er bei seiner Hochzeit einen ganzen Apfelbaum in das Knopfloch seines Anzugs stecken konnte. So beginnt die Geschichte des Osserriesen. Und wenn er nicht gestorben ist, lebt er noch heute. Sein Revier erreicht, wer von Lambach auf dem Osser-Riesen-Steig zunächst in Pfeilrichtung Osser-Schutzhaus marschiert. Direkt am namensgebenden Lambach entlang lassen wir das ehemalige Märchenschloss links liegen und kommen auf der asphaltierten Forststraße hurtig voran. Nach einem Kilometer treffen wir auf die Eiserne oder Schwarze Madonna. Nach rechts geht unsere Strecke in einen Wanderweg über. Nur einen Steinwurf

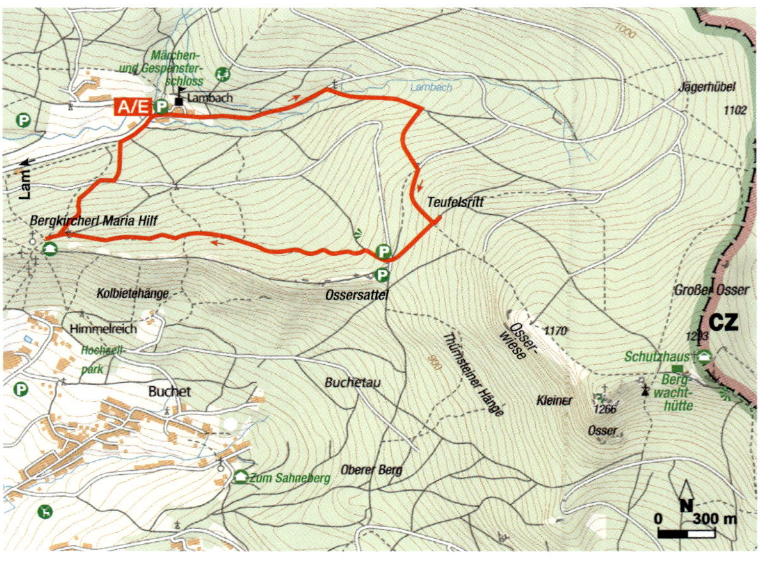

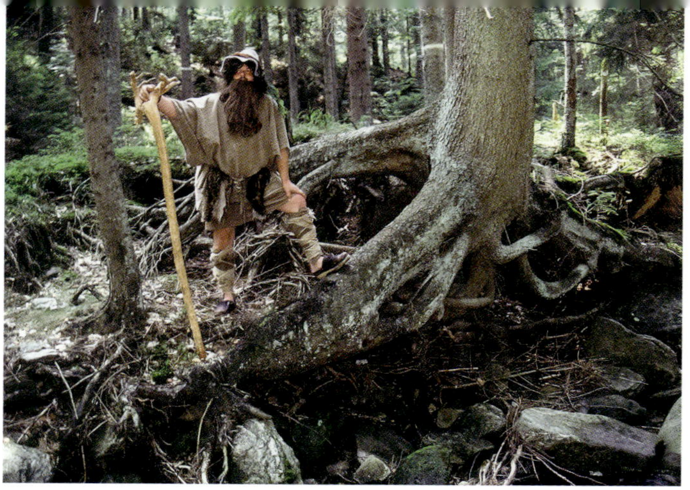

entfernt quert Markierung La3 den Lambach. Ein Stück weiter macht der Weg einen Rechtsknick. Stetig bergan treffen wir am höchsten Punkt unserer Runde an einer T-Kreuzung auf die Markierung La1, verlassen den Osser-Riesen-Steig und biegen nach rechts ab (ein Abstecher nach links führt zum unspektakulären Teufelsritt).

Im Schatten der Bergfichten erreichen wir den Wanderparkplatz am Ossersattel auf 933 Meter Höhe. Über die Forststraße hinweg führt uns der Weg La1 weiter talwärts. Nach zwei Kilometern auf weichem Waldboden stoßen wir auf die Zufahrt sowie links auf die nette kleine Lichtung, auf der sich der Berggasthof und das Wallfahrtskirchlein Maria Hilf verstecken. Bei Druck des Buches war leider nur noch die seelische Einkehr möglich.

Vom Ensemble zurück am kleinen Parkplatz, weist ein Richtungspfeil links zum Trampelpfad hinab nach Lambach. Treffen wir auf eine Forststraße – den Zubringer zum Ossersattel –, orientieren wir uns so lange nach rechts, bis wir links den markierten Einstieg zum Pfad hinab nach Lambach angezeigt bekommen. Talwärts stoßen wir auf die asphaltierte Zufahrt. Nach rechts marschieren wir auf dem daneben verlaufenden Gehweg die letzten Meter zurück bis zum Wanderparkplatz.

Das villenartige Gebäude über dem Parkplatz beherbergte lange Zeit das Märchen- und Gespensterschloss. Bis Ende 2021 sahen sich darin Familien auf drei Etagen szenisch dargestellte altdeutsche Märchen an. Bei Druck des Buches planten die Eigentümer, es zu einem Hotel mit nachhaltigen Grundsätzen inklusive Naturkostladen und Café umzubauen.

Bade- oder Hochgenuss

Nach der Wanderung erfrischt das Osserbad am Weißen Regen in Lam (u. a. Maxi-Familienkarte 20 €, osserbad.de).

Wer hingegen seine Zuckervorräte aufstocken will, pilgert zum Café zum Sahneberg. Die Größe der Tortenstücke entspräche sicher dem Geschmack des Osserriesen. Zufahrt: Ab Ortsmitte Lam bergab, kurz vor der Brücke in Richtung Thürnstein abbiegen, dort erneut links und durch die Siedlung gut einen Kilometer den Berg hoch zur Lichtung im Wald mit der Adresse Berghäusl 1 (Di Ruhetag).

Oben: Der sagenumwobene Osserriese

25 Die grüne Hölle rund ums Schwellhäusl

Vom alten Triftkanal zum Urwald-Hain

leicht | 4 km | 100 m | 1.45 Std.

Alter
Ab 4 Jahren

Tourencharakter
Naturnahe, hinter der Gr. Deffernik nahezu flache Runde am Rande des Nationalparks auf breitem Steig, Forststraße und Urwaldpfad

Anfahrt
Zwischen Zwiesel und Bayerisch Eisenstein von der B 11 nach Zwieslerwaldhaus abbiegen, dort erst am Ortsende links bis vor zur Gr. Deffernik. Bus: Falkenstein-Bus

Ausgangs-/Endpunkt
Wanderparkplatz Brechhäuselau

GPS-Koordinaten
49.096724, 13.237472

Markierung
Schwarzstorch

Einkehr
Schwellhäusl; Zwieseler Waldhaus im Ort Zwieslerwaldhaus

Karte
Kompass Wanderkarte Nr. 195, Nördlicher Bayerischer Wald, 1:50 000

Information
Tourist-Info Lindberg, Tel. 09922/12 00, gemeinde-lindberg.de; Schwellhäusl, Familie Lettenmaier, Tel. 09925/460, schwellhaeusl.de

Natur pur umgibt das schönste Ausflugslokal im Nationalpark, das traditionsreiche Schwellhäusl. Der Marsch auf dem weitgehend ebenen und schattigen Schwellsteig entspricht einem Spaziergang. Auf dem Rückweg zweigt auf halber Strecke von der Forststraße ein Pfad ab mitten in dichten Urwald hinein.

Vom Parkplatz Brechhäuselau queren wir in einer Senke die Große Deffernik. Danach folgen wir dem mit einem Schwarzstorch markierten Schwellsteig im Uhrzeigersinn und marschieren an der linken Seite des ehemaligen Triftkanals entlang. Der wildromantische Weg führt durch schattigen Mischwald und stößt stromabwärts auf einer Lichtung auf das Schwellhäusl. Wie der Name andeutet, diente der kalte Schwellbach einst dazu, den Triftspeicher an der Schwelle (Klause) zu füllen. Mittels der Kraft

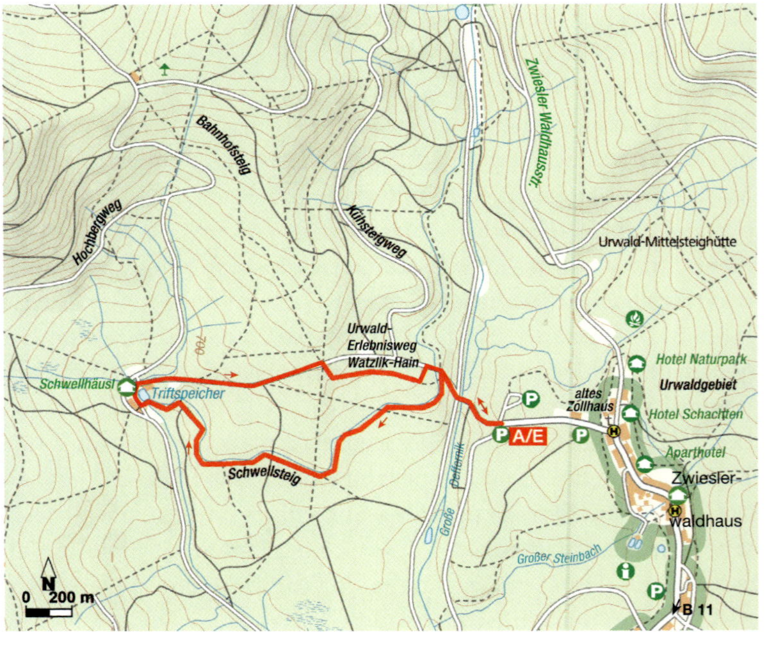

des Wassers transportierten die Waidler einst nach der Schneeschmelze vorbereitete Baumstämme in Form von etwa drei Meter langen Sägeblochen.

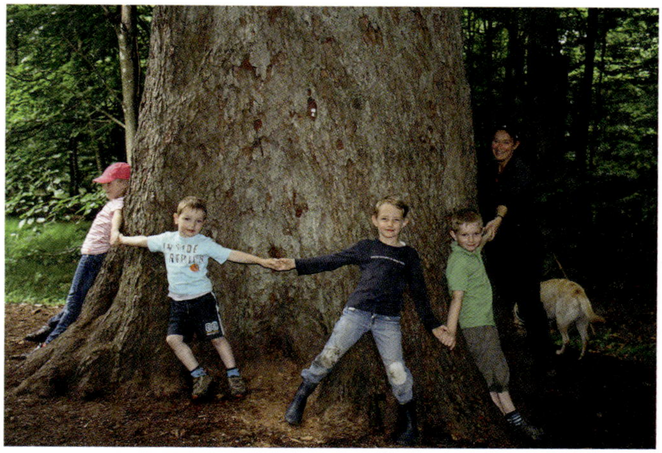

Viele Armlängen stark: Baumriese im Hans-Watzlik-Hain

Das Schwellhäusl mit seinem Giebeltürmchen halten viele Einheimische für das malerischste Ausflugslokal im Nationalpark. Seit 1870 gehört das auch Trifter-Klause genannte Waldgasthaus der Familie Lettenmaier. Vor dem urigen Holzhaus lockt ein Biergarten an sonnigen Wochenenden zahlreiche Besucher an. Junge Gäste klettern am Abenteuerspielplatz auf den Turm oder streicheln Esel, Pony und Ziege. Wer Glück hat, sieht den Pfau ein Rad schlagen. Im Triftspeicher spiegeln sich die nahen Fichten im Wasser – bitte aufpassen, dass kleine Kinder nicht allein dorthin gehen.

Da der Schwarzstorchweg als Runde angelegt ist, folgen wir der Markierung auf dem Rückweg erneut im Uhrzeigersinn. Zunächst marschieren wir auf einer Forststraße. Auf der zweiten Streckenhälfte weisen zwei rechts im Wald zurückversetzte Schilder den Zugang zum Hans-Watzlik-Hain (wer mit Kinderwagen unterwegs ist, bleibt besser auf der Forststraße). Im Hain schlängelt sich ein nicht markierter, jedoch klar zu erkennender Pfad parallel zur Forststraße durch dichte Waldwildnis. Kolossale, bis zu 400 Jahre alte und 50 Meter hohe Tannen säumen diesen Urwalderlebnisweg. Vom Sturm geknickte Stämme liegen darnieder, morsches Wurzelwerk und vermoderte Stümpfe fügen sich dem Lauf der Natur. Kurz nach dem Ende des Urwalds, welcher nach einem Heimatdichter benannt ist, erreichen wir wieder den Anfang des Schwellsteigs. Wir gehen hinab zur Deffernik-Brücke und landen am anderen Ufer punktgenau auf dem Parkplatz.

Alternative Route

Von Seebachschleife an der B 11 (u. a. Bus 6197) erreichen Wanderer über einen Kamm hinweg das Schwellhäusl aus westlicher Richtung (einfach rund 1 Std., 120 Hm, Markierung »Einbeere«). Einerseits ist dieser Anmarsch weniger stark frequentiert, andererseits entfallen der lohnenswerte Schwellsteig und der faszinierende Hans-Watzlik-Hain.

26 Schönecker Riegel

Hoch zum Aussichtsturm bei Langdorf

leicht	2,5 km	100 m	1.15 Std.

Alter
Ab 4 Jahren

Tourencharakter
Überschaubarer Weg von Schöneck durch den Wald, steil genug, um mehr als nur ein Spaziergang zu sein; Einstieg/Abschluss auf Asphalt

Anfahrt
Von Bodenmais oder Zwiesel via Langdorf in Richtung Regen, von Regen in Richtung Bodenmais, dann von der Staatsstraße in Richtung Auerkieler Winkel sowie in Schöneck hinterm Ortsschild rechts; aus entgegengesetzter nordwestlicher Richtung via Böbrach

Ausgangs-/Endpunkt
Wanderparkplatz in Schöneck an der Dorfkapelle

GPS-Koordinaten
49.014865, 13.124778

Markierung
Richtungspfeile

Einkehr
Hotel-Gasthof zur Post in Langdorf

Karte
Kompass Wanderkarte Nr. 195, Nördlicher Bayerischer Wald, 1:50 000

Information
Tourist-Info Langdorf, Tel. 09921/94 11 13, langdorf.de

Die Stadt Regen liegt am gleichnamigen Fluss zwischen den Höhenlagen im Vorderen und Hinteren Bayerwald. In unmittelbarer Nähe gefallen Aussichtspunkte wie Weißenstein im Süden (Tour 19) oder der Schönecker Riegel bei Langdorf im Norden. Auf Letzterem genießen wir den Blick vom Turm in aller Ruhe.

Vom Parkplatz in Schöneck streben wir fünf Minuten bergauf bis zum letzten Hof. Ein dort angebrachter Pfeil weist Richtung Aussichtsturm, kurz bevor der Asphalt in einen geschotterten Waldweg übergeht und sich in weiten Bögen bergan schlängelt. Zuletzt geht es – vereint mit dem Zubringer aus Langdorf von der gegenüberliegenden Tallage – nach rechts hinauf zur Gipfelkuppe.
Offiziell heißt die 833 Meter hohe Erhebung Oberberg. Einheimische sprechen jedoch vom Schönecker Riegel. Beim Anmarsch verdeckt der dichte Nadelwald den angepeilten Holzturm lange Zeit. Oben angekommen öffnet die kostenfreie, 17 Meter hohe Aussichtsebene einen mindestens so faszinierenden Rundblick wie der Turm zu Weißenstein. Haben wir uns sattgesehen, geht es auf bekannter Strecke talwärts.

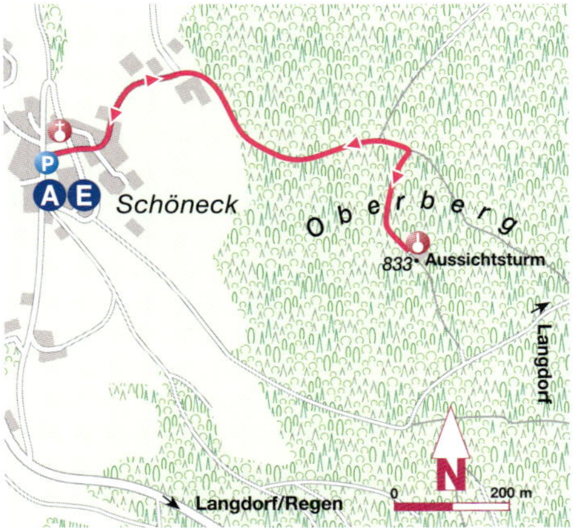

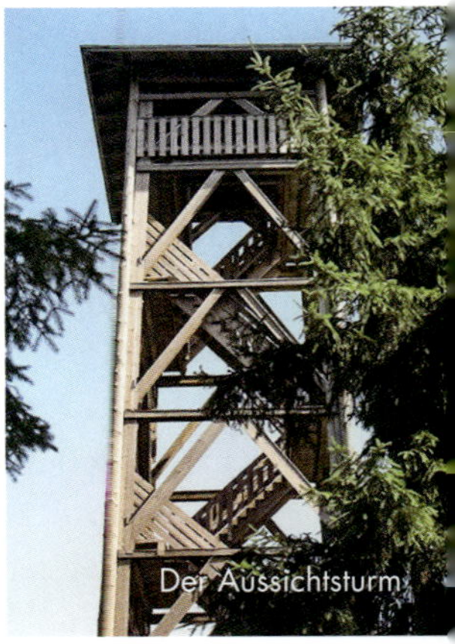
Der Aussichtsturm

Im Wald bei Neuschönau

27

Rundweg am Rande des Nationalparks

Auf der vom Nationalparkzentrum Lusen abgewandten, südöstlichen Seite verbirgt sich unter dichten Baumkronen der ruhige Rundweg Dachs. Wer im versteckt gelegenen Blumental startet, parkt – im Unterschied zum Nationalparkzentrum – kostenfrei.

Vom Parkplatz Blumental folgen Familien dem »Dachs« im Uhrzeigersinn in den Wald hinein. Nach 50 Metern knickt vom Weg rechts ein markierter Pfad ab, welcher sanft geschwungen weiterführt. Ab und zu blinzelt die Sonne durchs dichte Laub- und Nadeldach. Zuletzt wieder auf einem Waldweg, stoßen wir nach rund 30 Minuten auf die Zufahrtsstraße zum Nationalparkzentrum (alternativer Einstieg).

Vor dem Asphalt wenden wir uns nach rechts. So führt uns der Dachs in Richtung Sagwassersäge. Bei der nächsten Kreuzung geht es mit dem Dachs nach rechts. Beim Marsch auf dem Forstweg wird es lichter. Wir hören das nahe Sagwasser plätschern und queren kleine Zuläufe. Am tiefsten Punkt der Tour zeigt der Dachs erneut nach rechts. Bergan nähern wir uns Blumental und gehen dort teils direkt am Waldrand entlang. Zuletzt weist der Pfeil »Rastplatz 2 Min.« zurück zum Ausgangspunkt.

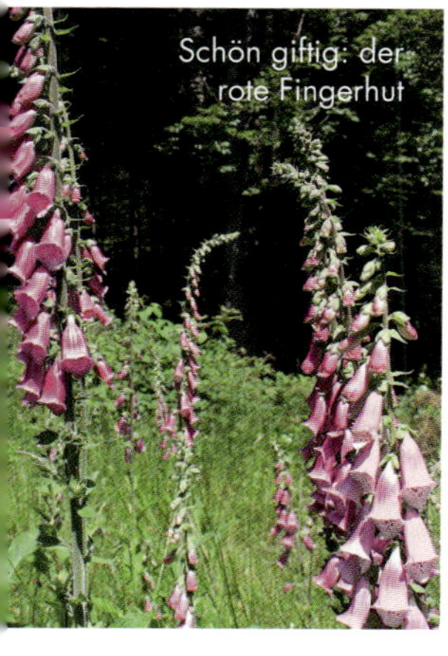
Schön giftig: der rote Fingerhut

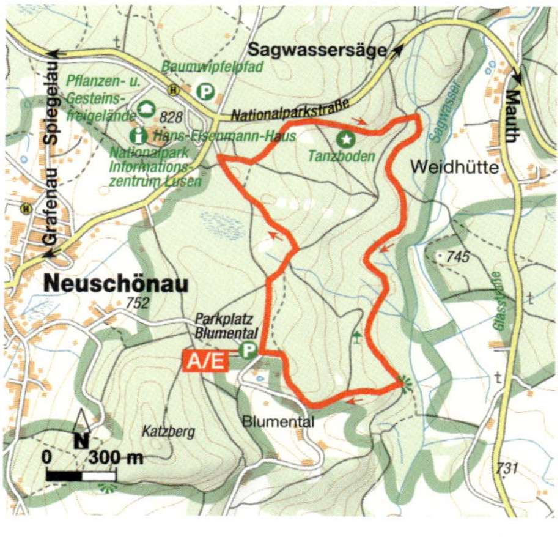

leicht	km	Höhenmeter	Zeit
leicht	Auto: 4 km Bus: 4,5 km	70 m	Auto: 1.30 Std. Bus: 1.45 Std.

Alter
Ab 5 Jahren

Tourencharakter
Auf Pfaden und Wegen durch großenteils schattigen Wald

Anfahrt
Auto: Aus Westen über B 85 und Spiegelau, aus Südwesten über B 533 und Grafenau, aus Südosten über Freyung (B 12/B 533), aus Nordosten über Mauth; gegenüber Rathaus Neuschönau in Richtung Koishüttler Hof und hinter dem Ortsende gut 500 m durch den Wald zum Wanderparkplatz.
Bus: U. a. mit Lusen-Bus 602 zum Nationalparkzentrum

Ausgangs-/Endpunkt
Wanderparkplatz Blumental

GPS-Koordinaten
48.881705, 13.492990

Markierung
Dachs

Einkehr
Gasthof Euler im Ort (Di Ruhetag)

Karte
Kompass Wanderkarte Nr. 196, Mittlerer Bayerischer Wald, 1:50 000

Information
Nationalparkzentrum Lusen, nationalpark-bayerischer-wald.de

28 Zum Aussichtsturm im schattigen Sonnenwald

Ab Daxstein auf den Brotjacklriegel

schwer | knapp 7 km | 300 m | 3.15 Std.

Alter
Ab 7 Jahren

Tourencharakter
Forststraßen und Pfade, zum Abschluss Asphalt, Höhepunkt: versteckter Aussichtsturm

Anfahrt
Von Westen via B 533 und Grattersdorf, von Süden via Schöllnach, von Osten über Zenting, in Simmetsreuth Richtung Daxstein; von Norden via B 533 und Schöfweg

Ausgangs-/Endpunkt
Wanderparkplatz am oberen Ortsende von Daxstein

GPS-Koordinaten
48.818896, 13.237519

Markierung
Nr. 28 (Daxsteiner Turmrunde), zudem stilisierter Turm beim Auf- und Abstieg, Rundwanderweg nach Ölberg (Turm im roten Kreis), zuletzt auch Nr. 23

Einkehr
Turmstüberl, Café Wimmer Ölberg (Fortbestand unklar), Café Daxstein (nur 1. und 3. So im Monat)

Karte
Kompass Wanderkarte Nr. 196, Mittlerer Bayerischer Wald, 1:50 000

Information
Touristikverein Sonnenwald, Tel. 09907/8720015, region-sonnenwald.de

Mit 1011 Meter Höhe ist der Brotjacklriegel der südlichste Berg im Vorderen Bayerwald, welcher mehr als 1000 Meter misst. Einen bunten Rundweg meistern fitte Familien ab Daxstein. Der fantastische Rundblick vom Aussichtsturm auf der bewaldeten Kuppe krönt die Tour.

Spannender Spaziergang

Wer es gemütlicher angehen lassen will, der marschiert oberhalb von Langfurth ab Reichlhöhe auf dem halb so langen Sonnenwald-Erlebnispfad zum Aussichtsturm (siehe Tour 56).

Der durchaus sportliche Aufstieg startet am Ortsende von Daxstein auf der Anhöhe beim alten Berg-Hotel. Vom dortigen Wanderparkplatz beginnt auf der gegenüberliegenden Straßenseite der Marsch zum König der Sonnenwaldberge. Ohne Furcht vor dem »Steilweg« halten sich Groß und Klein an der markierten Gabelung links und folgen auf der Forststraße der Markierung Nr. 28. Nachdem es ein klein wenig bergab gegangen ist, steigen wir am Waldrand rechts den »Bergweg« hinauf. Neben dem folgenden Anwesen erreichen wir erneut schattigen Mischwald. Die angekündigte steilere Passage bleibt überschaubar und wird durch hilfreiche Steintreppen entschärft. Schließlich nähern sich Gipfelstürmer unter Buchen, Bergahorn, Fichten und Tannen um das Gelände des 125 Meter hohen Sendeturms herum ihrem aussichtsreichen Ziel.
Im Bauch des holzvertäfelten Aussichtsturms befindet sich ein einfaches Stüberl. Auf der Speisekarte geht es um die Wurst. Auf der Terrasse machen es sich Gäste auf Biergartengarnituren gemütlich. 126 Stufen führen zur 25 Meter hoch gelegenen Plattform, welche so weit wie nötig über die Baumwipfel hi-

nausragt. Bei einigermaßen klarer Sicht grüßt etwa aus dem Herzen des Nationalparks der Rachel mit seinem Doppelgipfel am bayerisch-bömischen Grenzkamm. Für den Besuch des Turms bezahlen Jugendliche ab 14 Jahre und Erwachsene 1 €, Kinder ab 6 Jahre 0,50 € vorab am Tresen. Wer noch jünger ist, darf die Älteren umsonst begleiten. Geöffnet sind Stüberl und Plattform ab Palmsonntag bis Ende der Allerheiligenferien ab 10 Uhr außer bei sehr schlechtem Wetter.

Alle Wege zum Gipfel zieren Holzfiguren, die Tiere und Fabelwesen darstellen. Dazu zählt ein zwei Meter großer Kojote, den manche für einen Hund halten. Mittlerweile setzt die Witterung seiner Schnauze arg zu.

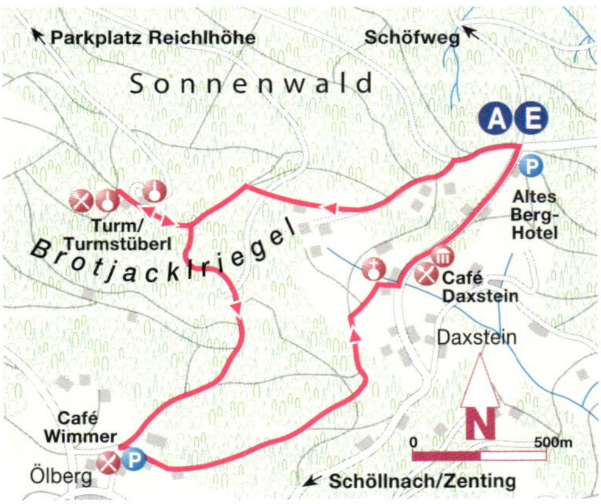

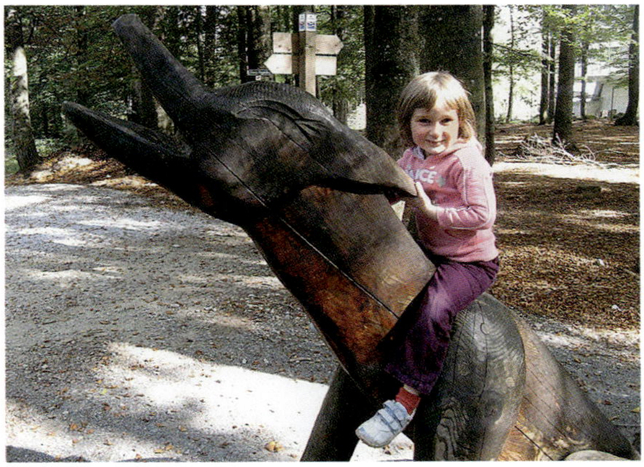

Holzkojote auf der Gipfelkuppe in besseren Tagen

Um die Runde fortzusetzen, marschieren wir zunächst ein kleines Stück zurück auf der Strecke vom Aufstieg. Um das Gelände des markanten Sendeturms herum orientieren wir uns erneut an der Markierung Nr. 28. Bei der folgenden T-Kreuzung begeben wir uns nach rechts in Richtung Ölberg. Über zwei Forststraßen hinweg geht es auf teils steilem und steinigem Terrain talwärts.

Aus dem Wald heraus landen wir in Ölberg. Sofern wir dort keine Pause einlegen wollen, biegen wir kurz vor dem bei Druck geschlossenen Café Wimmer nach links ab und marschieren auf dem Brotjacklriegel-Rundwanderweg (Turm im roten Kreis) in etwa an der Höhenlinie entlang gen Daxstein. Am Ortsrand angekommen, geht es an der neuzeitlichen Dorfkapelle vorbei kurz bergab. Die letzten gut 500 Meter hinauf zum Wanderparkplatz legen wir am Café Daxstein vorbei auf der Straße des verschlafenen Bergwalddorfs zurück und behalten den Verkehr im Auge.

29 Kollnburger Pröllersteig

Durch den Nordhang des Vorwaldbergs

mittel	3,5 km	250 m	2 Std.

Alter
Ab 6 Jahren

Tourencharakter
Sportliche Tour auf teils verwurzelten und steinigen Pfaden, Wegen und Forststraße durch schattigen Vorwald; erfordert etwas Orientierungssinn

Anfahrt
Zwischen Viechtach und St. Englmar südlich von Kollnburg von der Staatsstraße nach Hinterviechtach abbiegen

Ausgangs-/Endpunkt
Wanderparkplatz Pröller-Nordhang (ehemaliger Skilift)

GPS-Koordinaten
49.029122, 12.838640

Markierung
Holzwurm

Einkehr
Berghütte zum Pröller gegenüber Parkplatz (nur Fr, Sa, So), in Kollnburg Burggasthof (Mo–Fr erst ab 16.30 Uhr)

Karte
Kompass Wanderkarte Nr. 195, Nördlicher Bayerischer Wald oder Nr. 185, Westlicher BW, 1:50 000

Information
Tourist-Info Kollnburg, Tel. 09942/94 12 14, kollnburg.de

Der Holzwurm führt Jung und Alt auf schwach frequentierter sowie teils anspruchsvoller Strecke im Uhrzeigersinn durch ein typisches Stück im Vorderen Bayerwald. Die Infotafeln, die bergauf wie bergab den Rundweg säumen und die Natur näherbringen, beachtet jeder nach Lust und Laune.

An der Wandertafel in Hinterviechtach weist ein Pfeil den Einstieg zum Pröllersteig. Folglich marschieren wir zunächst am Wald entlang auf Asphalt. Achtung: Nach 300 Metern geht es noch vor dem Anwesen und der Tafel zur »Kulturlandschaft« halb rechts hoch. Mehrere Male bestätigt der »Holzwurm«, dass wir richtig abgezweigt sind und uns nicht auf dem Holzweg befinden.

Vom »Insektenhotel« am Waldrand wandern wir kurz in dichten Fichtenwald hinein, dann erneut am Waldrand entlang. Im steten Wechsel zwischen Licht und Schatten orientieren wir uns deutlich bergauf, dazwischen immer wieder ein Stück weit bergab. Zu Waldrändern und Lichtungen grüßen der nahe Ort Kollnburg (siehe Kasten) sowie aus dem Hinteren Bayerwald die Bergrücken von Hoher Bogen samt Schwarzriegel und Kaitersberg mit dem Großen Riedelstein. Über den Riedbach hinweg

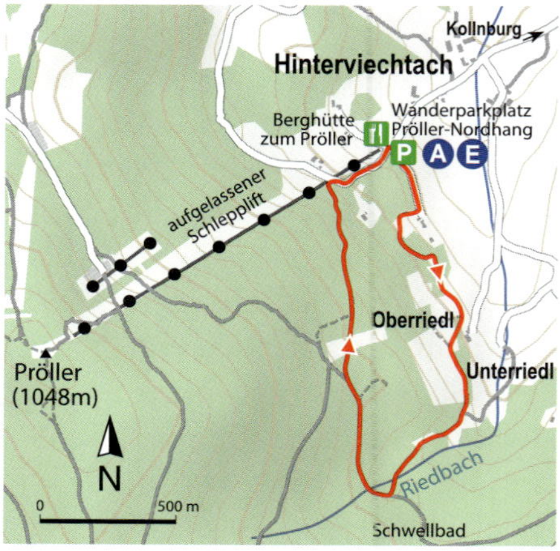

und an ihm entlang bergauf wird es kurzzeitig sehr steinig. Ein Mühlrad gefällt nicht nur den Kindern. Rund 200 Meter vor dem Schwellbad (Abstecher zum Kneippen gut möglich) biegen

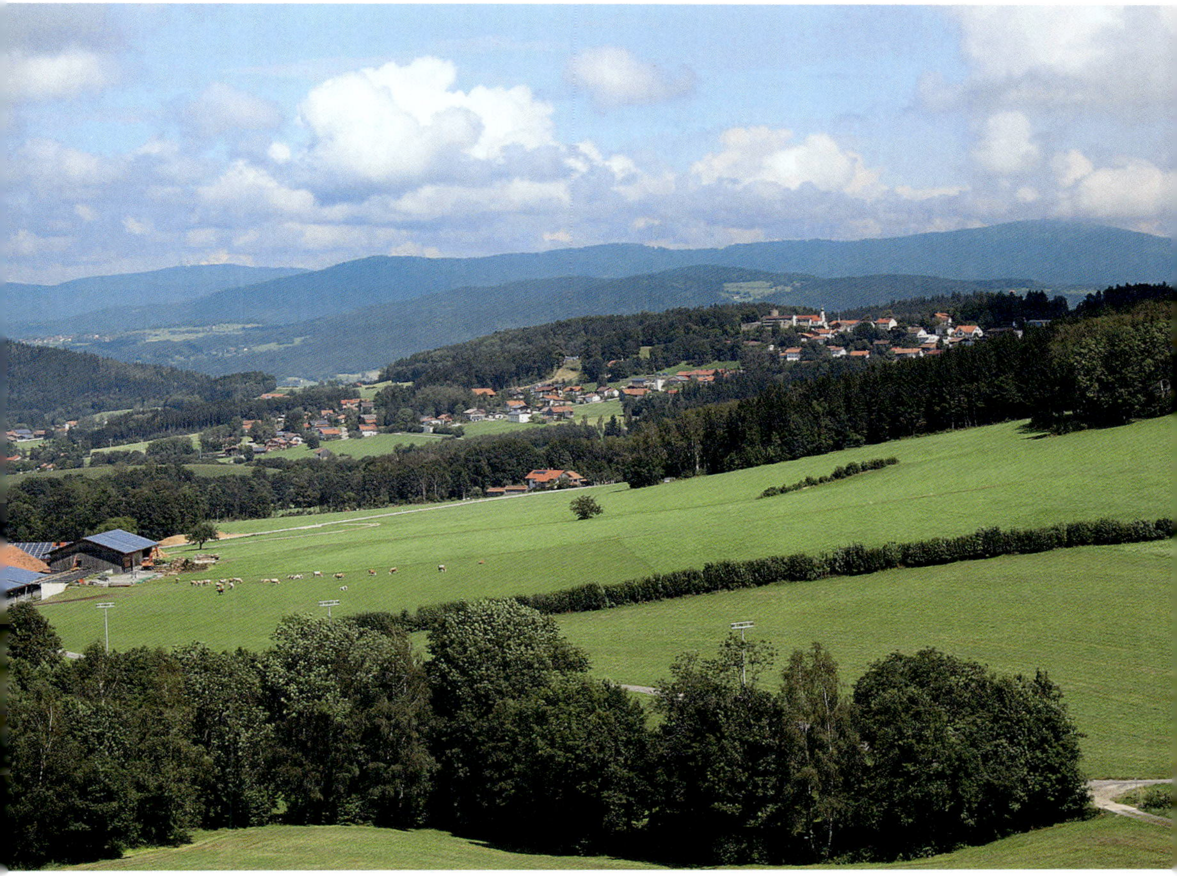

wir gemäß Pfeil nach rechts ab und folgen der Forststraße sanft bergan. Die Schneise geht in dichten Fichtenwald über. »Bäume und Steine werden Dich lehren, was Du von keinem Lehrmeister hörst.« So lautet das Versprechen einer Infotafel des Naturwanderwegs kurz vor dem höchsten Punkt der Runde. Wo sich wenige Meter weiter der Pfad zum Pröllergipfel nach oben verabschiedet, steigen wir nun gemäß »Holzwurm« und Pfeilen nach Hinterviechtach stetig bergab. Die letzten Meter verlaufen ein Stück rechts neben der verwaisten Skiabfahrt in weitem Bogen auf Asphalt und schließlich steil talwärts zum Wanderparkplatz.

Vom Pröllersteig öffnet sich über Kollnburg hinweg nur anfangs ein herrliches Panorama.

Hallo, mein Schatz

Vom elf Meter hohen Burgturm im nahen Erholungsort Kollnburg öffnet sich ein Blick in den Vorderen wie Hinteren Bayerischen Wald. Es heißt, dass auf dem Gelände der Schatz ehemaliger Raubritter versteckt liegt.

Mikroabenteuer

Neben den Tipps, die sich geografisch passend in den einzelnen Kapiteln finden, sorgen weitere trendige Ziele für abwechslungsreiche Spannung.

Tierische Vergnügen

Einheimische schätzen den Tiergarten Straubing als größte Einrichtung seiner Art in der Region. Es warten Kängurus, Zebras, Tiger und Co. auf neugierige Besucher, Tel. 09421/94472222, tiergarten-straubing.de.

Wanderungen mit Alpakas und Lamas ermöglicht Familie Ganserer samstags und sonntags ab 10 Uhr oder nach Vereinbarung. Ort des tierischen Geschehens: Sitzhof 5 nördlich der B85 zwischen Rinchnach und Regen, Tel. 0151/59439613, lapakaktiv.de.

Wer den »Eselführerschein« machen will, kommt im Unteren Bayerwald südwestlich vom Brotjacklriegel zum Eselhof von Tierpflegerin und Heilpraktikerin Susa Winter am Unteren Daxstein 24, Tel. 09907/871091, esel-touren.de.

Vom Eselhof aus gesehen praktisch gleich um die Ecke (10 km) in Grattersdorf in Fahrtrichtung B533 bietet der Reiterhof Mühlbauer sowohl Kutschenfahrten als auch geführte Reitwanderungen für Familien an, Tel. 09904/846510, reiterhof-muehlbauer.de.

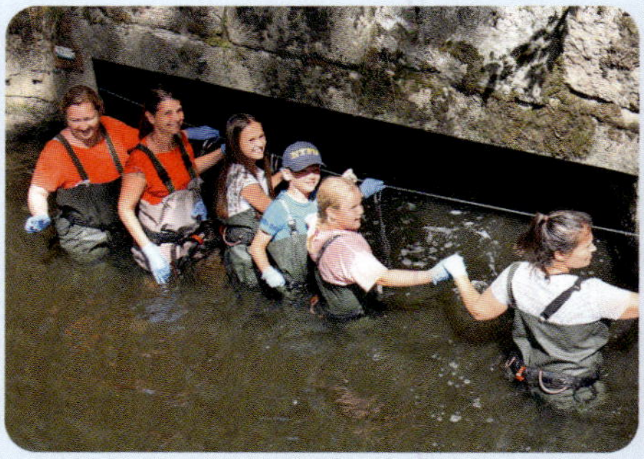

Der einzigartige Eisvogelsteig verläuft mitten durch den Fluss Chamb.

Wasser marsch

Mit Hosen wie Fischer gekleidet und gesichert wie Bergsteiger, hangeln sich Kinder ab 5 Jahren samt ihren Familien beim Eisvogelsteig in Nößwartling im Oberen Bayerwald zwischen Cham und Furth südlich von Arnschwang mitten durch den Fluss Chamb. Die dafür nötige Ausrüstung erhalten Abenteurer im angeschlossenen LBV-Zentrum Mensch und Natur, also bei den Vogelschützern, Tel. 09977/8227, cham.lbv.de.

Zwischen Straubing und A3 erwartet am Friedenhainsee actionhungrige Wassersportler neben dem Strandbad die erste und längste Wasserski- und Wakeboardseilbahn in ganz Deutschland zu einem fetzigen Vergnügen, Tel. 0171/8214508, friedenhainsee.de.

Talwärts mit Untersatz

Am großflächigen Bikepark Geißkopf im Vorderen Bayerwald westlich von Bischofsmais warten passende Trails für Einsteiger, Geübte und Profis sowie eine Verleihstation auf MTB-Fans, Tel. 09920/231, geisskopf.de.

Neben den in den Kapiteln erwähnten Sommerrodelbahnen am Egidi-Buckel bei St. Englmar und am Silberberg bei Bodenmais begeistert im Unteren Bayerwald die Sommerrodelbahn Grafenau mit einer Länge von 1250 Meter inklusive vier abschließender Kreisel, Tel. 08552/9739999, baerenbob.de.

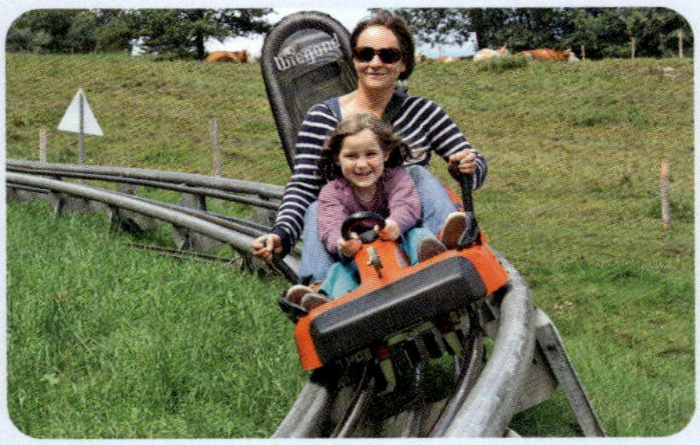

Eine runde Sache: die fetzigen Kreisel der Sommerrodelbahn in Grafenau

Coaster und Cowboys

Unweit vom Egidi-Buckel (Tipp Tour 58) lockt 10 km südöstlich von St. Englmar der Edelwies Natur- und Freizeitpark mit Attraktionen vom Höllencoaster über die Elchreitbahn bis zum Streichelzoo, Tel. 09961/6105, edelwies.com.

Wie wild Amerika einst war, bringt die Westernstadt Pullman City 15 km nordöstlich von Vilshofen (A3 Ausfahrt Garham oder Aicha) südlich von Eging am See nahe, Tel. 08544/97490, pullmancity.de.

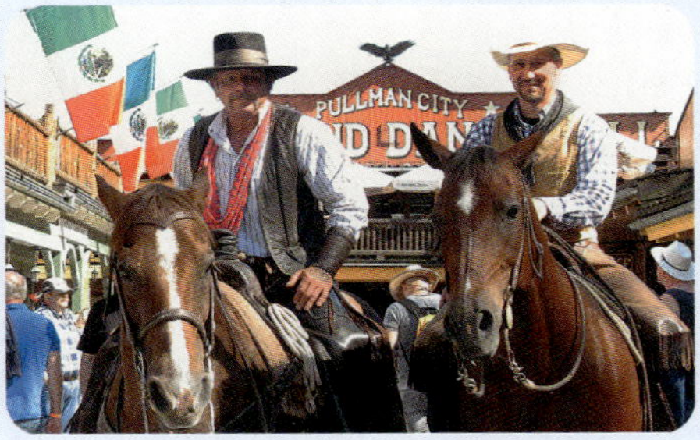

Der Wilde Westen fängt gleich hinter der Donau in Pullman City an.

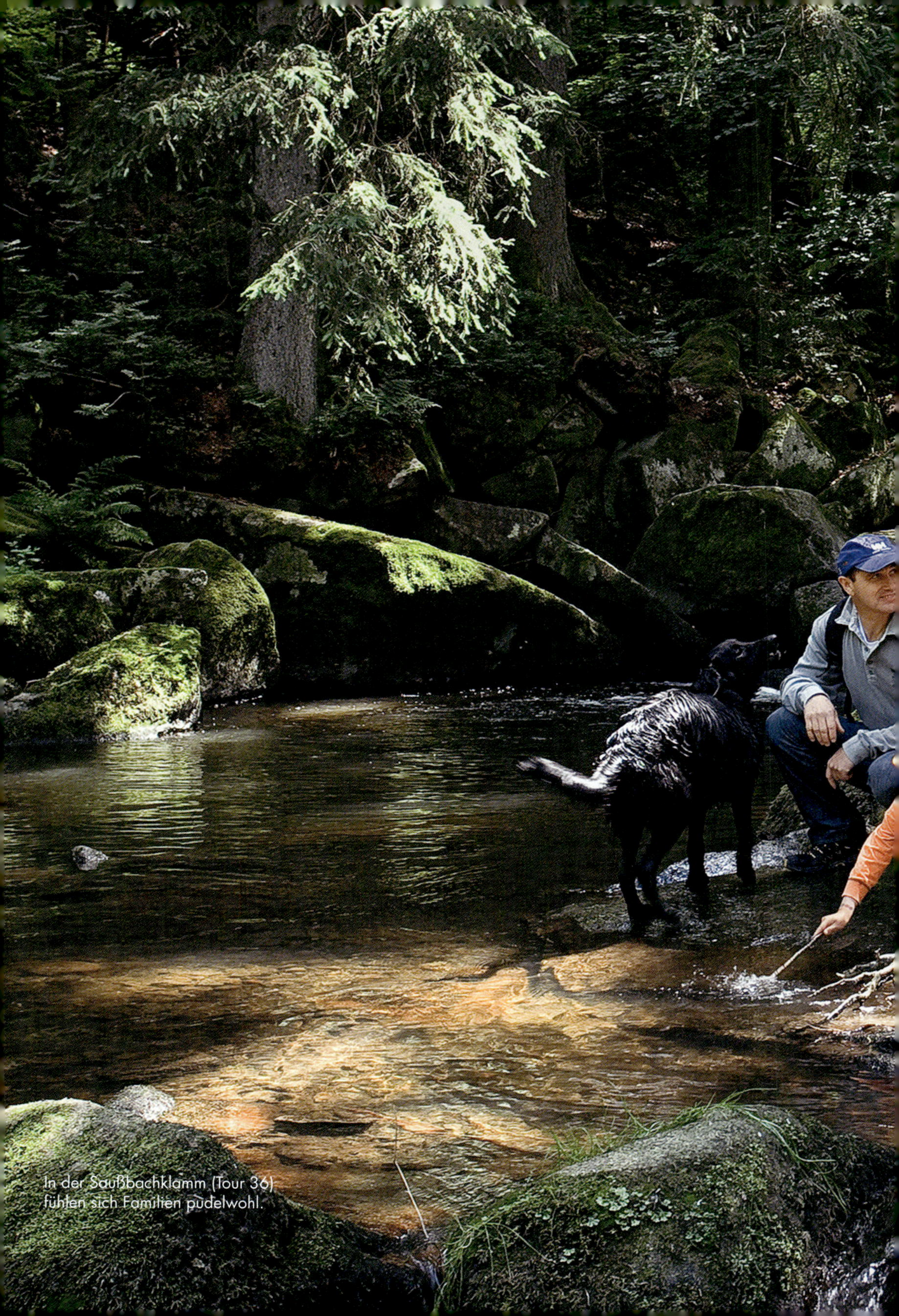

In der Saußbachklamm (Tour 36) fühlen sich Familien pudelwohl.

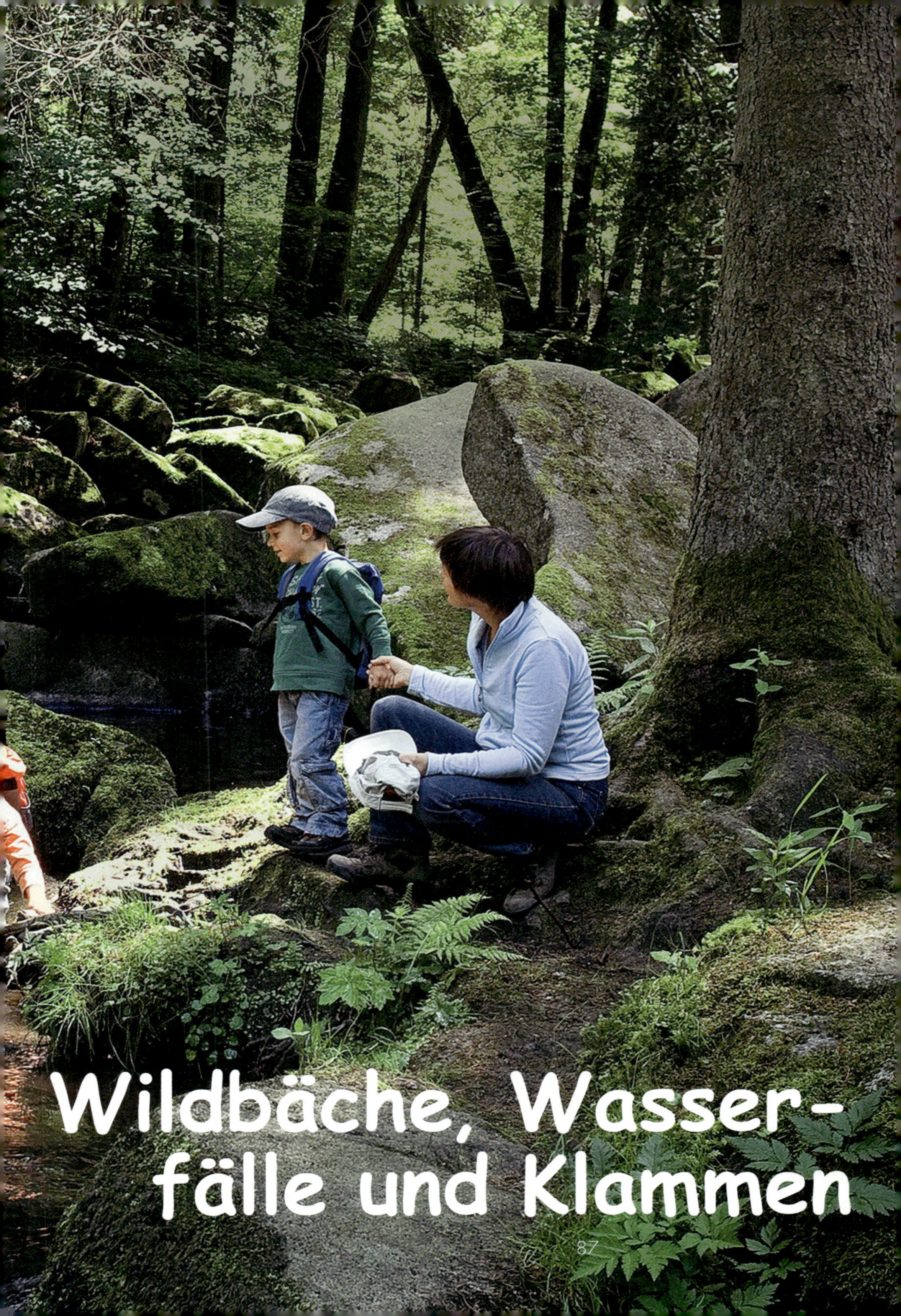

Wildbäche, Wasserfälle und Klammen

30 Der Hochfall am Moosbach

Muntere Kaskaden am Rande von Bodenmais

mittel | knapp 3 km | 70 m | 1.15 Std.

Alter
Ab 6 Jahren

Tourencharakter
Start/Abschluss auf asphaltierter Forststraße, zum Wasserfall teils sehr steiniger Stichweg

Anfahrt
Nach Bodenmais aus Nordwesten via Drachselsried, aus Nordosten via Bretterschachten, aus Südosten via Regen oder Zwiesel, aus Südwesten via Teisnach; westlich vom Bahnhof in den Finkenweg, sogleich links in die Scharebenstraße bis zur Sperrung gut 1 km hinter dem Ortsschild

Ausgangs-/Endpunkt
Parkplatz am Steinhütelstraßl

GPS-Koordinaten
49.088154, 13.090556

Markierung
An Forststraße Pfeil »Schönbach«/Bo 59 (andersrum), dann »Hochfall«/Bo 64 (andersrum)

Einkehr
In Bodenmais Pizzeria Adria (Mo Ruhetag), Wilderer Stuben; GutsAlm Harlachberg

Karte
Kompass Wanderkarte Nr. 195, Nördlicher Bayerischer Wald, 1:50 000

Information
Bodenmais Tourismus, bodenmais.de

Der Hochfall steht im Schatten der bekannteren und größeren Rißlochfälle (siehe Tour 31). Deshalb werden die zwei mal vier Meter hohen Kaskaden von weit weniger Wanderern angepeilt. Wer will, erreicht die versteckten Wasserspiele am Moosbach über einen kurzen, fordernden Pfad.

Vom Wanderparkplatz am Steinhütelstraßl setzen wir zurück zur Gabelung und folgen nach rechts der für Autos gesperrten, asphaltierten Forststraße in etwa an der Höhenlinie entlang. Nach einem guten halben Kilometer verrät ein Pfeil den Einstieg zum Pfad zum Hochfall auf der linken Seite. Stromabwärts marschieren Groß und Klein erhöht über dem Nass, welches zwischen Kleinem Arber und Scharebenhütte entspringt und über den Rothbach in den Schwarzen Regen mündet.

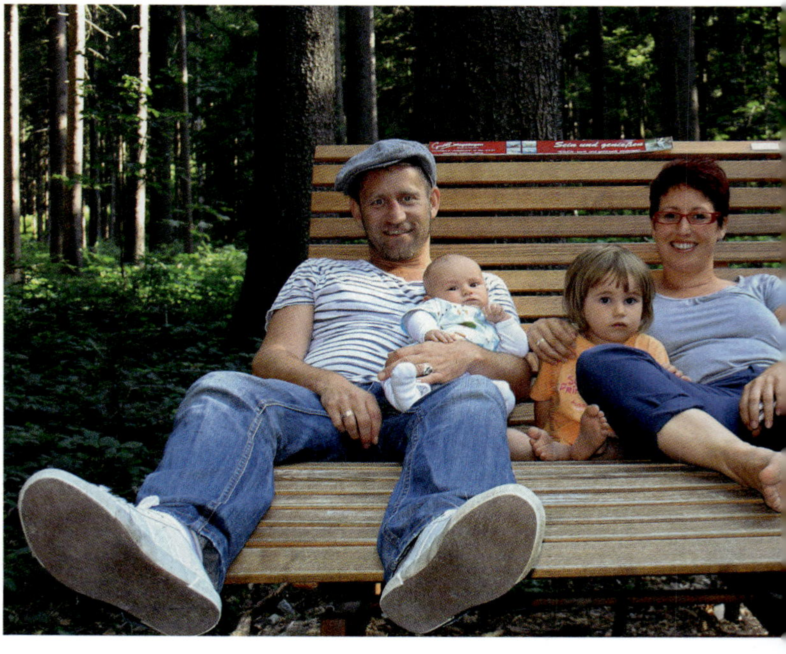

Der zunehmend verwurzelte und teils äußerst steinige Pfad führt uns am Ostufer des deutlich vernehmbaren Wildwassers weiter bergab. Erst nähern, dann entfernen wir uns wieder ein Stück weit vom Moosbach. Ein für unsere Gehrichtung verkehrt herum aufgestellter Pfeil weist schließlich nach rechts hinunter direkt zum Bach, dessen Ufer wir am Hochfall erstmalig betreten. Von einem gesicherten Holzsteg samt Aussichtspunkt lassen sich zwei oft tosende Kaskaden nicht nur bestens hören, sondern auch beobachten. Kesselähnlich ausgespültes Gneisgestein zeugt von der Ausdauer und Kraft des herabstürzenden Wassers. Talwärts begegnet uns das Nass weiterhin aufgewühlt, ehe es langsam zur Ruhe kommt. Den Rückmarsch treten wir auf derselben Strecke an. Wenn wir vom Holzsteg ein Stück hochgehen, dürfen wir nicht den Einstieg in den Pfad links verpassen.

Bodenmaiser Kinderwanderweg

Wo früher nur der Fitness-Parcours lockte, führt jetzt der Kinderwanderweg durch einen zauberhaften Mischwald. Die Markierung »Ameise« weist uns drei Varianten von 1,2 Kilometer bis 2,3 Kilometer Länge mit jeweils bunten Erlebnisstationen. Ein Stündchen vergeht dort wie im Flug. Bis auf die rote Erweiterung eignen sich die größtenteils gekiesten Wege auch für Kinderwagen, obgleich bei der grünen Runde der Einstieg ein wenig Mühe bereitet. Die Zufahrt via Staatsstraße Zwiesel/Langdorf–Drachselsried ist gut ausgeschildert.

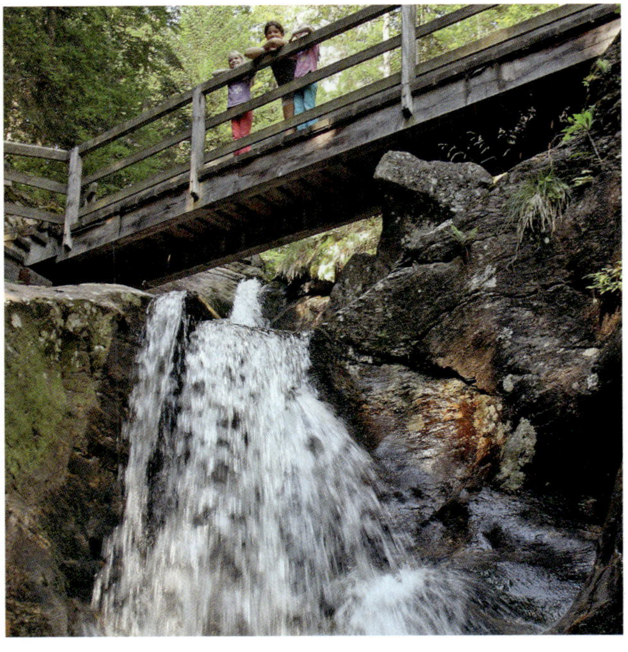

Links: Wo der Hochfall tost

Linke Seite: Auf dem Bodenmaiser Kinderwanderweg

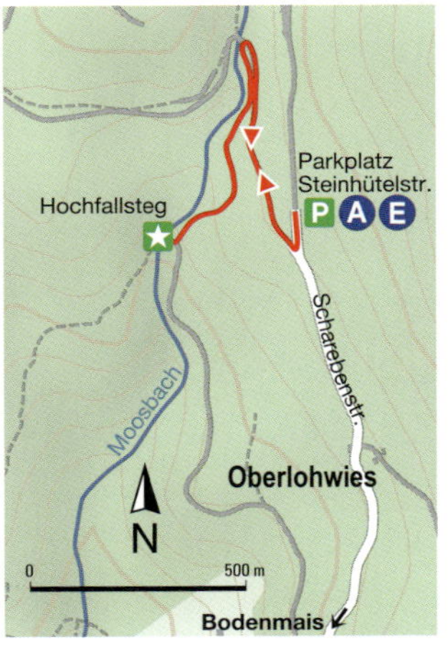

31 Bodenmaiser Rißlochfälle

Die mächtigsten Wasserspiele im Bayerwald

schwer	Auto: 3,5 km Bahn: 7,5 km	Auto: 220 m Bahn 300 m	Auto: 2 Std. Bahn: 3.30 Std.

Alter
Ab 7 Jahren

Tourencharakter
Forststraße, dann Pfad, der stärker fordert; zurück einfacher, aber nicht einfach

Anfahrt
Aus Nordwesten via Drachselsried, aus Nordosten via Bretterschachten, aus Südosten via Regen oder Zwiesel, aus Südwesten via Teisnach; am Rißlochweg Gleise queren. Bahn: Waldbahn Bodenmais (2 km Anmarsch)

Ausgangs-/Endpunkt
Wanderparkplatz Rißlochweg

GPS-Koordinaten
49.080238, 13.110251

Markierung
Bo 66, rauf auch Bo 7, ab Hauptfall auch Bo 64

Einkehr
In Bodenmais Pizzeria Adria (Mo Ruhetag), Wilderer Stuben; GutsAlm Harlachberg

Karte
Kompass Wanderkarte Nr. 195, Nördlicher Bayerischer Wald, 1:50 000

Information
Bodenmais Tourismus,
Tel. 09924/77 81 35,
bodenmais.de

Am südlichen Fuß des Großen Arber liegt das Rißloch versteckt. In der Schlucht stoßen wir auf die größten Wasserfälle im ganzen Bayerwald. Auf einer überschaubaren und zugleich sportlichen Runde erleben Familien die Kaskadenreihen im Naturschutzgebiet nordöstlich von Bodenmais hautnah.

Kurz nachdem der Asphalt endet, erreichen Autofahrer ein Stück hinter dem Hotel Waldhaus den Wanderparkplatz Rißlochweg. Von dort geht es auf einer Forststraße zu Fuß weiter. An einer steilen Schneise links entdecken wir die spärlichen Reste einer verwitterten Skisprungschanze. Einst pilgerten im Jahr 1958 sage und schreibe 12 000 Zuschauer hierher, um bei einem Wettbewerb mitzufiebern. Doch der Ruhm der Anlage verblasste. Im Jahr 1997 wurde der Betrieb endgültig eingestellt.

Auf Höhe der Schanzenreste, die wir links liegen lassen, endet die Forststraße. Bergan führen zwei Varianten zu den Rißlochfällen. Um eine abwechslungsreiche Runde zu kreieren, wählen wir halb links die steinige Variante Bo 66 (auch Bo 7). Ein Stück weiter verrät das Tosen im urwaldartigen Blätterwald das nahende Nass. In der Tat stürzt die weiße Gischt über mehrere Kaskaden aus einer Gesamthöhe von 55 Metern zu Tal. Beim Hauptfall, den wir zuerst erreichen, überwindet das Wasser immerhin 15 Höhenmeter, ehe es auf das harte Gneisgestein trifft. Am Fuße des imponierenden Wasserspiels angekom-

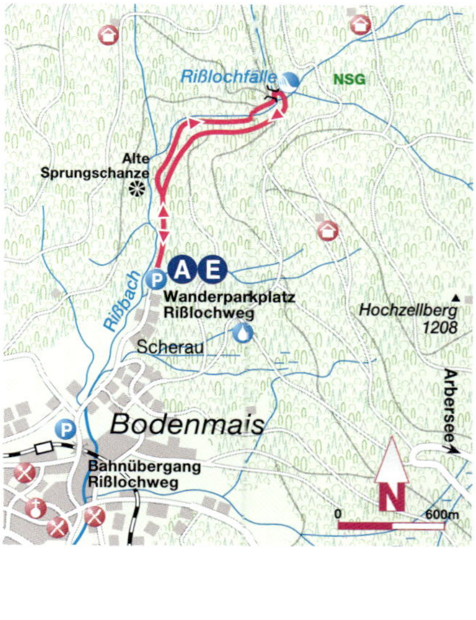

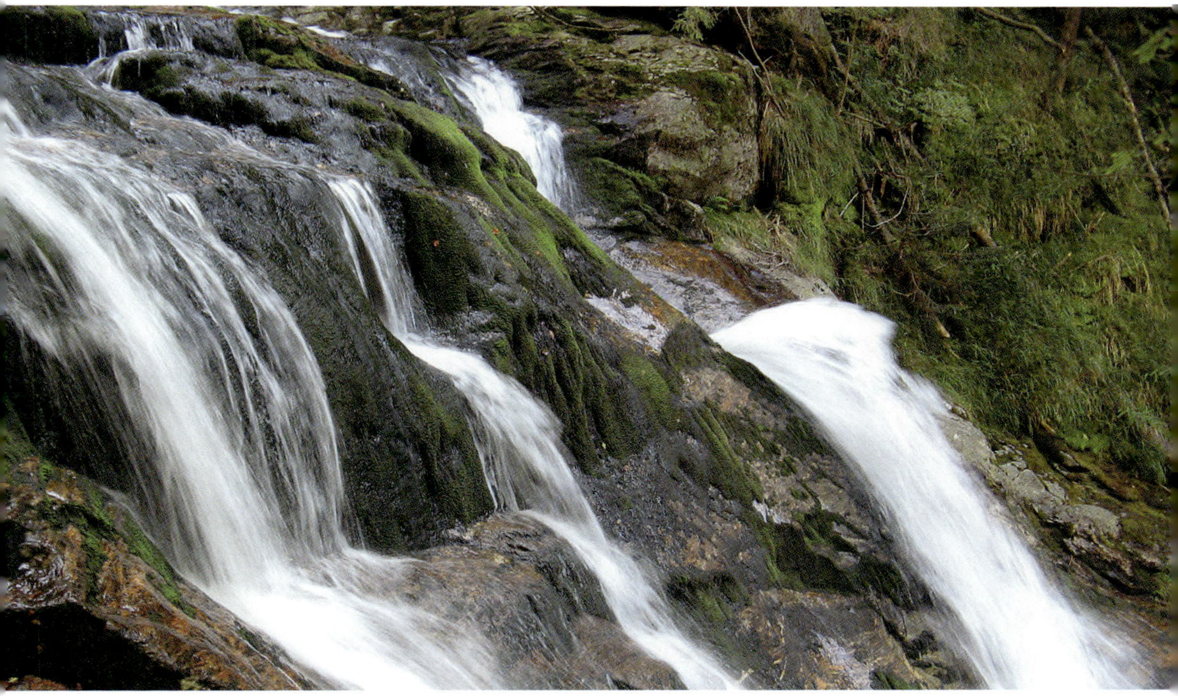

Beim Hauptfall stürzt das Wasser im Rißloch 15 Meter zu Tal.

men wechseln wir das Ufer, um auf der linken Seite der Gischt hochzukraxeln. Da können wir ruhig einmal die Hände zu Hilfe nehmen. Gespeist wird der Rißbach übrigens von Arberbach, Schwellbach, Kleinhüttenbach und Wildauerbach – kein Wunder also, dass es im Rißloch richtig rauscht.

Im oberen Teil des Naturschauspiels treffen wir am anderen Ufer auf einen vergleichsweise bequemen Weg. Dort verabschieden wir uns von denjenigen, welche den Kleinen Arber (siehe Tour 3) oder den Großen Arber erstürmen wollen und biegen nach rechts ab.

Von den Fällen ein Stück weit zurückversetzt geht es schließlich bergab zum Parkplatz. Die Abzweigung zur Schönebene wird links liegen gelassen. Am Ende des steinigen Geländes wechseln wir zuletzt auf die bereits vom Hinweg bekannte Strecke.

Von Fall zu Fall

Ein Wasserfall, unter den sich Groß und Klein wagen, plätschert im Silberbergbad in Bodenmais zwischen Bahnhof und Rißlochweg. Geöffnet hat das Freibad Mitte Mai bis Mitte September täglich 9–19 Uhr (Erwachsene 4 €, Kinder 6–16 Jahre 1,60 €). Spielt das Wetter nicht mit, empfängt alternativ ein bisschen später das angeschlossene Hallenbad samt Saunapark; silberbergbad.de.

32 Scheuereck und Höllbach

Marsch zur alten Klause und Hirschpirsch

schwer	6 km	230 m	2.30 Std.

Alter
Ab 7 Jahren

Tourencharakter
Von Forststraße zu Wanderpfad zunehmend abenteuerlicher Weg zur Schwelle am Höllbach, einem der schönsten Flecken im Nationalpark

Anfahrt
Auto: Von der B 11 bei Ludwigsthal in Richtung Spiegelhütte abbiegen oder über Lindberg und Oberlindbergmühle Spiegelhütte ansteuern, Zufahrt via Hanselsteigstraße zuletzt ausgeschildert. Bus: Falkenstein-Bus

Ausgangs-/Endpunkt
Wildgehege Scheuereck

GPS-Koordinaten
49.064654, 13.306259

Markierung
Grünes Dreieck/Fernwanderweg in Richtung Falkenstein

Einkehr
Gasthaus Ludwigsthal (Di/Mi Ruhetag), Zur Alten Dampfsäge Buchenau (Mo–Mi nur abends)

Karte
Kompass Wanderkarte Nr. 195, Nördlicher Bayerischer Wald, 1:50 000

Information
Gemeinde Lindberg

Eine der wenigen Straßen, die tief in den Nationalpark hineinreichen, endet in Scheuereck. Von dort steigen fitte Familien hinauf zur idyllisch gelegenen Höllbachschwelle, einer alten Triftsperre am Fuße des Großen Falkensteins. Wer mag, besucht neben der ehemaligen Waldgaststätte das Wild im Rothirschgehege.

Rauschende Verlängerung

Wer sich von der Höllbachschwelle noch rund 400 Meter weiter wagt und erst dort wendet, erlebt die Wasserfälle im Urwaldgebiet namens Höllbachgspreng hautnah (hin und zurück 0.30 Std, 50 Hm).

Vom Parkplatz hinter der alten Einkehr in Scheuereck folgen wir zunächst auf breiter Forststraße der Markierung mit dem grünen Dreieck geradewegs in Richtung Falkenstein. In einer Senke queren wir den Kolbersbach. Sogleich geht es ordentlich bergauf, zu Beginn auf Asphalt. Bei der zweiten Gabelung wechseln wir gemäß der Markierung halb links auf den Waldweg, danach in ähnlicher Art und Weise vom Waldweg auf einen breiten Pfad, der uns schnell an das Ostufer des meist stürmisch tosenden Höllbachs heranführt.

Ein teils steiniger Wanderpfad führt direkt am Wildwasser entlang. Kaum anderswo bietet der Bayerische Wald eine reizvollere Landschaft. Wie munter das Wasser zu Tal springt! Rund 20 Minuten geht es stromaufwärts, bis nach insgesamt rund eineinviertel Stunden die Höllbachschwelle erreicht wird. Die bald 150 Jahre alte, unbewirtschaftete Hütte diente einst den Waldarbeitern, welche an der Klause das Wasser für die Holztrift aufstauten. Heute lädt am 975 Meter hoch gelegenen Speicher eine Bank zur Rast ein. Anschließend geht es auf derselben Strecke

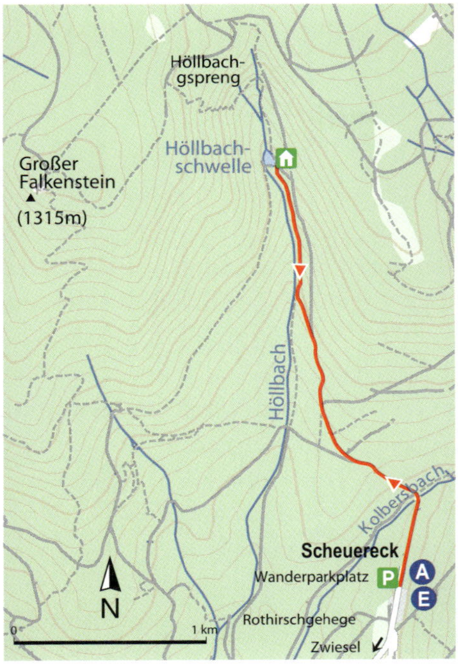

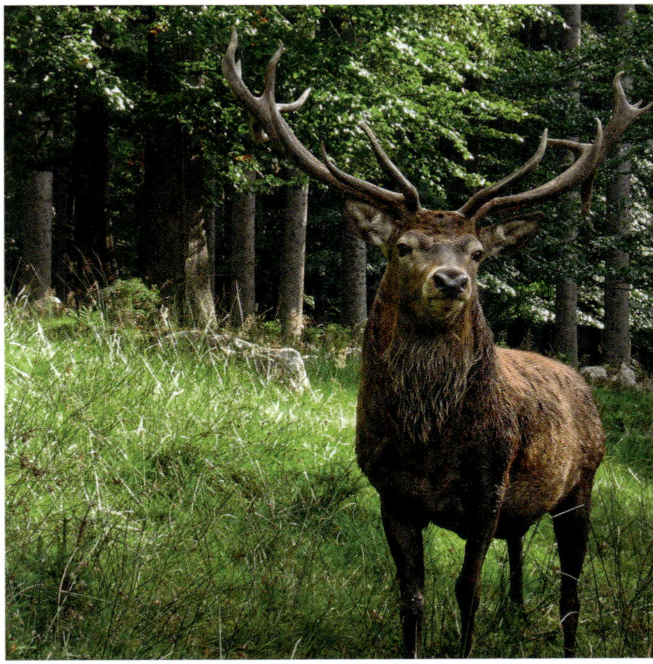

Sehen und gesehen werden: auf Hirschpirsch in Scheuereck

zurück nach Scheuereck. Dabei passen wir auf, uns vom Höllbach rechtzeitig zu verabschieden.

Wenige Meter von der ehemaligen Waldgaststätte entfernt liegt das Rothirschgehege. Ein Aussichtsbalkon an der Futterhütte sowie ein zweiter an der Zufahrtsstraße ermöglichen jederzeit die Tierschau. Alternativ begeben wir uns auf einem knapp 300 Meter langen Weg mitten ins Gehege hinein, welches fast so groß ist wie 15 Fußballplätze. Zwar bekommen wir die Huftiere meist nicht noch besser zu Gesicht, fühlen uns ihnen aber näher. Den Menschen gegenüber verhält sich die größte stets heimisch gebliebene Säugetierart im abgezäunten Areal ohne große Scheu und friedlich. Selten zieht sich das Rotwild vollends zurück. Stets sollte man sich jedoch schlauer verhalten als ein Besucher, der vor ein paar Jahren zwischen Mutter- und Jungkuh geriet. Daraufhin blieb der direkte Zugang zum Hirschgehege leider eine Zeit lang gesperrt.

Naturnahes Hörerlebnis

Etwa ab Anfang Oktober beeindruckt das Röhren brunftiger Hirsche, welches durch den Wald hallt. Ins Gehege hinein darf spätestens dann vorsichtshalber niemand mehr.

33 Rauschende Steinklamm

Hinab in die Schlucht bei Spiegelau

Nach dem kurzweiligen Marsch rund um den Ochsenberg tauchen Abenteuerlustige in die märchenhafte Steinklamm ein. Wo die Gischt zischt, leitet uns der alte Flößersteig durch die enge Schlucht der Großen Ohe zurück nach Spiegelau.

mittel	Auto: 5 km Bahn: 7 km	130 m	Auto: 2.15 Std. Bahn: 3 Std.

Alter
Ab 6 Jahren

Tourencharakter
Zubringer reizvolle Waldwege, durch die Klamm steiniger Pfad, Abschluss auf Asphalt hoch zum Parkplatz

Anfahrt
Auto: Via B 11/Zwiesel, B 85/Eppenschlag, B 533/Grafenau oder Neuschönau; Pfeile zum Naturbad aus Westen beim Ortseingang Spiegelau, aus Osten hinterm Bahnübergang. Bahn/Bus: Waldbahn Spiegelau (1 km Anmarsch), Rachel-Bus 601 bis Spiegelau/Glashütte

Ausgangs-/Endpunkt
Naturbad Spiegelau

GPS-Koordinaten
48.911277, 13.356281

Markierung
Marienkäfer

Einkehr
Gasthof Genosko (Mo/Di Ruhetag) an der Hauptstraße beim Bahnübergang

Karte
Kompass Wanderkarte Nr. 196, Mittlerer Bayerischer Wald, 1:50 000

Information
Tourist-Info Spiegelau, spiegelau.de

Vom Naturbad-Parkplatz an der Waldschmidtstraße führt uns der »Marienkäfer« gegen den Uhrzeigersinn in den teils dichten, teils lichten Wald hinein. Auf Höhe der Streusiedlung Marienhöhe folgt eine Links-rechts-Kombination auf Asphalt, unmittelbar danach biegen wir scharf links ab und marschieren durch schattigen Mischwald. Der nächste Pfeil weist nach rechts. Anschließend steigen wir talwärts, bis wir auf den Krebsenbach stoßen. Ohne Langdorf weiter anzupeilen, verläuft links die Forststraße in Pfeilrichtung »Steinklamm« am Waldrand entlang um den Ochsenberg herum.

Natürliches Badevergnügen

Müde Wanderer und muntere Wasserratten erfrischen sich gerne im örtlichen Naturbad, welches ganz ohne Chlor auskommt. Den Bachlauf mit kleinen Wehren und Wasserrädern mögen jüngere Kids besonders gern. Geöffnet bei Badewetter 9–19 Uhr; Erwachsene 2,60 €, Kinder 7–16 Jahre 1,80 €, Familien 7 €, aktuelle Infos unter Tel. 0160/467 38 03.

Geht es erneut in den Forst hinein, halten wir uns an der Gabelung halb links. Bergab nähern sich kleine und große Wanderer der rauschenden Steinklamm, die wir auf Höhe der Marienbrücke erreichen. Die Wucht der Brückenpfeiler lässt erahnen, was die Erbauer dem Gewässer zutrauen. Aufgepasst: Der »Marienkäfer« quert die Brücke mit dem Heiligen

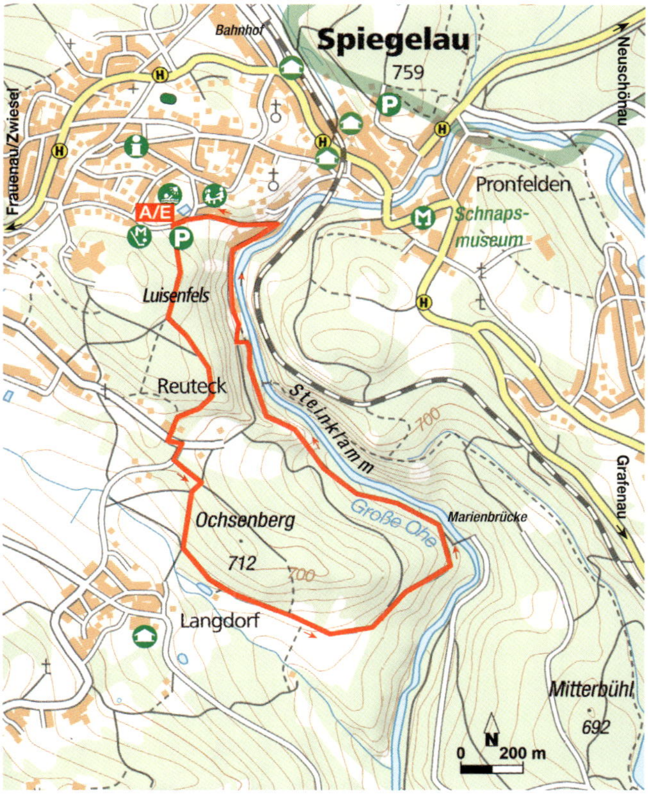

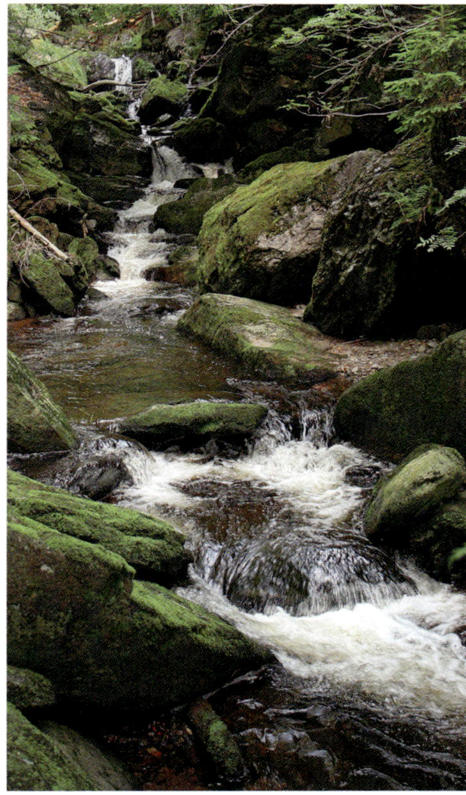

Ein Naturjuwel: die Steinklamm südlich von Spiegelau

Johannes Nepomuk nicht. Vielmehr bleiben wir am stromaufwärts gesehen linken, westlichen Ufer der Großen Ohe, um ins Herzstück der tiefen Schlucht vorzudringen.

In der Klamm wird es abenteuerlich. Aufmerksame erspähen muntere Kaskaden, glatte Felswände oder sedimentgefüllte Strudellöcher. In Anbetracht dessen, dass ein Kanal im Oberlauf reichlich Wasser abzweigt, rauscht das Nass meist immer noch beachtlich daher. Wo Menschenhand den Hangwald lichtete, erreichen Sonnenstrahlen die Tallage. Die schwierigsten Passagen gegen Ende des Steigs erfordern Trittsicherheit. An Engstellen sollten Eltern kleine Kinder an die Hand nehmen. In Richtung Spiegelau tauchen wir schließlich aus der wildromantischen Schlucht auf und erreichen einen Steinwurf weiter das Ende der Steinklammstraße, wo wir auf Asphalt weitermarschieren. Hinter der nach der Straße benannten alten Pension erreichen wir eine Abzweigung. Von dort leitet der Kränkweg kurz und knackig nach links bergauf zurück zum Naturbad.

34 Über die Hängebrücke

Ab Ringelai in die Buchberger Leite

leicht	3,5 km	70 m	1.30 Std.

Alter
Ab 5 Jahren

Tourencharakter
Steinige und verwurzelte Pfade entlang der Wolfsteiner Ohe; in Ringelai Asphalt

Anfahrt
Von Nordwesten über B 533, von Osten über B 12, von Südwesten über B 85 und Perlesreut nach Ringelai

Ausgangs-/Endpunkt
Jahnweg hinter Hotel Koller; Parkbuchten im Leithenweg (Ersparnis: 1,5 km/0.30 Std.)

GPS-Koordinaten
48.811382, 13.470712 (Parkplatz hinter Hotel)
48.812340, 13.478353 (Parkbuchten Leithenweg)

Markierung
Nr. 1 und Richtungspfeile

Einkehr
Familien-Landhotel Koller und Hotel Stark in Ringelai, Kapellenhof mit Pferden vor Perlesreut (Sa, So ab 12 Uhr, Do, Fr, Mo ab 15 Uhr, Di, Mi Ruhetag)

Karte
Kompass Wanderkarte Nr. 197, Südlicher Bayerischer Wald, 1:50 000

Information
Tourist-Info Ringelai, Tel. 08555/96 14 11, ringelai.de

Weit abenteuerlicher als der nahe Kräuterweg (Tour 54) gestalten sich Wanderungen in die Buchberger Leite (siehe auch Tour 35). Immerhin zählt die wildromantische Schlucht der Wolfsteiner Ohe zu den 100 schönsten Geotopen in Bayern. Wer gleich im Leithenweg parkt, spart sich bei dieser Runde ein Stück Asphalt.

Im hübsch gelegenen Erholungsort Ringelai legen wir am Parkplatz Jahnweg los und biegen sowohl in die Perlesreuter- als auch Dorfstraße rechts ein. Den fließenden Verkehr bitte beachten! Vor der Straßenbrücke über den Fluss marschieren wir links in den Leithenweg hinein. Auf Höhe des tiefer gelegenen Triftstegs, den wir erst beim Rückmarsch queren, befinden sich kleine Parkbuchten. Hinter dem Wendehammer am Ende der schmalen, asphaltierten Straße führt uns Weg Nr. 1 an dem – stromaufwärts gesehen – linken Nordufer entlang in Richtung Freyung. Nahezu ununterbrochen begleitet uns das Rauschen der Wolfsteiner Ohe.

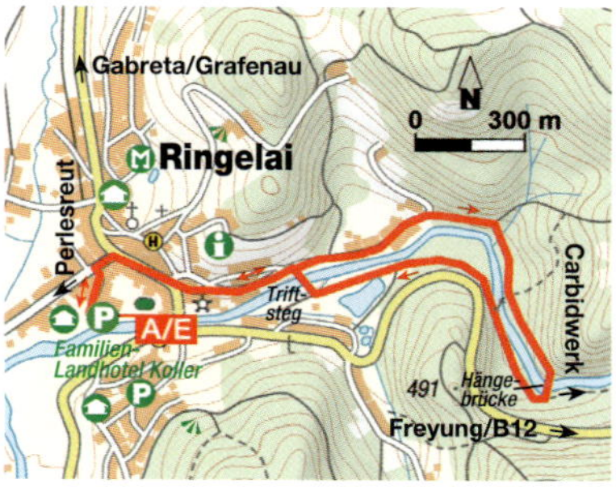

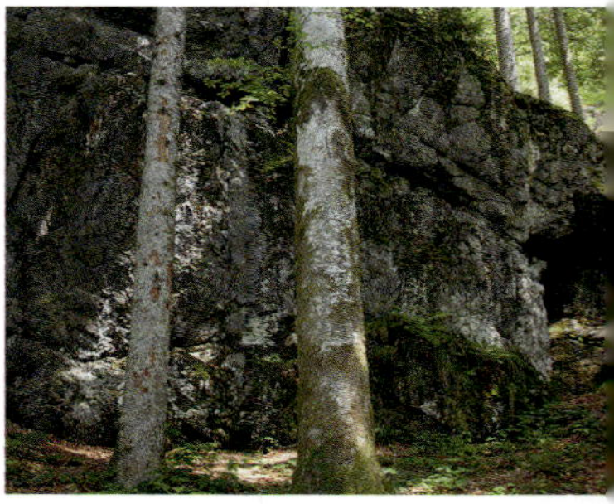

Lediglich in trockenen Sommermonaten wird den Oberläufen so viel Wasser zur Stromerzeugung entzogen, dass der Wildbach bis kurz vor Ringelai, wo das abgezweigte Nass aus einem Stollen wieder einmündet, ein Stück weit verstummt. Nach heftigen Regenfällen wiederum schwillt die ureigene Kraft des Wildwassers mächtig an. So oder so geht es auf einem wunderschönen

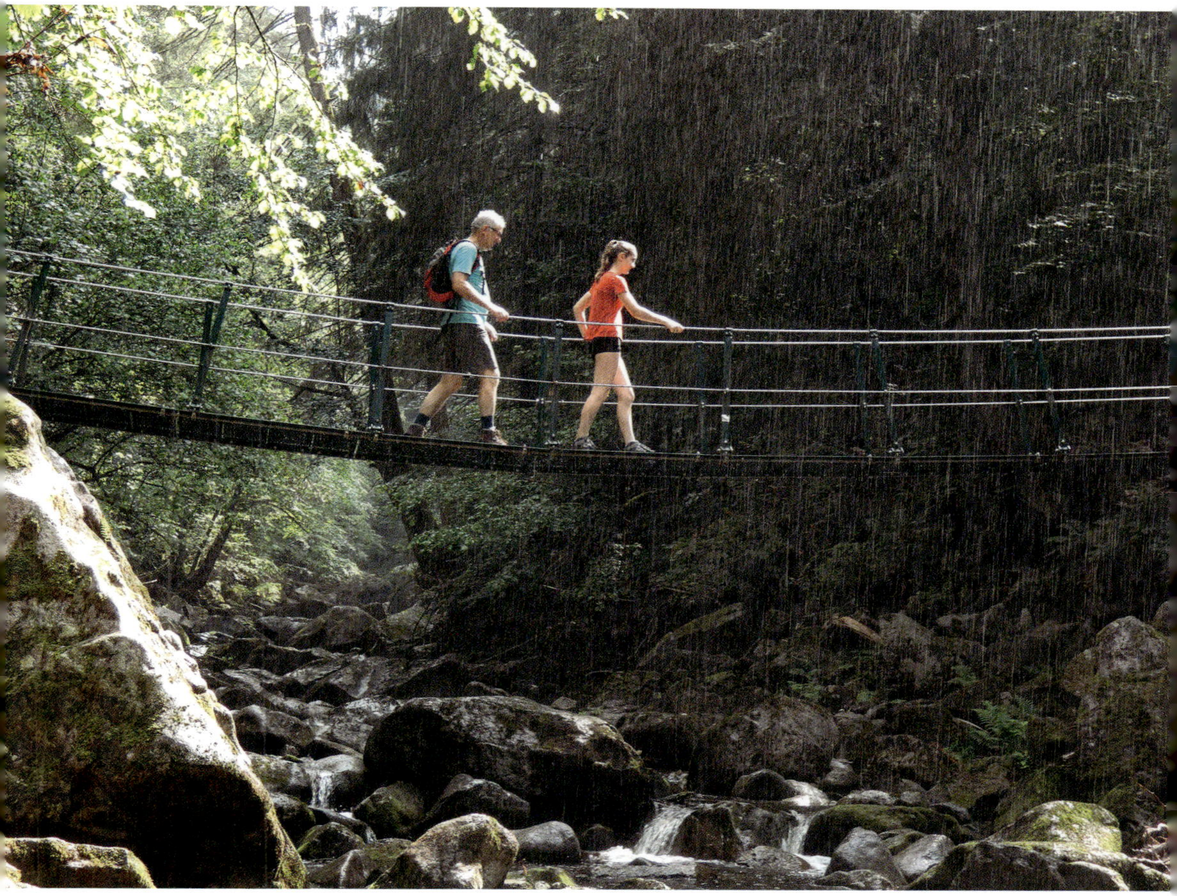

Pfad über Stock und Stein voran. Schließlich markiert die Hängebrücke den Wendepunkt unserer überschaubaren Runde. Da das mit Stahlseilen gesicherte Bauwerk beim Überqueren in der Tat ein klein wenig schwankt, sollten Eltern ihren Kleinsten natürlich zur Seite stehen.

Am südlichen Ufer wenden wir uns nach rechts und wandern auf dem ebenfalls mit Nr. 1 gekennzeichneten Pfad zurück nach Ringelai. Dieses Mal befinden wir uns auf der flussabwärts gesehen linken Oheseite. Bevor wir die Ortsbebauung erreichen, führt rechts der etwas versteckt gelegene, ockerfarbene Triftsteg hinüber in den Leithenweg. Von dort marschieren wir zurück zum Ausgangspunkt. An der Jahnstraße freuen sich Durstige und Hungrige auf den lauschigen Biergarten vor dem Familien-Landhotel Koller, an der Dorfstraße bewirtet Hotel Stark.

Östlich von Ringelai führt eine Hängebrücke über die Wolfsteiner Ohe.

Linke Seite: Pfahlgestein in der Leite

35 Das Herzstück der Klamm

In die Buchberger Leite ab Carbidwerk

mittel | 4 km | 90 m | 1.45 Std.

Alter
Ab 6 Jahren

Tourencharakter
Ufernaher Pfad über Stock und Stein durch die zauberhafte Klamm am Pfahlgestein entlang

Anfahrt
Zum Carbidwerk zwischen Freyung (B 12 in Fahrtrichtung Passau) und Ringelai in Aigenstadl dem Wegweiser steil bergab folgen

Ausgangs-/Endpunkt
Wanderparkplatz auf der vom Werk aus gesehen anderen Flussseite

GPS-Koordinaten
48.811462, 13.500571

Markierung
Nr. 3

Einkehr
Danibauer in Falkenbach vor Freyung (teils nur am Wochenende), Landhotel Koller und Hotel Stark in Ringelai

Karte
Kompass Wanderkarte Nr. 196, Mittlerer Bayerischer Wald oder Nr. 197, Südlicher Bayerischer Wald, 1:50 000

Information
Kurhaus Freyung, Tel. 08551/58 81 50, freyung.de

Durch einen tollen Tunnel erreichen Groß und Klein flott das Herz der urwüchsigen Wildwasserklamm. Kein Wunder, dass die Leit'n, wie Einheimische sagen, zu den schönsten Geotopen im Freistaat gehört. Unser Wendepunkt ist die Scher, wo sich Saußbach und Reschbach zur Wolfsteiner Ohe vereinigen.

Einen Steinwurf oberhalb des Wanderparkplatzes meistern wir eingangs eine ungewöhnliche Passage, nämlich den rund 30 Meter langen und nur gut zwei Meter hohen dunklen Felsdurchbruch. Auf eigene Gefahr ist es gestattet, den leicht ansteigenden Engpass zu beschreiten. Das Licht am Ende des Tunnels weist den Weg. Hinter dem Felsdurchbruch empfängt uns der schönste Teil der Buchberger Leite. Zwischen moosbewachsenen Felsblöcken zischt die Gischt der Kaskaden. Nur vereinzelt dringt

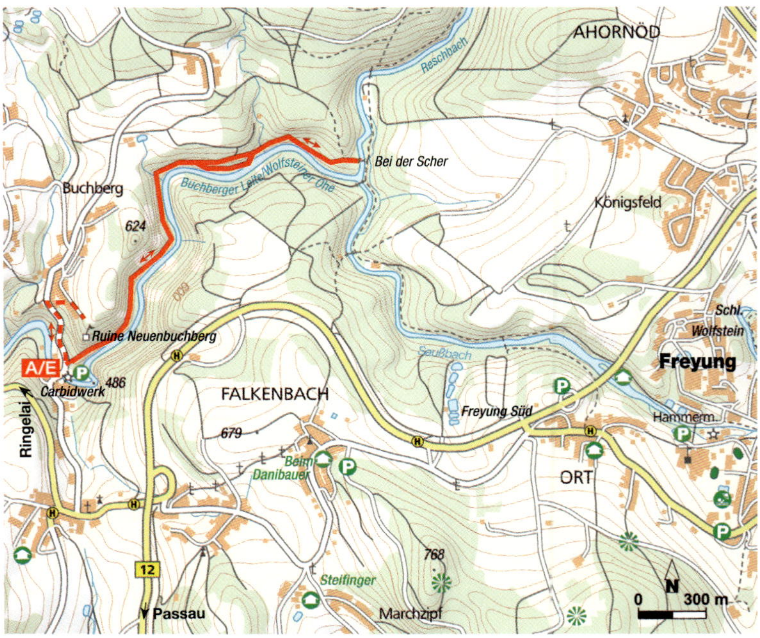

die Sonne durch das Blätterdach auf den erhöht verlaufenden Pfad, den immer wieder schroffe Felsabbrüche säumen. An schwierigen Stellen bitte die Kleinen nötigenfalls an die Hand nehmen!

Geologisch gesehen gehört die Schlucht zum Bayerischen Pfahl, einem harten Quarzgestein, dessen Schichten die Erosionsarbeit des Wassers in der Klamm sichtbar macht. Sagen nach soll in der schattigen grünen Hölle einst sogar ein Drache gelebt haben. Nach maximal 45 Gehminuten verlaufen kurzzeitig zwei Wegvarianten den Fluss entlang – eine direkt am Wasser, die andere leicht erhöht. Ein Stück weiter orientiert sich der Pfad kurz vom Gewässer weg bis zu einem Holzsteg. Dieser führt nicht über die Wolfsteiner Ohe, sondern über den Reschbach, der sich erst 100 Meter stromabwärts mit dem aus Freyung kommenden Saußbach zur Ohe vereinigt. Der Zusammenfluss wird Scher genannt und bildet gemeinsam mit den Rastbänken am Reschbachsteg einen geeigneten Wendepunkt.

Den Rückweg von der Scher zum Carbidwerk, welches heutzutage Strom sowie künstliche Edelsteine produziert, legen wir auf derselben Strecke zurück. Dabei wandern wir nun mit dem Lauf des Wassers und erleben das durch die Schlucht strömende Nass aus einer neuen Perspektive.

Ruine Neuenbuchberg

Eine Fleißaufgabe absolviert, wer am Parkplatz der Straße in Pfeilrichtung »Ringelai über Bucheck« (Nr. 1) bergauf folgt (gestrichelte Linie). Nach knapp 300 Metern Asphalt – bitte auf Autos achten – weisen zwei Pfeile nach rechts über ein paar Holztreppen zur Burgruine. Der anfänglich schmale Trampelpfad wird breiter und vereint sich mit dem Zubringer aus Buchberg. Einen Steinwurf weiter ragen die trutzigen Mauerreste auf dem Hangvorsprung empor. Da der spätmittelalterlichen Anlage nur eine kurze Blütezeit gegönnt war, zieht sich ihr Verfall bereits über Jahrhunderte hin. Talwärts verdeckt das Blätterdach den Blick in die Leite, das Rauschen der Wolfsteiner Ohe lässt sich jedoch meist bestens vernehmen. Der Rückmarsch erfolgt auf derselben Strecke.

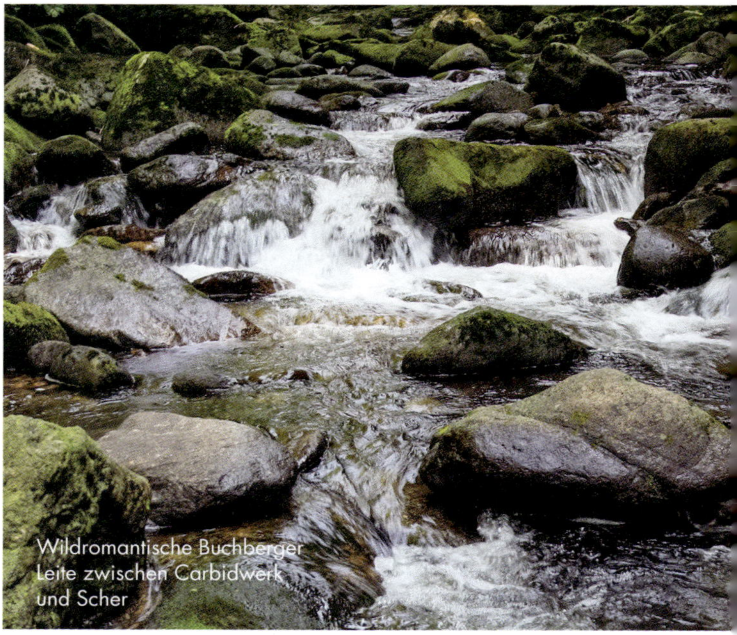
Wildromantische Buchberger Leite zwischen Carbidwerk und Scher

36 Die Saußbachklamm

Entlang des rauschenden Baches zur Saußmühle

mittel | 6,5 km | 160 m | 3 Std.

Alter
Ab 7 Jahren

Tourencharakter
Hin-/Rückweg stimmungsvoller Pfad großenteils am alten Marktbach entlang, in der Klamm passagenweise steinig

Anfahrt
Auto: In Waldkirchen zum Karoli-Badepark. Bus: Unter anderem Schnellbus 100 und Bus 6110 sowie Citybus zum Bad (Mo–Sa Mittag)

Ausgangs-/Endpunkt
Parkplatz Karoli-Badepark

GPS-Koordinaten
48.720969, 13.604961

Markierung
Teils grüne Richtungspfeile, teils Nr. 1 (anfangs gegen den Uhrzeigersinn), teils ohne Beschilderung

Einkehr
Haller Alm in der Klamm (Mai bis 3. Oktober bei Wanderwetter), Bogners Bio (Mo–Sa), Gut Lichtenau Richtung Hauzenberg hinter Holzfreyung (Mo, Di Ruhetag)

Karte
Kompass Wanderkarte Nr. 197, Südlicher Bayerischer Wald, 1:50 000

Information
Tourismusbüro Waldkirchen, Tel. 08581/194 33, waldkirchen.de

Im Süden der hübschen Kleinstadt Waldkirchen führt der Weg am rauschenden Bach an der märchenhaften Haller Alm vorbei zur Saußmühle. Im Unterschied zu anderen Wanderbüchern vermeidet unsere Tour ins Naturschutzgebiet die asphaltierte Teilstrecke durchs Wohngebiet.

Vom Karoli-Badepark marschieren wir stadtauswärts. Vor den Tennisplätzen folgen wir dem Pfeil mit der Aufschrift »Abkürzung zur Saußbachklamm« rechts hinab. Keine 50 Meter bergab folgt ein Rechtsschwenk. Sogleich geht es hinunter zum alten Marktbach. Um trockenen Fußes ans andere Ufer zu gelangen, vollziehen wir entweder 100 Meter stromabwärts eine Kehrtwende, wo das Nass untertage verschwindet. Oder wir erspähen im nahen Fichtenhain den versteckten Steg. So oder so wenden wir uns auf der anderen Seite des Gewässers nach

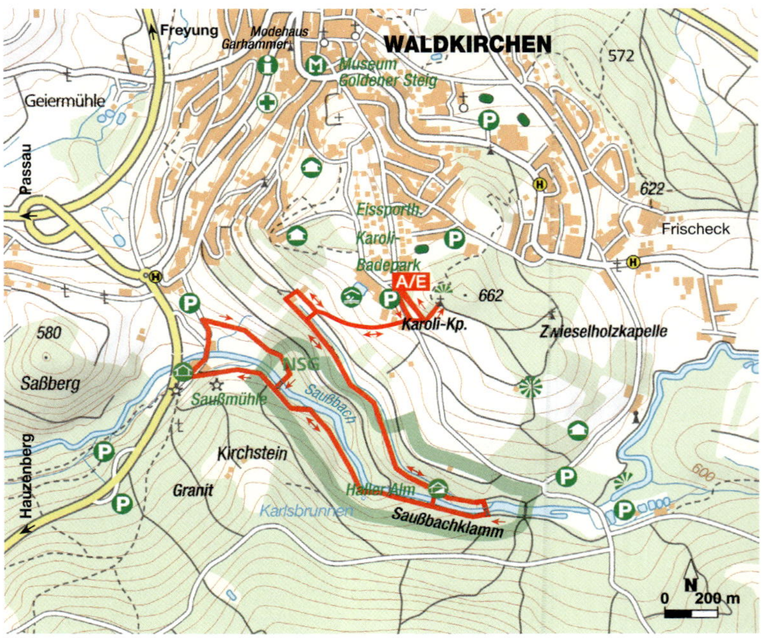

links und spazieren auf einem malerischen Pfad am rechten Ufer stromaufwärts. Die Haller Alm lassen wir erst einmal rechts liegen und erreichen geradewegs das Stauwehr. Dort überqueren wir den Kanal und den Saußbach und folgen dem Pfeil zur Saußmühle. Im Herzstück der Klamm zeigt der Fluss je nach Wetter und Jahreszeit ein unterschiedliches Gesicht. Im Schatten des ufernahen Saußwaldes taucht die Haller Alm auf, welche wir erneut rechts liegen lassen. Ein Stück hinter der folgenden Holzbrücke, die wir nicht queren, treffen Wanderer auf den unspektakulären Karlsbrunnen. Weiter am linken Ufer stromabwärts läuft die Klamm Schritt für Schritt aus. Auf Höhe der Saußmühle wird Asphalt erreicht. In dem rund 300 Jahre alten Gebäude lockt heutzutage wochentags ein Biomarkt samt Café (Mo/Mi nur bis 13 Uhr).

Kurz und schmerzlos

Wer an der Saußmühle südwestlich von Waldkirchen parkt, erreicht bereits nach gut einem Kilometer Marsch durch die Klamm stromaufwärts die Haller Alm (hin und zurück 1 Std., 100 Hm). Wer zusätzlich die Schleife zum Stauwehr meistert, legt noch einmal 500 Meter zurück (30 Hm, 0.15 Std). Zufahrt: Von der Umgehungsstraße in Richtung Hauzenberg abbiegen, dann 200 m hinterm Kreisverkehr links.

An der Saußmühle überqueren wir das Wildwasser direkt auf der Straße und biegen sogleich halb rechts in den schmäleren Weg ab. Exakt 100 Meter weiter wenden wir uns am Erlenhain scharf nach rechts. Der folgende Feldweg führt in Mischwald hinein und bindet uns an Fischteichen vorbei halb rechts wieder an die Klamm an. Wir passieren den Holzsteg und biegen nach links ab. Auf dem vom Hinweg bekannten Pfad marschieren wir durch die Klamm stromaufwärts. Jetzt wird es Zeit, den langen Steg zur Haller Alm zu queren, um der märchenhaft gelegenen Brotzeitstation endlich einen Besuch abzustatten. Einheimische bestellen in dem Hexenhäuschen gerne geräucherte Forelle.

Von der Haller Alm erreichen Wanderer nach kurzem Anstieg (linksherum gibt es eine sanfte Alternative) den bekannten Kanal. Stromabwärts wird nun bis zu dem Punkt marschiert, an dem wir das fließende Gewässer anfangs querten. Am anderen Ufer folgen wir halb links dem Pfeil zum Badepark. An der Straße unternehmen wir einen Abstecher um den »Kristall zwischen Himmel und Erde« herum durch die Lindenallee zur Karoli-Kapelle. Die Allee hinab weist uns noch vor dem Kunstwerk rechts die Fitness-Route die letzten Meter zurück zum Badepark.

Zum Abschluss gefallen die Karoli-Kapelle sowie das Frei- und Hallenbad (täglich ab 10 Uhr, Familien 9 bzw. 20 €).

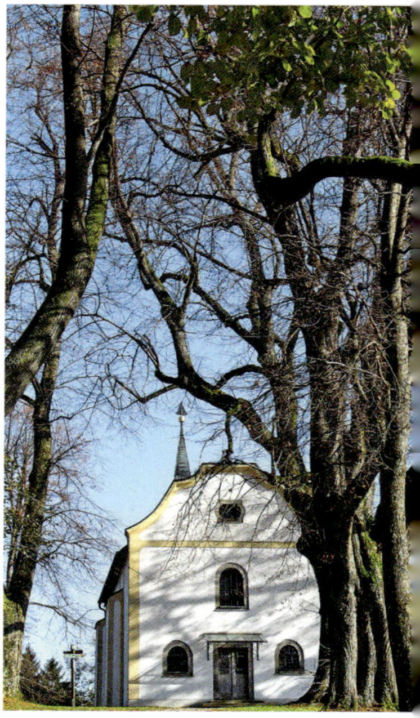

37 Deggendorfer Sauloch

Am Wildbach entlang, via Tattenberg retour

mittel	7 km	330 m	3.15 Std.

Alter
Ab 7 Jahren

Tourencharakter
Breite Wander- und Forstwegen am Sauloch- und Höllbach entlang; etwas Asphalt

Anfahrt
Im Deggendorfer Stadtteil Mietraching bei den Kraftwerken von der Ruselbergstrecke nach Zwieslerbruck abbiegen

Ausgangs-/Endpunkt
Parkbuchten rund um die Wendeplatte am Ende der Stichstraße in Zwieslerbruck

GPS-Koordinaten
48.864282, 13.005658

Markierung
Nr. 1 durchs Sauloch, Richtungspfeile, Nr. 6 bis Tattenberg, ab dort »Böhmweg«

Einkehr
Nest (Sa, So 13–18 Uhr, August teils geschlossen), Greisinger Hof beim Kirchlein links (Mo, Di, Mi Ruhetag, Do ab 14 Uhr offen)

Karte
Kompass Wanderkarte Nr. 196, Mittlerer Bayerischer Wald, 1:50 000

Information
Tourismusreferat, deggendorfer-land.de

Wer hinter Deggendorf von der lauten Ruselbergstrecke nach Zwieslerbruck abbiegt, taucht in dem engen Seitental in eine überraschend heimelige Welt ein. Am Ende des Asphalts – bisweilen schwierig zu parken – beginnt der bunte Wanderweg durch die Saulochschlucht zum Nest des Wald-Vereins. Zuletzt begleitet uns der Höllbach.

Direkt am Saulochbach entlang führt Weg Nr. 1 zunächst am Waldrand sanft bergauf. Hinter einem Rechtsknick umschließen uns Fichten, Tannen, Buchen oder Bergahorn vollends. Im Frühjahr oder nach heftigen Regenfällen rauscht das Nass. Viele Geschichten ranken sich um die Schlucht mit ihren verstreut liegenden Felsblöcken, welche vorwiegend aus Gneis bestehen. Von Wildschweinen, Wölfen und sogar vom Teufel ist die Rede. Nach rund einem Kilometer tut sich am Osthang ein eiszeitlicher

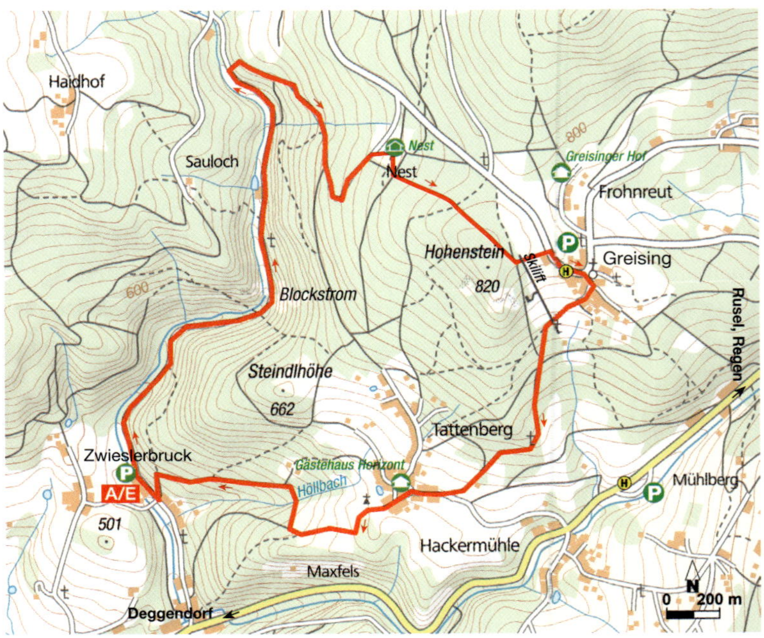

Blockstrom auf. Nach insgesamt knapp zwei Kilometern gelangen wir zu einer Wanderkreuzung. Dort folgen wir den Pfeilen nach rechts in Richtung »Nest« und »Greising«. In weitem Bogen führt der zunehmend breite Forstweg aus der Schlucht empor. Ein Stück hinter der markanten Spitzkehre erreichen wir eine schräg abfallende Lichtung, über der das »Nest« thront. Vor dem Berghaus des Wald-Vereins lädt eine Sonnenterrasse zur Rast ein. Außer Getränken reichen die Diensthabenden meist nur Butterbrote. Wie in großen altbayerischen Biergärten traditionell üblich, dürfen Wanderer gerne ihre mitgebrachte Brotzeit verspeisen.

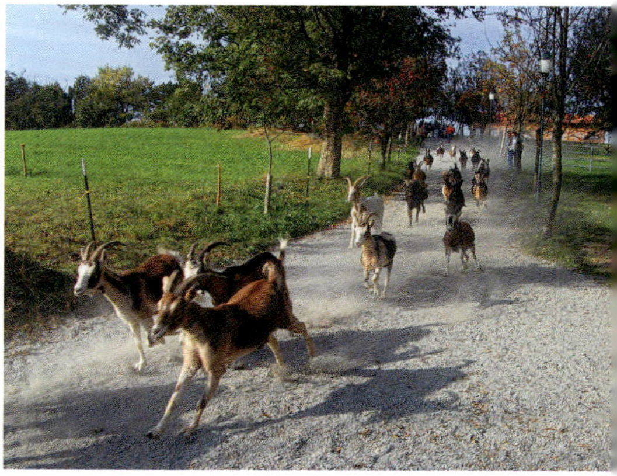

Quietschfidel: Vierbeiner auf Gut Aiderbichl (siehe Tipp)

Hinter dem Berghaus in den Wald hinein führt der Nestweg in Richtung Greising. Auf Höhe der Bergstation des dortigen Skilifts treffen Jung und Alt auf Asphalt und biegen nach rechts ab. Ein Stück bergab erreichen wir die Kreuzung in der Ortsmitte mit dem Marienwallfahrtskirchlein »Unsere liebe Frau« und dem dazugehörigen Gnadenbild. Dort orientieren wir uns erneut nach rechts. Einen Steinwurf weiter marschieren wir am geschlossenen Berggasthof Geiß vorbei wenige Schritte steil bergab. Am Ende des Asphalts geht es unmarkiert halb rechts hinter der Lifttrasse in den Wald hinein. Bei der ersten Gabelung unter Bäumen halten wir uns halb links. Erneut auf Teer, verlassen wir den Weg Nr. 2 und spazieren dieser Markierung entgegengesetzt nach rechts in Richtung Tattenberg. Im Ort angekommen lassen wir das Gästehaus Horizont rechts liegen und folgen dem Böhmweg (schwarzes Rad) talwärts. Sodann marschieren wir abwechselnd am Süd- und Nordufer des Höllbachs entlang. Nach einer Spitzkehre nähern wir uns Zwieslerbruck. Wo sich Höll- und Saulochbach vereinen, landen wir auf Asphalt und vollenden die Runde.

Tipp für Tierfreunde

Auf dem von Michael Aufhauser gegründeten bayerischen Gut Aiderbichl südöstlich von Deggendorf erhalten weit über 300 Vierbeiner ihr Gnadenbrot, ebenso Geflügel. Eine Reihe von Katzen lebt sogar in einer eigenen Villa! Besucher empfängt die Begegnungsstätte für Mensch und Tier samt passender vegetarischer Gastronomie täglich von 9–18 Uhr. Preise: Erwachsene 8 €, Kinder 4–14 Jahre 4,50 €; Anfahrt (insgesamt 12 km) von Zwieslerbruck auf der Ruselbergstrecke nach Deggendorf, dann in Richtung Lalling abbiegen sowie knapp 4 Kilometer später nach rechts; alternativ via Staatstraße Deggendorf–Hengersberg (ausgeschildert); Eichberg 26; gut-aiderbichl.com

38 Spannender Höllentrip

Zur märchenhaften Wildbachschlucht im Naturschutzgebiet im Falkensteiner Vorwald

mittel | 4 km | 90 m | 1.45 Std.

Alter
Ab 6 Jahren

Tourencharakter
Zauberhafte Wege und wurzelige und steinige Pfade durchs Naturschutzgebiet, Einstieg/Ausklang auf Asphalt; Wochenendtrubel meiden!

Anfahrt
Aus Norden/Nordosten über Falkenstein, aus Südosten via Wiesenfelden, aus Süden/Südwesten via Wörth; liegt zwischen Rettenbach und Brennberg

Ausgangs-/Endpunkt
Parkplätze in Postfelden bei Abzweigung zur Dosmühle

GPS-Koordinaten
49.078497, 12.436465

Markierung
Rundweg Hölle, Weg 149

Einkehr
Hofcafé Postfelden (Sa/So), Hofstube Röhrenhof südlich Stausee (Fr/Sa/So), Rettenbacher Hof im Ort (Mo Ruhetag)

Karte
Kompass Wanderkarte Nr. 176, Regensburg und Umgebung, 1:50 000

Information
Tourismusbüro Falkenstein, markt-falkenstein.de

Eingebettet in den Falkensteiner Vorwald, liegt das Naturschutzgebiet Hölle. Eine wunderbare Runde führt uns vom Weiler Postfelden am Höllbach entlang, welcher im Frühjahr und im Herbst richtig rauscht. Gegen den Strom wandern wir durch die kleine Klamm und stoßen vielerorts auf Granit.

Auf der asphaltierten Nebenstraße begeben wir uns in Pfeilrichtung Dosmühle. Die Abzweigung zum Höllbachhof lassen wir rechts liegen, absolvieren also den »Rundweg Hölle« im Uhrzeigersinn. Aus der Ferne grüßt halb links der Aussichtsturm von Burg Brennberg, welcher inmitten der Reste des ehemaligen ritterlichen Wartturms steht – und übrigens kostenfrei erklommen werden darf. Auf Höhe des Anwesens mit dem Firstgockel zweigen wir links in einen Feldweg ab, welcher uns in den Wald hinunterführt und in einen märchenhaften Pfad übergeht. Kurz vor dem tiefsten Punkt der Tour, an dem wir auf den Höllbach treffen, erwartet uns eine »Gesteinsprobe«. Mal mit mehr und mal mit weniger Abstand geht es am rechten Bachufer entlang. Bei Dosmühle treffen wir auf Asphalt, von dem wir uns sofort wieder verabschieden, indem wir vor der Brücke zum Anwesen den zahlreichen Pfeilen nach rechts folgen. Führt der Höllbach ordentlich Wasser, hören wir ihn sogleich zum ersten Mal rauschen. Wo der Pfad erhöht verläuft, bleibt das Gewässer ebenso in Sicht. Erneut direkt am Ufer rauscht es wie gehabt. Über den folgenden Holzsteg mit Geländer, welchen wir nach knapp einer Stunde erreichen, wechseln wir ans andere Ufer. Hier wirkt das Höllbachtal

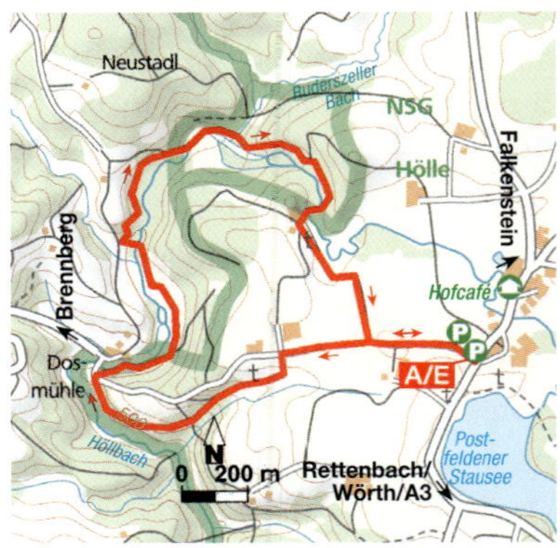

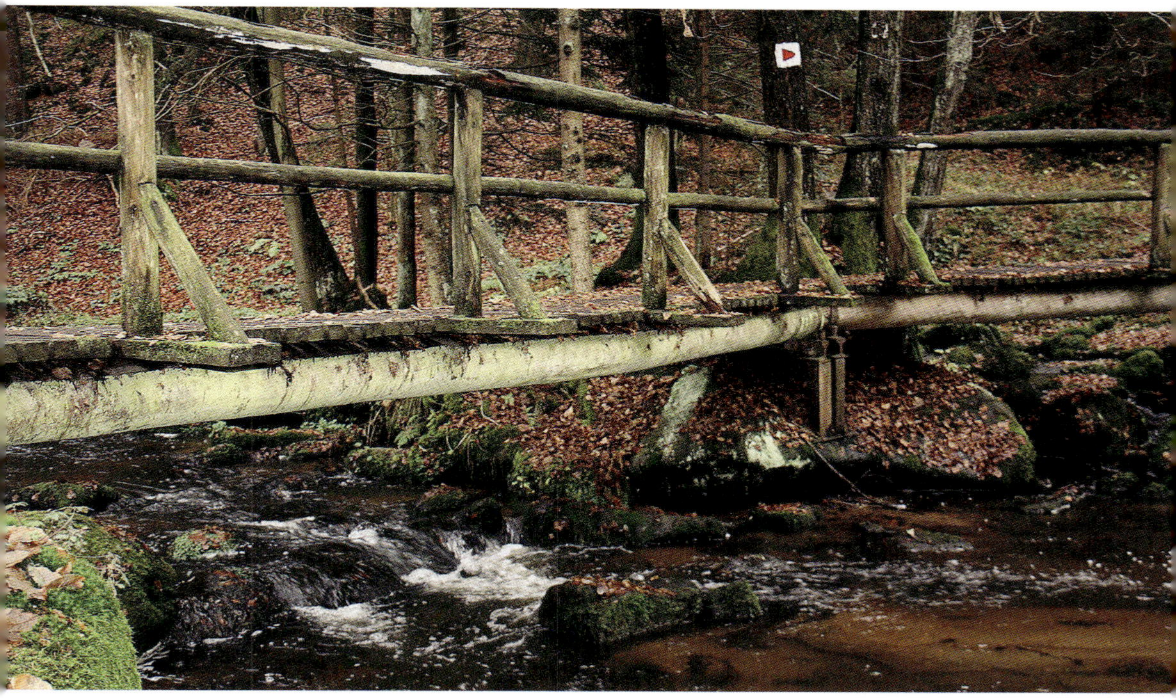

Ein hölzerner Steg bringt große und kleine Abenteurer trockenen Fußes über den Höllbach.

wie eine kleine Klamm. Nachdem wir zwei Zuläufe auf je einem Steg ohne Geländer queren – zuletzt den Ruderszeller Bach –, hören wir das Gewässer zum dritten Mal richtig rauschen. Im folgenden Herzstück der Schlucht wirken das moosbewachsene Blockmeer und die morschen Baumstämme wie von einem Riesen ins Bachbett geworfen. Wer den Granit besteigen will, sollte darauf achten, nicht auszurutschen. Unser Pfad führt in Ufernähe spektakulär zwischen zwei dicht nebeneinander aufragenden Felsen hindurch.

Kurz nachdem wir den Höllbachhof auf der anderen Seite des Wildwassers entdeckt haben, arbeiten wir uns aus dem Wald hinaus zurück ins Freie. Dazu bleiben wir eng an der linken Uferseite, bis wir über einen breiten Steg die Zufahrt zum Anwesen erreichen. Dort schwenken wir nach links ein und erreichen auf dem Feldweg die Asphaltstraße. Erneut nach links marschieren wir auf der vom Einstieg bekannten Nebenstraße zurück zum Parkplatz. Tipp: Seit 2020 empfängt am Wochenende im Dorf das stimmungsvolle Hofcafé. Wermutstropfen: Vor allem im Hochsommer kostet es den Höllbach einiges an Kraft, dass ein Teil seines Wassers zugunsten der Stromerzeugung abgezweigt wird.

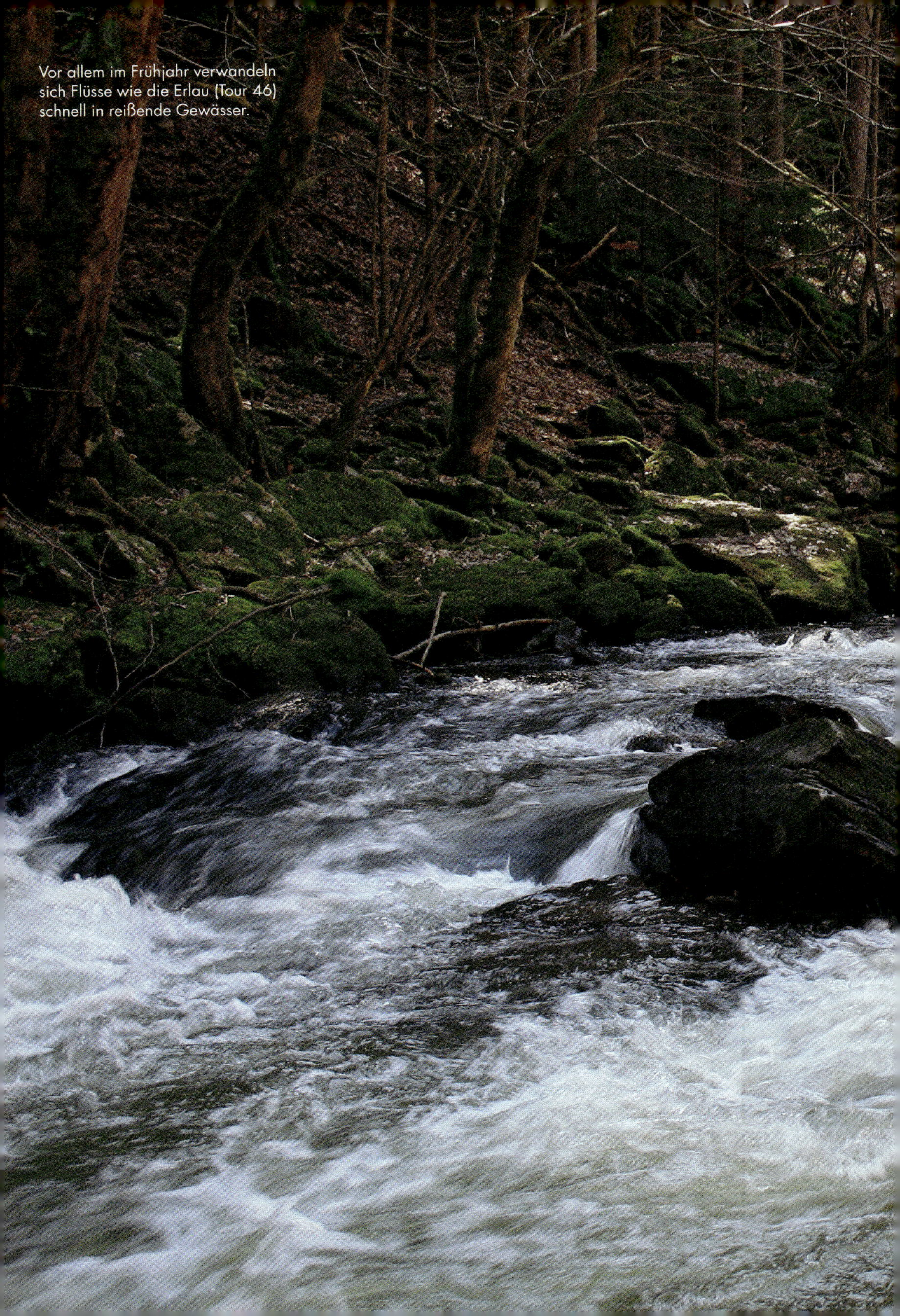

Vor allem im Frühjahr verwandeln sich Flüsse wie die Erlau (Tour 46) schnell in reißende Gewässer.

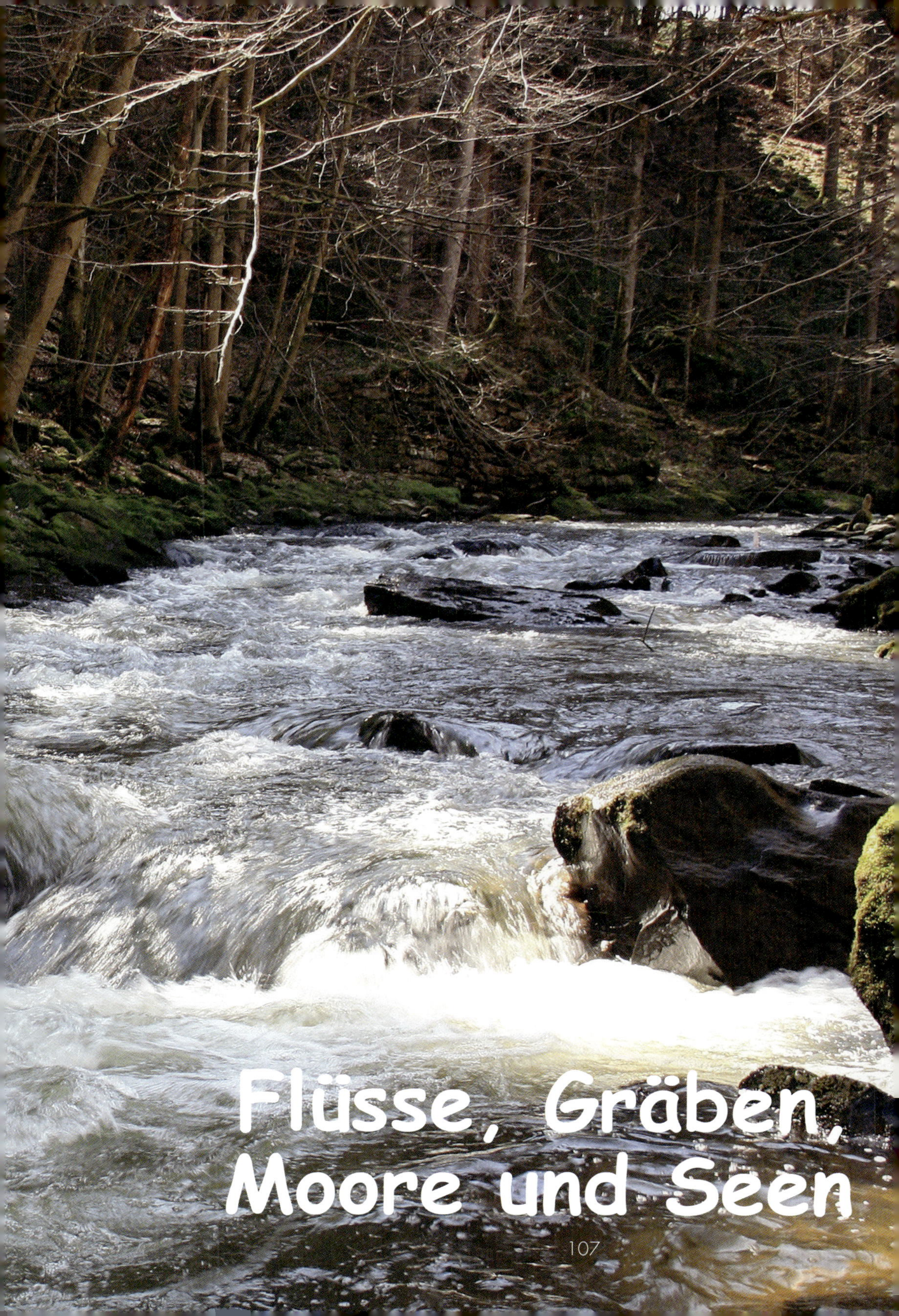

Flüsse, Gräben, Moore und Seen

39 Rund um den Drachensee

Bei Furth im Wald an die aufgestaute Chamb

leicht | 5 km | 20 m | 2.15 Std.

Alter
Ab 5 Jahren

Tourencharakter
Leicht gekiester, breiter Rad-/Gehweg und Steg rund um bzw. über den See

Anfahrt
Auf der B 20 bis Furth im Wald Ost, alternativ via Rimbach oder Eschlkam

Ausgangs-/Endpunkt
Parkplatz Freizeitufer (Richtung Drachensee hinterm Ortsausgang gleich nach der Kuppe rechts)

GPS-Koordinaten
49.311133, 12.870142

Markierung
Fu 02 (außer übern Steg)

Einkehr
Kioskartiges Mühlen-Café am See (nicht durchgängig), Gasthof Postgarten zwischen Stadtplatz und Bahnhof Furth (Mo Ruhetag), Waldgasthof am Steinbruchsee (von Furth 3 km in Richtung Bad Kötzting, dann gemäß Pfeil rechts)

Karte
Kompass Wanderkarte Nr. 195, Nördlicher Bayerischer Wald, 1:50 000

Information
Tourist-Info Furth im Wald, Tel. 09973/509 80, furth.de

Im Jahr 2009 eingeweiht, zählt der Further Drachensee zu den jüngsten Gewässern im Bayerwald. Der Rundweg um das schön in die Landschaft eingebettete Staubecken führt über eine begehbare Inselkette mit Stegen. Da schattenspendende Bäume fehlen, bietet sich die Runde besonders an bewölkten Tagen an.

Gegen den Uhrzeigersinn lassen wir den Hafen links liegen und wandern am Freizeitufer vorbei in Richtung Südosten. Bereits aus der Ferne lässt sich eine Art Inselkette mit Schwimmstegen ausmachen. Diese ungewöhnliche Passage überschreiten wir rund eine halbe Stunde später (Hinweis: Je nach Witterung wird der Steg in der Regel im April auf- und im Oktober abgebaut). Vom letzten der drei Stege erblicken wir hinter der Flachwasserzone in Richtung Südosten den Großen Osser mit seiner Doppelspitze, den Großen Arber mit seinen zwei Radarkugeln sowie den Hohen Bogen mit ehemaligem Radar- und aktivem Sendeturm. Dort wollten die Grafen von Bogen einst eine Ritterburg errichten.

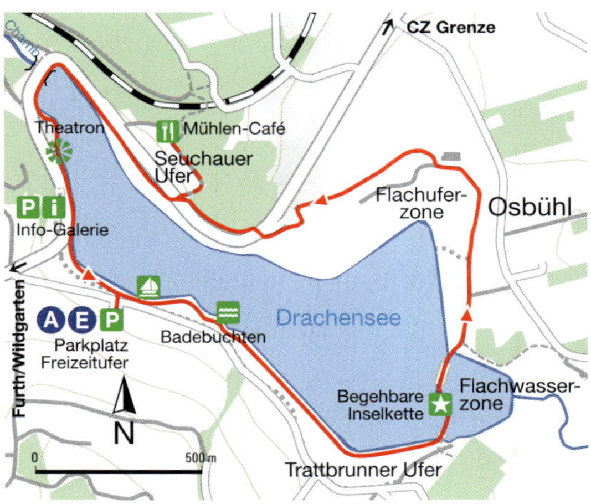

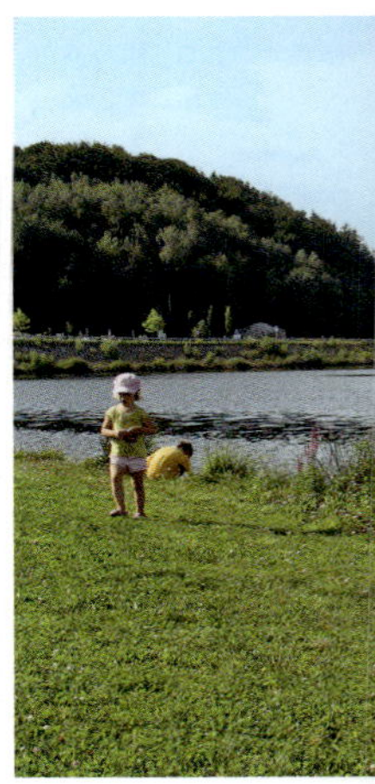

Am Nordostufer, in der Flachuferzone der Osbühler Bucht, verläuft der Weg der Natur zuliebe zunächst ein Stück weit zurückversetzt sowie nahe an einem Anwesen vorbei. Noch einmal einen halben Kilometer weiter treffen kleine wie große Spaziergänger nach einem Hauseck auf die Kreisstraße und queren diese mit Bedacht. Keine Sorge: Lediglich während der folgenden 300 Meter tost der Verkehr zwischen uns und dem Drachensee, dann wird der Asphalt erneut gequert. Wer will, folgt vor diesem Seitenwechsel dem Pfeil zum Mühlen-Café samt schöner Terrasse, was einen 200 Meter langen Abstecher mit sich bringt.

Alternative für heiße Tage

Eine Alternative gerade für heiße Tage bietet der Further Wildgarten. Nett animiert wird allen Besuchern die Natur nicht nur in der Unterwasser-Station nahegebracht. Übers weitläufige Gelände führen Pfade, Stege und Bohlenwege, teils mit Labyrinth-Charakter. So vergeht ein Stündchen wie im Flug. Anfahrt ab Furth wie zum Drachensee auf halber Strecke links. Geöffnet 10–17 Uhr; Erwachsene 4,50 €, Kinder 6–17 Jahre 4 €; wildgarten-furth.de.

Seeseitig führt der Rundweg geradewegs in Richtung Talsperre. Hinter der Staudamm-Brücke treffen wir auf das Theatron sowie einen drachenförmigen Aussichtspunkt direkt am Wasser. Einen halben Kilometer weiter befindet sich unser Ausgangspunkt, der Parkplatz Freizeitufer. Angesichts der dortigen Badebucht können sich Wasserratten und Sonnenhungrige das Drachensee-Freibad in Richtung Ortsmitte eigentlich sparen.

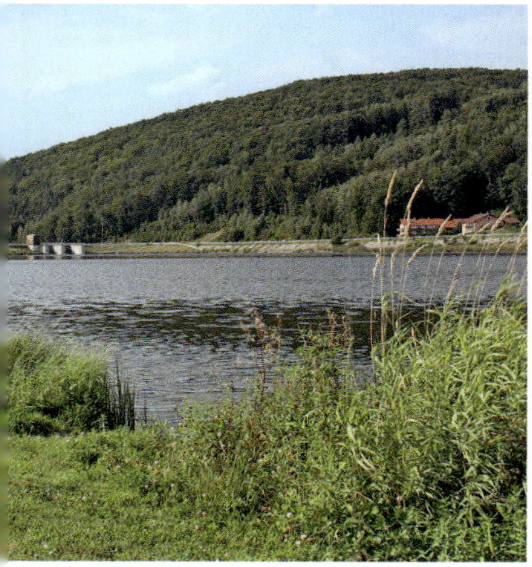

Links: Am Südufer des Drachensees lockt eine Badebucht Groß und Klein an.

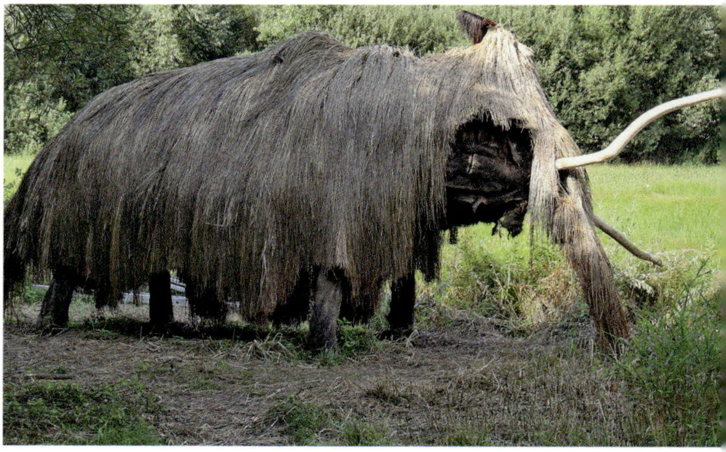

Oben: Eine der überraschenden Kreaturen im Wildgarten (siehe Tipp)

40 Vom urigen Seehäusl um den Kleinen Arbersee

Runde mit entspannter Bahnfahrt ab Lohberg

leicht | 1,5 km | 20 m | 0.45 Std.

Alter
Ab 4 Jahren

Tourencharakter
Durchwegs einfache Runde auf breitem Pfad durch eindrucksvolle Natur; trotz einiger Treppen, Bohlen und Wurzeln für Kinderwagen geeignet; An-/Rückfahrt mit »Bockerl«

Anfahrt
Aus Süden via Großer Arbersee oder Bayerisch Eisenstein, aus Norden via Lam. Bus: Linie 590/6080 Furth im Wald–Arber bis Lohberghütte

Ausgangs-/Endpunkt
Parkplatz Kleine Arberseebahn in Lohberghütte

GPS-Koordinaten
49.170774, 13.090608

Markierung
Unter anderem Gläserner Steig (stilisierter Glasbläser)

Einkehr
Seehäusl, Bistro bei Bahn

Karte
Kompass Wanderkarte Nr. 195, Nördlicher Bayerischer Wald, 1:50 000

Information
Kleine Arberseebahn/Reisebüro Wenzl, Tel. 09924/70 15, kleine-arberseebahn.de; Tourist-Info Lohberg, Tel. 09943/94 13 13, lohberg.de

Rund 500 Höhenmeter unter der Nordwestwand des Königs im Bayerwald liegt der Kleine Arbersee. Ab Lohberghütte verkehrt die Kleine Arberseebahn zum Naturschutzgebiet mit seinem eiszeitlichen Gewässer. Familien umrunden das märchenhafte Nass auf einem Spaziergang in urwüchsiger Wildnis.

Knapp 25 Minuten lang klettert das 167 PS starke Bockerl bei geeignetem Wetter hinauf zum ruhig gelegenen Kleinen Arbersee (Abfahrt bei Druck des Buches 9.30, 10.30, 11.45, 13.00, 14.15, 15.30, 16.30 Uhr, Rückfahrten jeweils ca. 30 Min. später; Erwachsene 8,50 €, Kinder 4–13 Jahre/Kinderwagen 5 €, Familien mit Kindern unter 14 Jahre 23 €). Zur Endstation sowie zur dortigen Einkehr namens Seehäusl grüßt der Große Arber mit seinen zwei markanten Radarstationen.

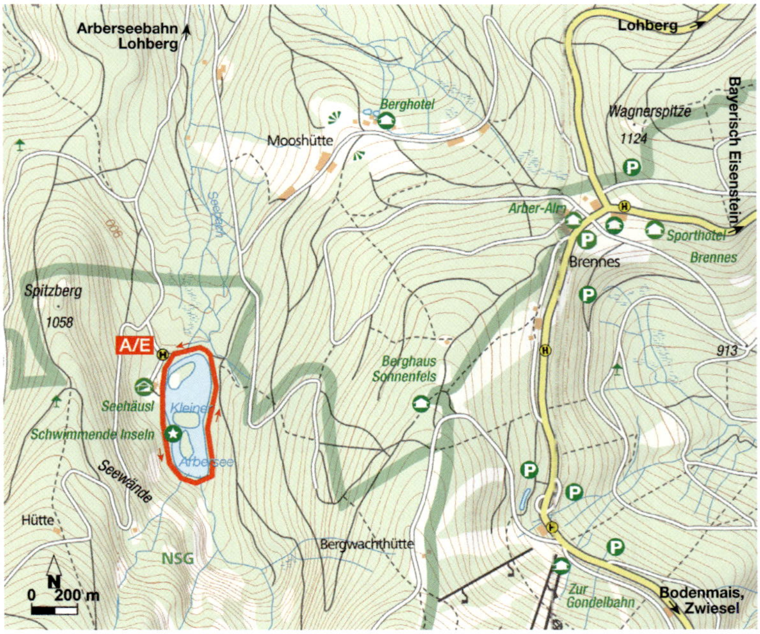

Wer den Seerundweg gegen den Uhrzeigersinn zurücklegt, hört ganz im Süden kleinere Wasserfälle plätschern. In der Tat speisen diese munteren Kaskaden das bis zu zwölf Meter tiefe Gewässer. Nicht nur den Rand der Quellmoore charakterisieren farn-, moos- und flechtenreiche Fichtenwälder. Immerhin gilt Lohberg als waldreichste Gemeinde in ganz Deutschland.

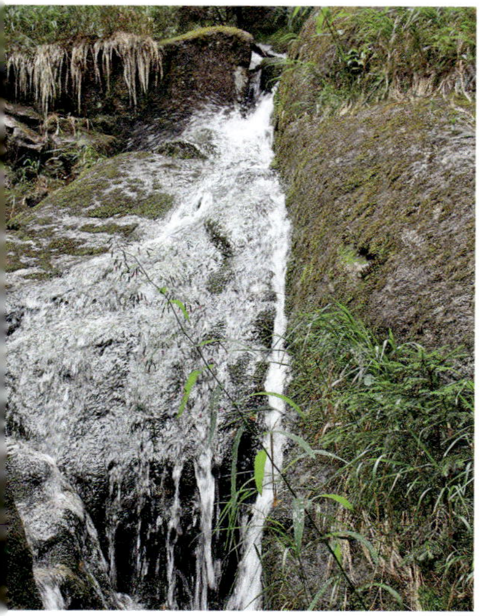

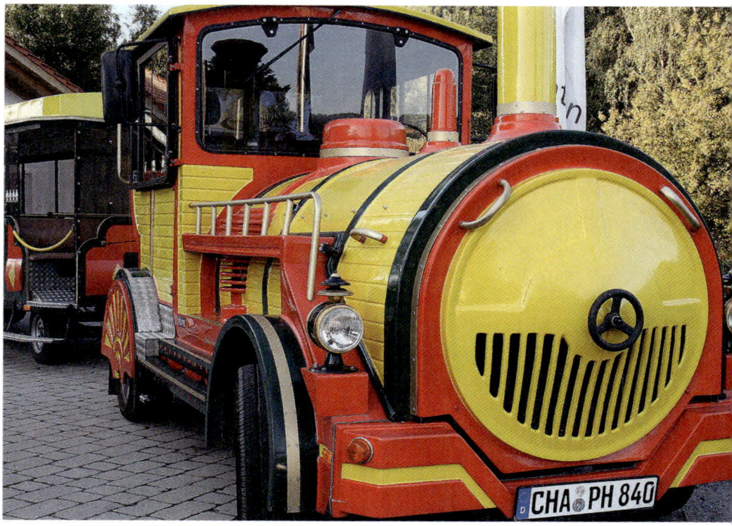

Die Lokomotive der Arberseebahn rollt über Asphalt.

Links: Wasserspiele speisen den See.

Auf der anderen, östlichen Uferseite verläuft der Pfad erhöht. Bei der folgenden Gabelung halten wir uns halb links und wandern erneut direkt am Wasser entlang. In weitem Bogen geht es am Auslauf über die Seebach-Brücke zurück zum Seehäusl. Als Ziel beliebt, herrscht hier dennoch weniger Trubel als am Großen Arbersee, welcher sich unter der Südostwand auf der anderen Seite des Gipfels verbirgt. Wer anstatt mit dem kostenpflichtigen Bockerl zu fahren zu Fuß zum Kleinen Arbersee gehen will, zieht Tour 41 in Betracht. Als ganz besonderes Kennzeichen des Kleinen Arbersees gelten seine schwimmenden Inseln. Diese stammen aus der Zeit, als Bergbauern das Wasser für die Holztrift aufstauten.

Tieren ganz nah

Rund 100 Tierarten, die im Waldgebirge heimisch sind oder es einmal waren, leben im Bayerwald-Tierpark. Vom Streichelgehege mit Ziegen und Eseln über den Elchsee bis hin zum Wolfsgehege führt der Rundweg. Parkplätze samt Eingang liegen 100 Meter von der Station der Arberseebahn in Lohberghütte entfernt. Geöffnet von April bis Oktober ab 9 Uhr, November bis März ab 10 Uhr; u. a. Familien 15 €, bayerwald-tierpark.de.

41 Zum Kleinen Arbersee

Vom Brennes ans eiszeitliche Gewässer

mittel | 7 km | 280 m | 3.15 Std.

Alter
Ab 7 Jahren

Tourencharakter
Teils lichte, teils schattige Runde auf Waldwegen, kurz auf sportlichem Pfad und Forststraße; am Anfang sowie zum Abschluss geht es bergauf.

Anfahrt
Auto: Von Norden via Lam, von Südwesten via Bodenmais/Bretterschachten, von Osten via B 11 (Zwiesel oder Bayerisch Eisenstein). Bus: Mit 590/6080 Furth im Wald–Arber bis Sporthotel Brennes

Ausgangs-/Endpunkt
Parkplatz am Brennessattel gegenüber Arber-Alm

GPS-Koordinaten
49.133401, 13.143246

Markierung
Lo 3 bis Kleiner Arbersee, Gläserner Steig (stilisierter Glasbläser) über Mooshütte zurück

Einkehr
Berghaus Sonnenfels, Seehäusl, Mooshütte, Arber-Alm

Karte
Kompass Wanderkarte Nr. 195, Nördlicher Bayerischer Wald, 1:50 000

Information
Tourist-Info Bayerisch Eisenstein, Tel. 09925/94 03 16, bayerisch-eisenstein.de

Vom Brennes geht es über eine seitliche Kammlage bergauf, ehe sich Groß und Klein durch den unteren Teil der insgesamt 500 Meter abfallenden Seewand hinab zum Naturschutzgebiet rund um den Kleinen Arbersee schlängeln. Zurück geht es über Mooshütte.

Vom Asphalt aus lassen wir die urige Arber-Alm sowie die folgende Forstdienststelle rechts liegen. Sogleich folgen wir dem Weg halb rechts bergan in Richtung Großer Arber. Etwas zurückversetzt entdecken wir die Markierung Lo3. Hinter dem dichten Fichtenbestand stoßen wir an die Skipiste. Fortan wird der Forst lichter. Zwischen dem Berghaus Sonnenfels und dem Skilift steigen wir am Waldrand bergwärts. Rund 250 Meter weiter wird eine reich beschilderte Wanderkreuzung erreicht. Dort schnaufen wir durch und folgen Lo3 scharf rechts

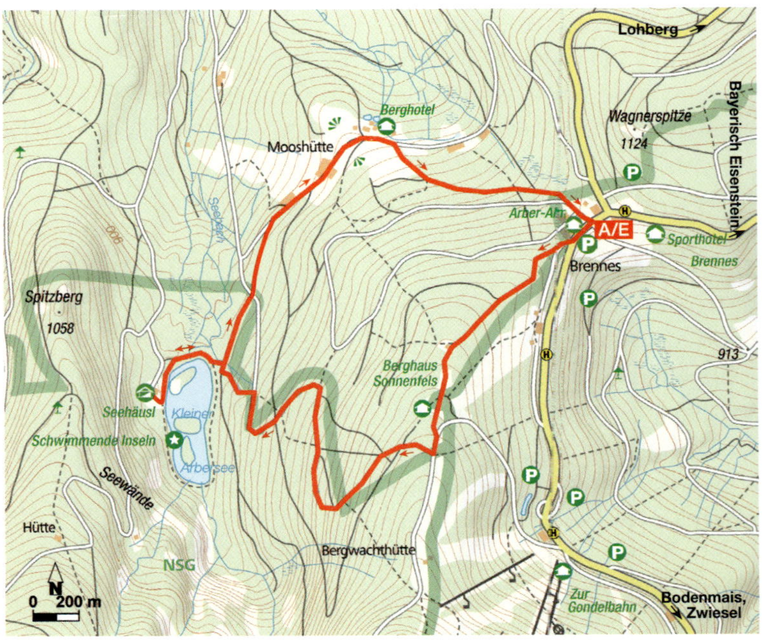

in Richtung Kleiner Arbersee. Der breite Weg schlängelt sich nun durch Mischwald talwärts. In der zweiten Rechtsserpentine steht eine Rastbank. In der folgenden Geraden heißt es aufpassen: Ein Pfeil weist nach links hinab zum Kleinen Arbersee. Der anfangs steile und holprige Pfad führt von einem Rinnsal weg zu einem anderen hin und über dieses hinweg. Wir stoßen auf einen breiten Weg, biegen nach rechts sowie nur 20 Meter weiter vor dem Bach scharf nach links ab. Nur einen Katzensprung entfernt liegt das eiszeitliche Gewässer versteckt. Zwei Infotafeln empfangen uns.

Am dunklen Nass angekommen, geht es nach rechts sowie beim Auslauf über die Seebach-Brücke hinweg zum gemütlichen Seehäusl samt seiner großflächigen Sonnenterrasse. Nach der Rast begeben wir uns zurück zu den Infotafeln. Dort folgen wir nun dem stilisierten Glasbläser auf dem Gläsernen Steig. Der breite Weg führt durch dichten Wald. Sanft bergab treffen wir auf eine Forststraße mit wenig Verkehr, welche halb rechts bergan leitet. Zugleich freuen wir uns über den Blick ins Künische Gebirge auf das Zwercheck und – weiter links – den Doppelgipfel des Großen Osser. Im Hintergrund spitzt der Hohenbogen samt stillgelegtem Radarturm hervor. Nahe der Kuppe hinter dem stattlichen Hof heißt in Mooshütte das gleichnamige Berghotel nachmittags zu Kaffee, Kuchen und Brotzeit willkommen.

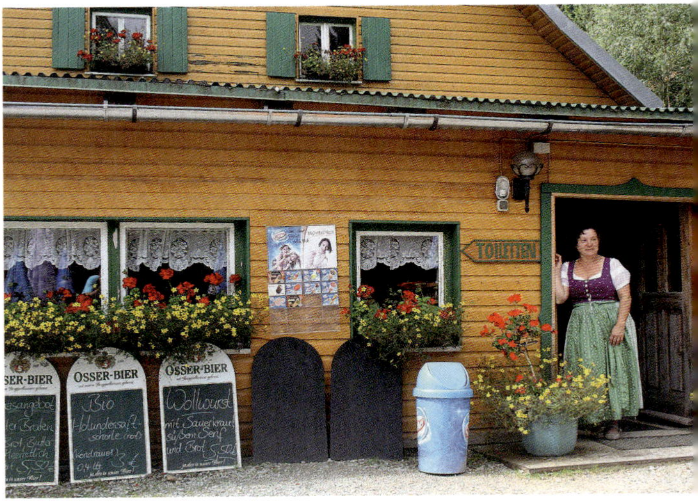

Das urige Seehäusl erfreut sich großer Beliebtheit.

Nun steht der Endspurt an. Von der gutbürgerlichen Einkehrstation folgen wir der Forststraße nur 100 Meter weiter und wechseln dann halb rechts bergauf in den Hohlweg mit dem Holzpfeil »Arberbergbahn« und der Markierung »Gläserner Steig«. Das kostet ein Stück weit Puste! Aus dem Fichtenhain hinaus erklimmen kleine und große Wanderer zwischen der Skischule mit ihrem Zaun aus ausgemusterten Wintersportbrettern und der Pension Arberwald hindurch schließlich den Brennessattel.

Ganze Seerunde

Natürlich spricht nichts dagegen, bei dieser Tour den ganzen See zu umrunden (zusätzlich 1 km, 15 Hm, 0.30 Std., siehe Tour 40).

42 Auf Biberspuren an der Flanitz bei Klingenbrunn

Ruhige Runde am Rande des Nationalparks

leicht | 3 km | 40 m | 1.15 Std.

Alter
Ab 4 Jahren

Tourencharakter
Gemütliche Runde auf nahezu ebener Forststraße und Pfad

Anfahrt
Auto: Von der Nationalparkstraße zwischen Frauenau und Spiegelau nordwestlich von Klingenbrunn im Wald in Richtung Klingenbrunn Bahnhof abbiegen, dort angekommen an der Gabelung links halten.
Bahn: Waldbahn Klingenbrunn Bahnhof

Ausgangs-/Endpunkt
Klingenbrunn Bahnhof, Parkplatz Flanitzebene (300 m hinter dem Bahnübergang)

GPS-Koordinaten
48.948058, 13.338359

Markierung
Spitzmaus

Einkehr
Rega's Café/Landgasthof an der Hauptstraße in Klingenbrunn (Di Ruhetag)

Karte
Kompass Wanderkarte Nr. 196, Mittlerer Bayerischer Wald, 1:50 000

Information
Tourist-Info Spiegelau, Tel. 08553/96 00 17, spiegelau.de

Größtenteils durch schattigen Mischwald führt diese reizvolle Tour. Wer mit Kinderwagen unterwegs ist, dem bereitet nur die erste Wegstrecke an der Flanitz entlang ein bisschen Mühe. Zwar bekommt der Nachwuchs den dämmerungs- und nachtaktiven Biber kaum zu Gesicht, aber mit Glück ein Bauwerk des fleißigen Nagetiers.

Was vor bald 150 Jahren der Philosoph Friedrich Nietzsche beim Besuch der Gegend um Klingenbrunn pries, kennzeichnet den rund 800 Meter hoch gelegenen Gemeindeteil von Spiegelau noch heute: die selige Stille.
Vom Parkplatz Flanitzebene im Ort namens Klingenbrunn Bahnhof setzen wir zunächst gut 300 Meter auf Asphalt auf der Zufahrt zurück und queren mit Vorsicht den unbeschrankten Bahnübergang. Gleich dahinter biegen wir nach rechts ab und folgen der »Spitzmaus« gut fünf Minuten auf geschottertem Weg an den Gleisen der Waldbahn entlang. Den nächsten Bahnübergang queren wir ebenso und wechseln dahinter gemäß Markie-

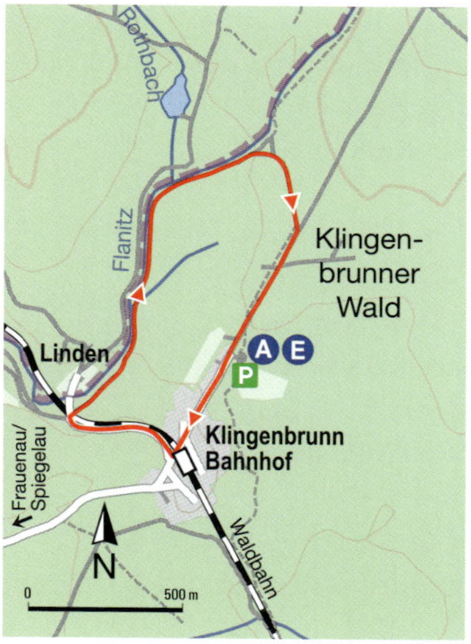

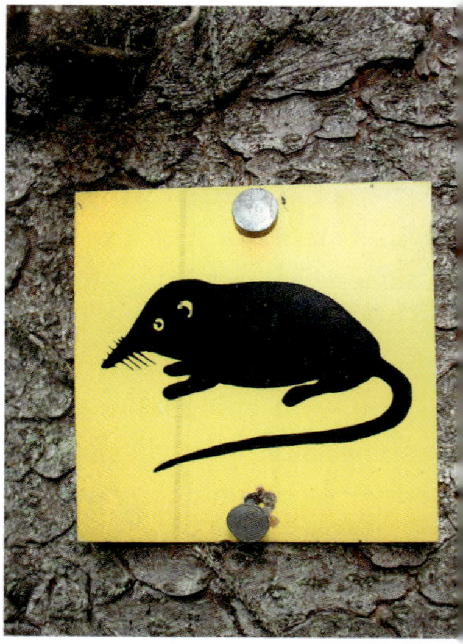

rung halb rechts auf den Wanderweg. An der rechten, östlichen Seite der Flanitz, welche die Grenze des Nationalparks markiert, beginnt der schönste Teil der Rundtour auf breitem Pfad.
Unterwegs sollten neugierige Tierfreunde auf verräterische Spuren achten. In der Tat zeugen seit einigen Jahren am Oberlauf der Flanitz verästelte Dämme vom Revier eines Bibers. Die Biberburg

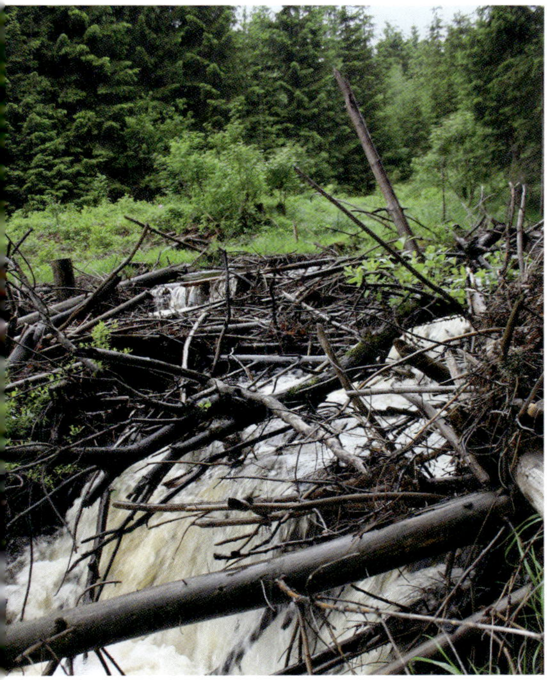

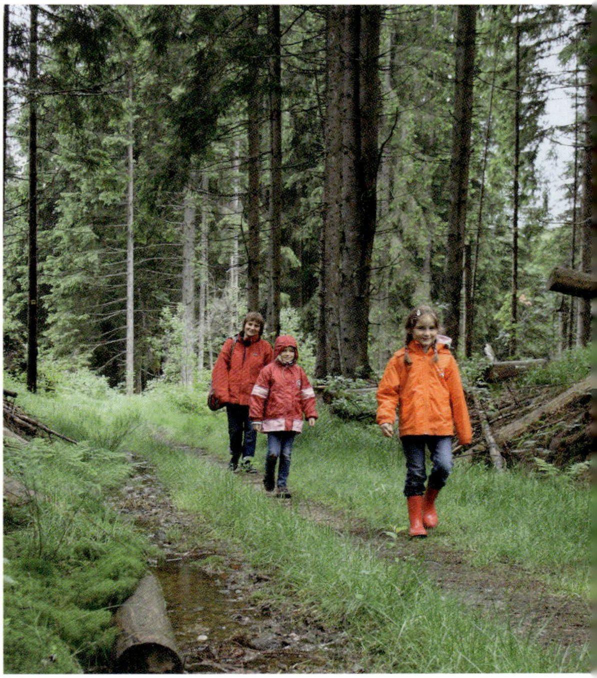

befindet sich wohl am benachbarten Rothbach. Auch an weiteren Fließgewässern im Nationalpark wurden mittlerweile die standorttreuen Nagetiere in freier Wildbahn gesichtet. Weichholz wie Weide und Birke lieben die in der Dämmerung und in der Nacht aktiven Vegetarier mit ihren bekannt harten Zähnen besonders. Nach Ansicht von Biologen helfen die Aktivitäten der unermüdlichen Tiere schließlich auch dabei, artenreiche Feuchtbiotope zu schaffen.
Auf der weiteren Strecke erweitert sich der Pfad Schritt für Schritt zum schmalen Waldweg und knickt nach rechts weg. An der Abzweigung zum Rachelsteig geht es in einem weiten Rechtsbogen vorbei, dann hinter dem Waldweg auf dem Pfad parallel zur anschließenden Forststraße zurück zum Start.

Oben links und rechts: Wer nahe der Flanitz durch den Wald streift, bekommt mit Glück einen Biberdamm zu Gesicht.

Linke Seite: Die Spitzmaus weist den Weg.

43 Der Aufichtenwaldsteg

Kurz und bündig ins Feuchtgebiet

leicht | gut 2 km | 25 m | 1 Std.

Alter
Ab 4 Jahren

Tourencharakter
Asphaltierter Zubringer, auf Waldweg und Pfad zum knapp 500 m langen Holzbohlenweg ins Herzstück des sumpfigen Terrains

Anfahrt
Via B 11/Zwiesel, B 85/ Eppenschlag, B 533/Grafenau oder Neuschönau; in Spiegelau in Richtung Waldspielgelände/Sportplatz abbiegen sowie hinterm Bahnübergang gut 1 km geradewegs weiter

Ausgangs-/Endpunkt
Parkplatz Neuhütte

GPS-Koordinaten
48.926471, 13.355063

Markierung
Richtungspfeile

Einkehr
kaffeehousekultur beim Sportplatz (Mo Ruhetag), Bräustuben-Italiener Kreuzung Bahnhof-/Hauptstraße (Do Ruhetag)

Karte
Kompass Wanderkarte Nr. 196, Mittlerer Bayerischer Wald, 1:50 000

Information
Tourist-Info Spiegelau, Tel. 08553/96 00 17, spiegelau.de

Eine kurze Tour praktisch ohne Steigung legen Familien am Rande der Nationalparkgemeinde Spiegelau auf dem Aufichtenwaldsteg zurück. Der naturnahe Bohlenweg an der Schwarzach führt mitten hinein in ein kleines Stück Wildnis, in der sich Insekten, Amphibien und Gefieder verbergen.

Vom Parkplatz Neuhütte setzen wir zunächst rund 200 Meter auf Asphalt zurück. Vereint mit dem »Hauptwanderweg« (Bäume) in Richtung Klingenbrunn folgen wir dem Richtungs-

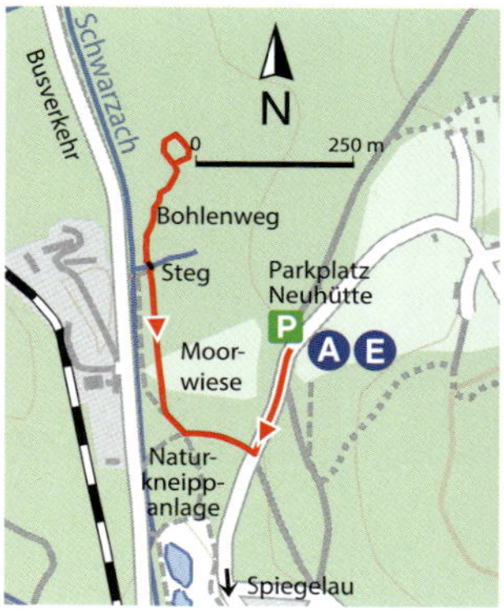

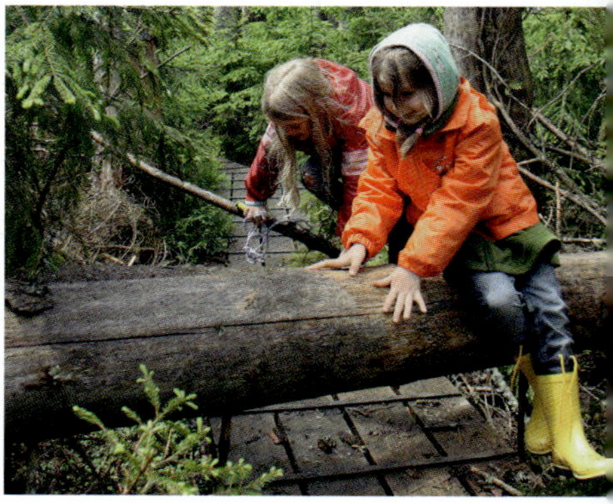

pfeil zum Aufichtenwald-Steg scharf nach rechts. Rasch wird der Waldweg zum Pfad. Am folgenden Wanderknoten geht es erneut nach rechts. Am rechten Ufer der Schwarzach verlassen wir schließlich den Hauptwanderweg und schreiten auf dem wildromantischen Bohlenweg tief hinein in den Aufichtenwald. Über dem sumpfigen Untergrund der typischen feuchten Tallage tut sich ein einzigartiges Stück Wildnis auf. Großenteils liegt das natürlich daran, dass hier im Nationalpark der Wald wie er wächst, vergeht und neu entsteht Natur pur sein darf. Mit den dominierenden Fichten konkurrieren Birken, Erlen oder Salweiden. Daneben schwirren Libellen über Pfützen, in denen sich

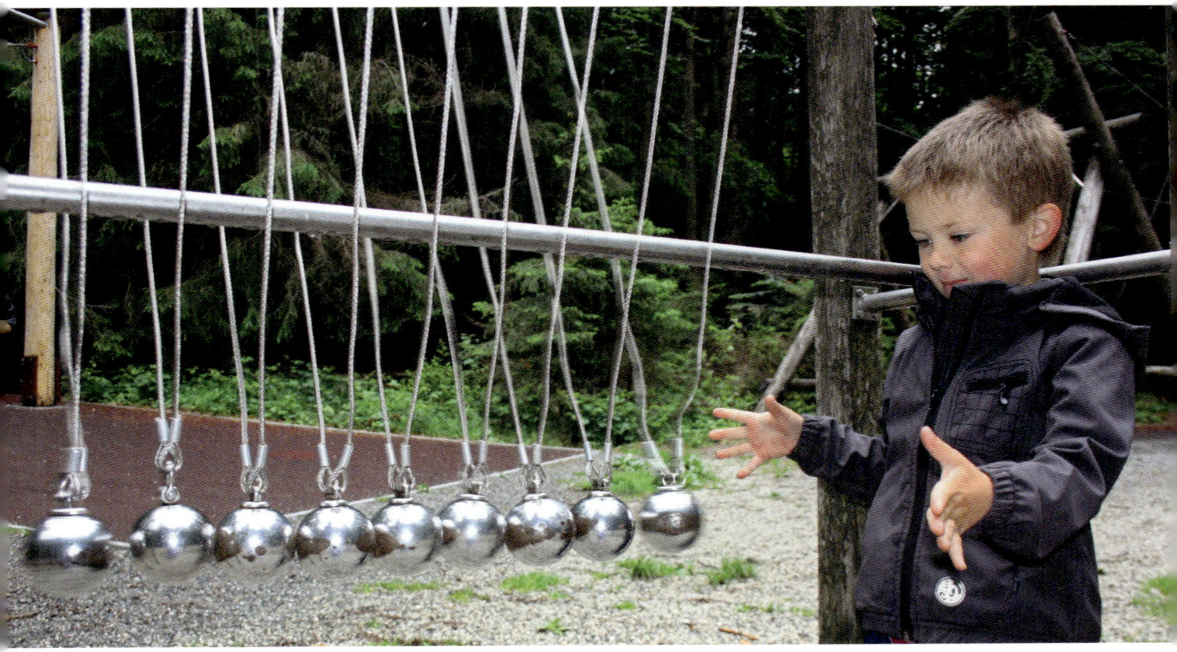

Wasserkäfer tummeln. Mit Glück bekommen Aufmerksame den seltenen Bergmolch zu Gesicht, deren Männchen während der Paarungszeit eine blaue Rückenfärbung sowie gepunktete Flanken aufweisen. In den Bäumen verbirgt sich wiederum der Dreizehenspecht. Wer hat was entdeckt? Aufgepasst: Bei feuchter Witterung sind die Holzbohlen rutschig. Bei stürmischem Wetter droht Windwurf.

Eine mögliche Zugabe bietet das nahe Waldspielgelände (siehe Tour 51).

Linke Seite: Natürliche Hindernisse auf dem Steg

Nach insgesamt rund einer Kilometer Wegstrecke gabelt sich der Bohlenweg. Da es sich von hier an um eine Runde handelt, gehen wir einfach der Nase nach weiter. So oder so landen wir nach etwa fünf Gehminuten wieder an derselben Stelle. Dann geht es auf dem bekannten Weg zurück. Die Strecke zur Teerstraße führt uns der Wegweiser »Hauptwanderweg« (Bäume) in Richtung Waldspielgelände. Auf Asphalt angekommen, geht es links zurück zum Parkplatz.

Mögliche Zugaben

Wer will, legt beim Rückmarsch gemäß Pfeil nach rechts einen Abstecher zur Naturkneippanlage am Rande des Kurparks ein, welche wir in rund fünf Gehminuten erreichen. Das Wasser der Schwarzach kommt allerdings äußerst erfrischend daher, weshalb Fußbäder vor allem bei heißem Wetter ein Vergnügen bereiten. Alternativ bietet es sich an, das Waldspielgelände zu erkunden (siehe Tour 51).

44 Filzwald bei Riedlhütte

Trockenen Fußes im schaurig-schönen Moor

leicht	3 km	20 m	1.15 Std.

Alter
Ab 5 Jahren

Tourencharakter
Überschaubare Runde auf abenteuerlichem Pfad, Holzbohlen und Forstweg westlich der Großen Ohe

Anfahrt
Auto: Via Spiegelau, St. Oswald oder Neuschönau. Bus: Rachel-Bus 601 zur Diensthüttenstraße

Ausgangs-/Endpunkt
Parkplatz Filzwald an der Nationalparkstraße bzw. Diensthüttenstraße

GPS-Koordinaten
48.919262, 13.403143

Markierung
Kreuzotter, Hauptwanderweg

Einkehr
In Riedlhütte Der Wieshof (bis 13.30 und ab 17 Uhr) und Hüttencafé bei Glasscherben Köck (Sa nur bis 14 Uhr, So Ruhetag)

Karte
Kompass Wanderkarte Nr. 196, Mittlerer Bayerischer Wald, 1:50 000

Information
Tourist-Service Riedlhütte, Tel. 08553/60 83, sankt-oswald-riedlhuette.com

Am nordwestlichen Rand von Großem Filz und Klosterfilz streifen Wanderer eines der größten Hochmoorgebiete im Bayerwald. Die mit der Kreuzotter markierte Teilstrecke bereitet kleinen Abenteurern viel Spaß, denn sie führt großenteils über Bohlen sowie durch streckenweise sonniges Terrain.

Gemäß Pfeil verschwinden Jung und Alt am Parkplatz zunächst unter einem Blätter- und Nadeldach, um sogleich bei der Schutzhütte Filzwald aufzutauchen. Von dort folgen wir der »Kreuzotter« geradewegs hinein in den Filzwald. Was die Markierung anbelangt: Tatsächlich mögen die wechselwarmen Kriechtiere

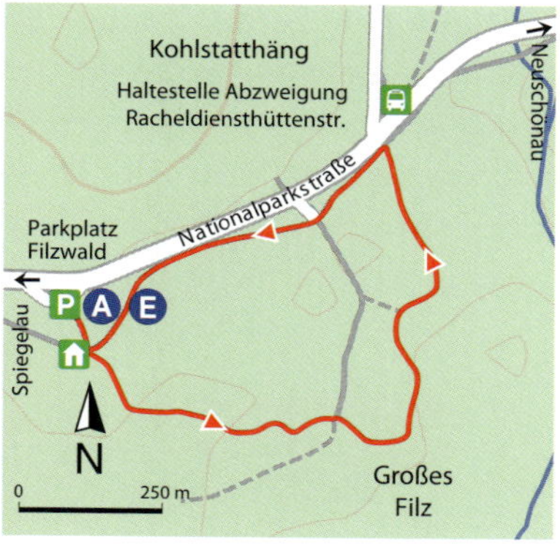

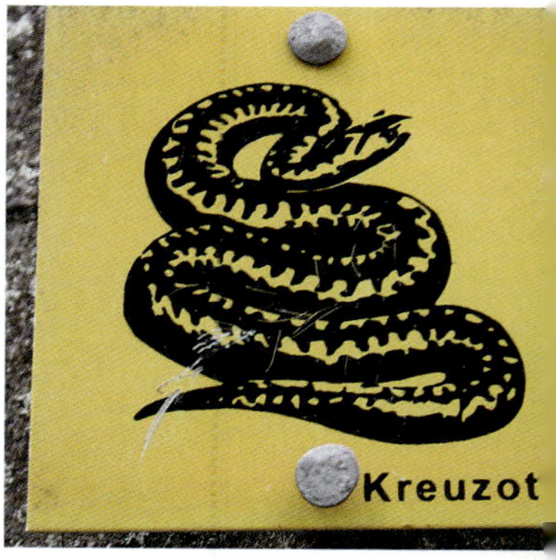

feuchte Gebiete. Doch keine Angst: Die Reptilien sind selten, scheu und haben es ohnehin nur auf Eidechsen oder Mäuse abgesehen.

Auf unserem Marsch zeugen morsch darniederliegende Baumstämme davon, dass wir uns im Nationalpark befinden. »Natur Natur sein lassen«, lautet die zeitlose Devise auch hier im einst dichten Filzwald, in dem Sturm und Borkenkäfer ihre Spuren deutlich hinterließen. Der beginnende Bohlenweg kündigt sumpfiges Terrain an. Als typische Pflanzen in dem feuchtkalten Bodenklima begegnen uns die Moor-Bergkiefer – auch als Spirke bezeichnet – oder bodendeckende Torfmoose.

Nach rund 30 Minuten queren wir einen breiten Schotterweg. Kurz danach knickt die »Kreuzotter« nach links und schlängelt sich nahe der Großen Ohe bis zur Nationalparkstraße (Startpunkt bei Anfahrt mit Bus). Dort verlassen wir die »Kreuzotter«, biegen links in Pfeilrichtung Spiegelau/Riedlhütte ab und folgen dem breiten Schotterweg. Der mit drei Bäumen markierte Hauptwanderweg führt parallel zur befahrenen Nationalparkstraße zurück zur Schutzhütte Filzwald. Von dort nach rechts ist es nur noch ein Katzensprung zum gleichnamigen Parkplatz. Zum Abschluss wissen wir: Nicht schaurig, sondern schön ist es, übers Moor zu gehen.

Fleißaufgabe

Wer viel Ausdauer mitbringt, absolviert die ganze mit der Kreuzotter markierte Runde nicht nur ins Herz des Großen Filz, sondern darüber hinaus um das Klosterfilz bei Riedlhütte herum sowie teils auch nahe an die Siedlung heran (11 km, 100 Hm, 4 Std.).

Linke Seite: Die Kreuzotter weist den Weg.

Eine Reihe von Holzbohlen sorgt dafür, dass sich Wanderer keine nassen Füße holen.

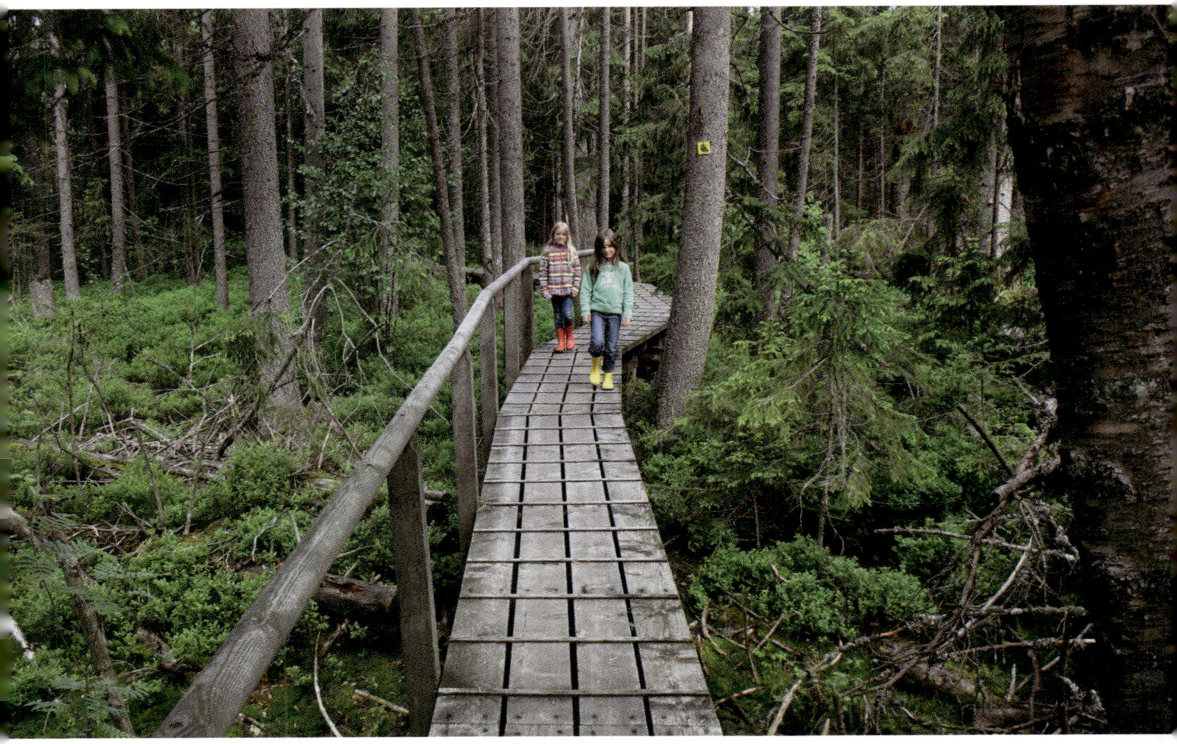

45 Zur Reschbachklause

Vom Triftkanal ins Hochmoor

mittel | 6,5 km | 180 m | 2.45 Std.

Alter
Ab 6 Jahren

Tourencharakter
Anfangs schattige Forststraße, dann Pfade und Wege über ein wenig Stock und Stein durch lichtes Idyll samt Filz; letzte Meter Trampelpfad neben Asphalt

Anfahrt
Auto: Via Mauth, hinter Finsterau halb links bis zur Sperre für Privatfahrzeuge.
Bus: Finsterau-Bus 603

Ausgangs-/Endpunkt
Wanderparkplatz Wistlberg kurz nach dem Schullandheim

GPS-Koordinaten
48.941593, 13.570962

Markierung
Einstieg/Ausklang Birkhuhn, Abstecher zur Reschbachklause Hauptwanderweg

Einkehr
Tafernwirtschaft Ehrn im Freilichtmuseum Finsterau (Mo Ruhetag), Gasthaus Fuchs in Mauth (Mo nur abends)

Karte
Kompass Wanderkarte Nr. 196, Mittlerer Bayerischer Wald, 1:50 000

Information
Infostelle Mauth, Tel. 08557/ 97 38 38, mauth.de

Am Rande des Nationalparks streben Familien gerne zum Reschbach. Den Rückweg vom imposanten Triftspeicher schließt ein Marsch durchs Finsterauer Filz ab. So gesehen absolvieren wir die Runde »Birkhuhn« im Uhrzeigersinn, unterbrochen durch einen wildromantischen Abstecher zur Reschbachklause.

Am Wanderparkplatz lassen wir den Asphalt zurück und folgen dem »Birkhuhn« auf einer Forststraße sanft bergab. Auf halber Strecke zur Alten Klause wechseln wir halb rechts auf den schattigen Waldpfad. Den verfallenen Triftspeicher erreichen wir geradewegs, unmittelbar nachdem uns das »Birkhuhn« rechts verlässt. Eine Holzbank lädt zur ersten kleinen Rast ein. Von der Alten Klause zeugen nur noch wenige Spuren.

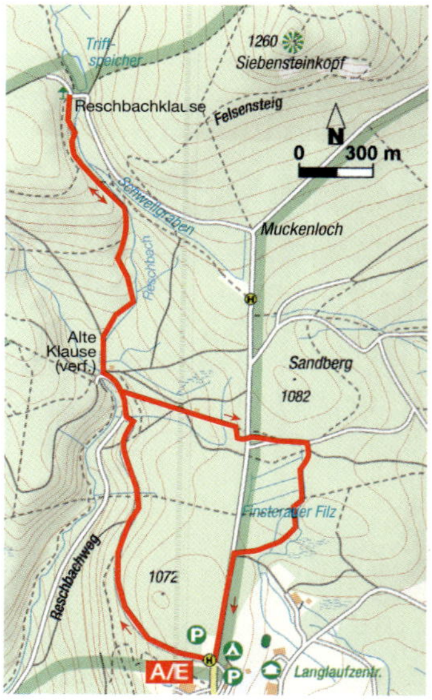

Vom tiefsten Punkt unserer Tour folgen wir dem »Hauptwanderweg« (drei Bäume) sanft bergan. Erst hören wir den Reschbach plätschern, dann marschieren wir direkt an ihm entlang. Stromaufwärts wird die Stelle passiert, an welcher der Schwellgraben einen Teil des Wassers abzweigt. In Richtung Reschbachklause öffnet sich ein bezaubernder Talkessel. Einst von Menschenhand für den Holztransport geschaffen, wirkt das aufgestaute Nass heute wie ein kleiner Gebirgssee. Kurz vor Druck des Buches fand sich ein Biber ein, welcher an der Schwelle womöglich den europaweit höchstgelegenen Bau errichtete. Auf dieser Tour markiert die bestens erhaltene Klause den Wendepunkt (alternativ führt Tour 14 über den Siebensteinkopf weiter).

Auf dem Rückweg gehen wir auf der bekannten Strecke am Triftkanal bzw. am Reschbach bis zur Alten Klause zurück. Einen Steinwurf weiter schwenken wir in die »Birkhuhn«-Runde ein, biegen also nach links ab. Hinter dem zweiten schattigen Stück treffen wir auf die Teerstraße, welche wir überqueren. Gut 200 Meter weiter biegen wir nach rechts ab, um mitten durchs Finsterauer Filz zu gehen. Für rosarote Farbtupfer am Wegesrand sorgen zur Freude von Blumenkindern schmalblättrige Weidenröschen. Nachdem das Hochmoor (Nationalpark-Erweiterung geplant) durchquert ist, nähern sich Jung und Alt erneut Asphalt. Dort angekommen schwenken wir nach links ein und legen auf dem Trampelpfad auf der rechten Straßenseite die letzten Meter zum Parkplatz zurück.

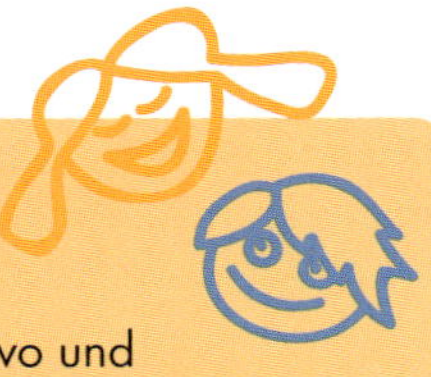

Leben anno dazumal

Wer ein Gespür dafür bekommen will, wo und wie die Bauern im Bayerischen Wald einst lebten und arbeiteten, nimmt die altehrwürdigen Höfe im Freilichtmuseum Finsterau samt Koppeln unter die Lupe. In der Gaststube oder auf der Terrasse der urigen Museumswirtschaft Ehrn lassen Eltern den Rundgang gemütlich ausklingen, während der Nachwuchs sich wahlweise auf dem Außen- oder Innenspielplatz vergnügt. Geöffnet von Mai bis September 9–18 Uhr, Oktober 9–17 Uhr; Erwachsene 6 €, Kinder ab 6 Jahren 3 €, Familien 12 €; Zufahrt ausgeschildert; freilichtmuseum.de.

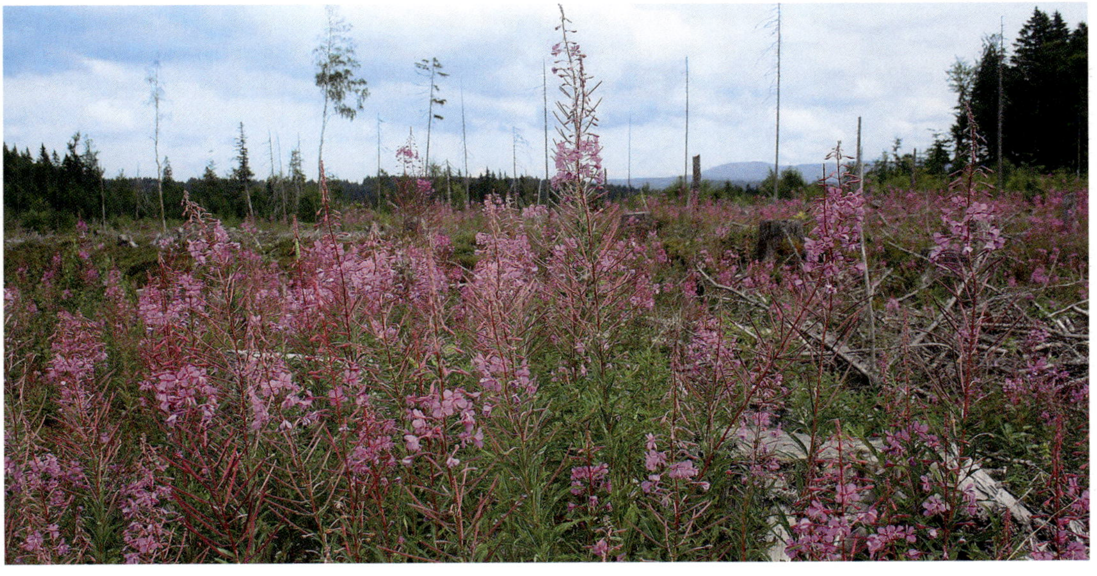

Nicht nur im Finsterauer Filz stehen rosarote Weidenröschen am Wegesrand.

46 Erlau und König-Max-Höhe

Auf den Spuren eines Monarchen in Kellberg

mittel | 8,5 km | 220 m | 3.30 Std.

Alter
Ab 7 Jahren

Tourencharakter
Forst- und Wanderwege an der Erlau, bei Kapfham Feldweg und ein Stück Asphalt

Anfahrt
Auto: Von Passau flussabwärts in Richtung Wegscheid; durch Donauleite hoch nach Kellberg zur Klinik Prof. Schedel. Bus: Ab Passau mit Bus 6103 Mo–Fr zur Klinik, Sa nur bis Mittag

Ausgangs-/Endpunkt
Parkplatz unterhalb Klinik

GPS-Koordinaten
48.594206, 13.566790

Markierung
Einstieg Radiästhesie-Lehrpfad, 42 bis hinter Kapfham, 45 nur bis Fluss, von Kapfham zurück Pfeil »Zum Toni«

Einkehr
Café Zum Toni gegenüber Einstieg (Mo, Di Ruhetag), Kirchenwirt Kellberg (Mo Ruhetag)

Karte
Kompass Wanderkarte Nr. 197, Südlicher Bayerischer Wald, 1:50 000

Information
Kurgästehaus Kellberg, Tel. 08501/320, thyrnau.de

Wer das abenteuerliche Tal der Erlau durchstreift, hört den Fluss vor allem im Frühjahr richtig rauschen. In den Fußstapfen des Monarchen krönt ein Abstecher zur König-Max-Höhe den zweiten Teil der Runde, was nicht nur kleine Prinzessinnen und Prinzen freut.

Wo die Galloway-Rinder unterhalb der Klinik Prof. Schedel grasen, beginnt die Wanderung – und zwar direkt an der Straßenkreuzung beim Einstieg in den Radiästhesie-Lehrpfad. Bei den ersten drei Gabelungen folgen wir den Wegen Nr. 42 und 45, halten uns also links. Bevor es bergauf geht, verlassen wir den Radiästhesie-Lehrpfad. Unter dem schattigen Nadel- und Blätterdach des im Spätsommer pilzreichen Schwammerlwalds erreichen wir die Brücke über den Schindelbach. Kurz danach wird gemäß gelben Pfeilen die Erlau selbst auf Höhe der Straßenbrücke über-

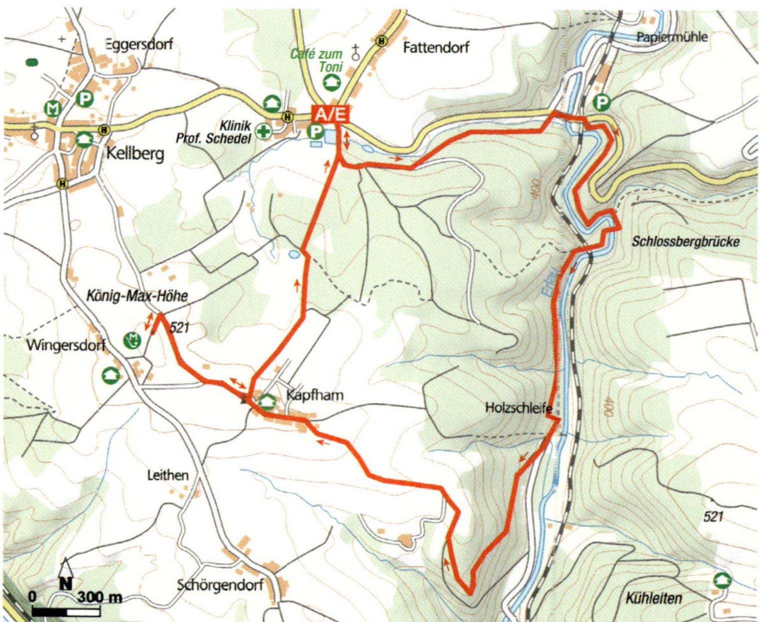

quert sowie die Bahntrasse unterquert. Die Reaktivierung der Bahnstrecke deutet sich bei Druck des Buches vage an.

Am Ostufer des Wildwassers angekommen wandern wir stromabwärts. Hinter der Flussschleife wechseln wir über den wuchtigen Holzsteg, offiziell Schlossbergbrücke genannt, zurück ans Westufer. Vom Schloss Erlstein selbst, welches einst auf der westlichen Leite thronte, ist heute nichts mehr zu sehen, denn es fiel bereits im Mittelalter einer Fehde zum Opfer. Am Westufer verläuft unser Weg erhöht über dem Wildwasser. Um das E-Werk Holzschleife herum ist schließlich Asphalt in Sicht. Noch bevor wir die Teerstraße beschreiten, folgen wir den Schildern nach rechts. Der folgende Forstweg führt durch die Erlauleite geradeaus bergauf, dann geht es durch eine markante Spitzkehre hindurch. Ein Stück dahinter halten wir uns bei der Gabelung halb rechts und gelangen an den Rand des Waldes. Der folgende Feldweg mündet in eine ruhige Teerstraße, welche geradewegs durch den beschaulichen Weiler Kapfham hindurchführt, wo die »Hofbauern Stub'n« leider schloss. Nach kleiner Rechts-links-Kombination marschieren wir rasch auf die König-Max-Höhe. Den dezenten Aussichtskegel ergänzen Panoramatafeln, welche Bergesgipfel hilfreich verorten.

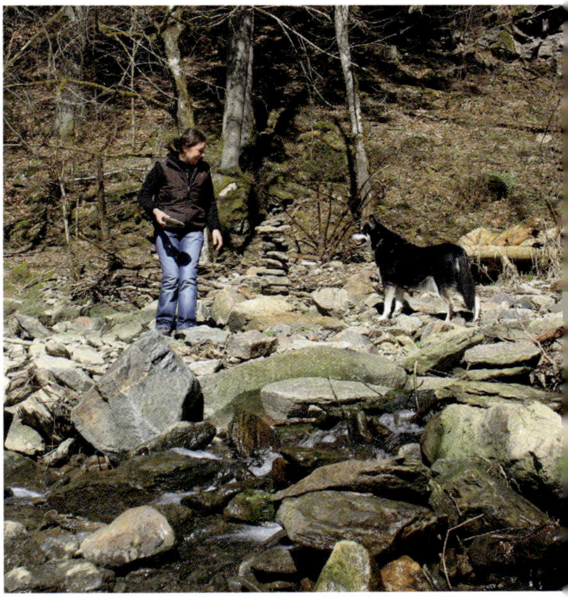

Beliebter Zeitvertreib am Ufer: Steintürme aufrichten

»Ich wusste nicht, dass mein Bayernland so schön ist.« Das soll König Maximilian II. Joseph gesagt haben, als er vor rund 170 Jahren von der Anhöhe zwischen Kellberg, Erlau- und Donauleite den Blick in die Ferne genoss. Heute erinnert ein Obelisk an den Besuch von »Max zwo«, dem Namensgeber des Aussichtspunkts sowie dem Vater von Ludwig II., dem späteren bayerischen Märchenkönig. Herrscht Föhnwind, wirkt das Panorama echt majestätisch.

Direkt zurück

Wer den Abstecher zur König-Max-Höhe weglässt, für den verkürzt sich die Wegstrecke um knapp 1,5 Kilometer (gut 0.30 Std.).

Von der König-Max-Höhe wandern wir zurück nach Kapfham. Kurz hinter dem Ortsschild weist ein Pfeil nach links den Weg zum Café »Zum Toni«. Über Feld- und Waldwege erreichen wir unseren Ausgangspunkt östlich des Luftkurorts Kellberg.

47 An der wilden Ilz

Ab Schrottenbaummühle zu beiden Ufern

leicht · 4,5 km · 30 m · 2 Std.

Alter
Ab 5 Jahren

Tourencharakter
Breiter, teils gekiester Weg direkt oder nahe am Fluss durch viel schattigen Auwald

Anfahrt
Von der B 85 nördlich Tittling in Richtung Rappenhof abbiegen sowie über Loizersdorf hinunter zur Schrottenbaummühle; analog von der östlichen Ilzseite nördlich Atzldorf in Richtung Tittling abbiegen (Vorlauf Perlesreut, Röhrnbach oder Fürsteneck)

Ausgangs-/Endpunkt
Parkplatz an der Schrottenbaummühle

GPS-Koordinaten
48.733595, 13.438676

Markierung
Richtungspfeile

Einkehr
Schrottenbaummühle (Mo Ruhetag), Schlossgaststätte Fürsteneck (Di Ruhetag)

Karte
Kompass Wanderkarte Nr. 196, Mittlerer Bayerischer Wald oder Nr. 197, Südlicher Bayerischer Wald, 1:50 000

Information
Tourist-Info Perlesreut-Fürsteneck, Tel. 08555/ 96 19 10, ilztal.de

Eingebettet ins Naturschutzgebiet Obere Ilz, liegt die altehrwürdige, bewirtschaftete Schrottenbaummühle. In Richtung Fürsteneck erkunden Groß und Klein beide Seiten des Wildwassers und machen nach Gusto einen Abstecher hoch ins Schloss. Zum Abschluss können wir gemütlich einkehren.

In Richtung Süden marschieren Eltern samt Kindern vom Parkplatz an der Schrottenbaummühle 200 Meter auf dem Fußweg neben der Staatsstraße am Sägewerk entlang. Vor der Brücke überqueren wir den Asphalt hinüber zur alternativen Parkbucht. Am Ostufer verläuft der breite Weg nahe am Fluss stromabwärts. Wo die Sonnenstrahlen durchs Blätterdach zur Ilz finden, leuchtet das Nass rotbraun. Im Schatten wirkt der Fluss schwarz. Schlaue Füchse wissen, dass die »schwarze Perle« ihr dunkles Wasser den Hochmooren an ihren Oberläufen verdankt.

Wie an vielen Gewässern im Bayerwald, so begegnet großen und kleinen Wanderern auch an der Ilz eine hoch wachsende Pflanze mit rosaroten Blüten – das Indische Springkraut. Da gegen dieses wuchernde Balsaminengewächs kein heimisches Kraut gewachsen scheint, sprechen Biologen von einem »invasiven Neophyten«. Den felsigen Hangwald, die Ilzleite, kennzeichnet weiterhin artenreicher Mischwald mit Eichen und Hainbuchen.

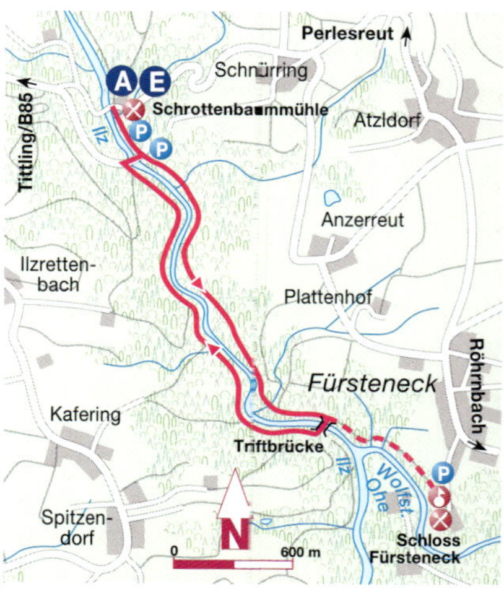

Vor Fürsteneck erreichen wir einen Triftsteg, auf dem die Ilz überquert wird. Wer von der Brücke aus in Richtung Süden blickt, sieht den Turm von

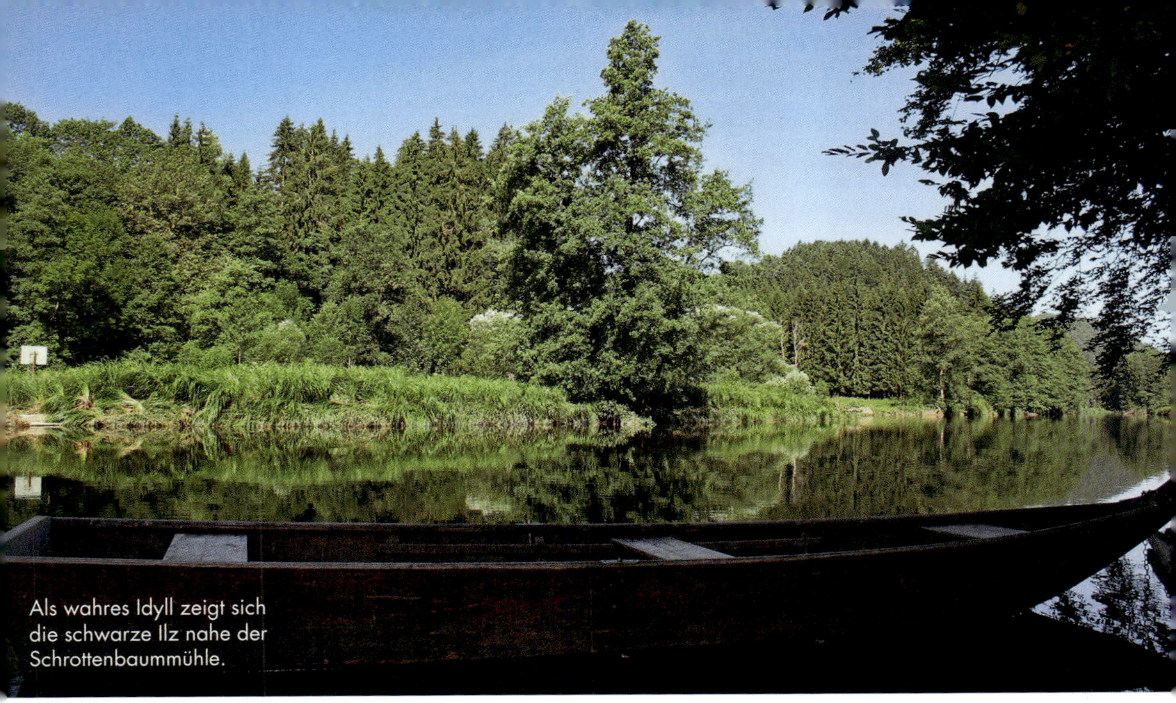

Als wahres Idyll zeigt sich die schwarze Ilz nahe der Schrottenbaummühle.

Schloss Fürsteneck hervorspitzen. Hinter dem anschließenden zweiten, kürzeren Steg wenden wir uns nach rechts in Richtung Norden und marschieren am Westufer der rauschenden Ilz teils erhöht zurück zur Schrottenbaummühle. Mit ein klein wenig Mühe ist selbst dieser forstwirtschaftliche Weg mit Kinderwagen zu meistern.

Hinter der Ilzbrücke und dem folgenden Fußgängerweg empfangen die Terrasse und die urigen Stuben der traditionsreichen Einkehr gerne Gäste. Hungrige freuen sich unter anderem auf fangfrische Forellen, Käsespätzle oder Schweinebraten. Zur reichhaltigen Kinderkarte gehören Knödel mit Sauce, Kinderschnitzel oder Seeräuberteller. Der älteste Teil der hübschen Ausflugsgaststätte mit durchgängig warmer Küche stammt aus der Zeit des 30-jährigen Krieges. Bereits seit 1688 bewirtschaftet Familie Segl die Mühle.

Das Schloss mitnehmen

Einen alternativen Einstieg, der die Schrottenbaummühle zur Raststation auf halbem Weg macht, bietet Schloss Fürsteneck mit der dort untergebrachten Ilz-Infostelle. Wanderer steigen 100 Meter vor dem Torturm auf einem engen Pfad die Oheleite hinunter (für Kinderwagen nicht geeignet). Hinter der Einmündung der Wolfsteiner Ohe in die Ilz wird die Triftsperre erreicht. Hin und zurück kommen bei dieser Variante 1,5 Kilometer Wegstrecke hinzu (30 Hm, 0.45 Std, siehe gestrichelte Linie auf der Karte). Wer an der Schrottenbaummühle losgeht, kann den Weg hoch zum Schloss samt Gaststätte wiederum als Abstecher einbauen.

48 Burgruine Dießenstein

Von der Schneidermühle in die Ilzleite

mittel | 5 km | 100 m | 2.30 Std.

Alter
Ab 6 Jahren

Tourencharakter
Großenteils breiter Weg direkt oder nahe am Fluss entlang durch schattigen Auwald; Direktweg zur Ruine steil

Anfahrt
Von der B 85 nördlich Tittling sowie in Loizersdorf in Richtung Perlesreut abbiegen und zur Ilz hinunter; analog von der östlichen Ilzseite via Perlesreut in Richtung Tittling

Ausgangs-/Endpunkt
Parkbuchten an der Ilzbrücke gegenüber Schneidermühle

GPS-Koordinaten
48.757390, 13.403175

Markierung
Richtungspfeile, zudem zwischen den Mühlen Goldsteig, zur/ab Ruine Nr. 83

Einkehr
Gasthaus Hammerschmiede

Karte
Kompass Wanderkarte Nr. 196, Mittlerer Bayerischer Wald oder Nr. 197, Südlicher Bayerischer Wald, 1:50 000

Information
Tourist-Info Perlesreut-Fürsteneck, Tel. 08555/96 19 10, ilztal.de (alle Ilztal-Gemeinden)

Von der intakten Schneidermühle über die teilweise arbeitende Dießensteiner Mühle geht es am letzten großen Wildwasser in Ostbayern entlang. Etwa zur Halbzeit steigen Familien durch die Ilzleite zur sagenumwobenen Burgruine Dießenstein empor.

Am Ostufer der Ilz, also auf der von der Schneidermühle aus gesehen anderen Flussseite, folgen wir unter anderem der gelben Goldsteig-Markierung flussaufwärts. Während unser Weg geradlinig verläuft, schlängelt sich die Ilz, sodass ihr Ufer teils bis zu 200 Meter weit entfernt liegt. Im Fichtenhain marschieren wir halb rechts über eine kleine Kuppe. Zurück am Gewässer erreichen Wanderer den Steg zur Dießensteiner Mühle. Dort verlassen wir den Goldsteig und wechseln hinüber ans Westufer, wo eine Bank zur Rast einlädt. Direkt um das alte Gemäuer herum führt der kurzzeitig spärlich gesicherte, verwurzelte und steinige Trampelpfad Nr. 83 am Wasser entlang, sodann mitten durch den märchenhaften Auwald. Anschließend heißt es, einen von oben einmündenden Forstweg sowie eine bemooste Blockhalde links liegen zu lassen. Nur 50 Meter weiter weist ein zurückversetztes grünes Schild den direkten, sportlichen Weg hinauf zur Burgruine Dießenstein, welche bereits durch den Blätterwald hervorspitzt. Wem dieser Weg zu steil ist, der marschiert 500 Meter weiter die Ilz entlang bis zu einer Holzbank und folgt von dort dem Weg Nr. 83 in einem weiten Bogen, zuletzt an einem Anwesen vorbei, zur Burg (also wie beim Rückweg beschrieben, nur andersherum).

Im 12. Jahrhundert gegründet, blieb die Burg Dießenstein rund 500 Jahre lang intakt, ehe sie von Habsburger Truppen geschleift wurde. Die Reste der ursprünglich dreieckigen Burganlage liegen auf einem Felskegel. Durch zwei Bögen hindurch gelangen Neugierige heutzutage vorsichtig zur steilen Hangkante, von wo aus die rauschenden Stromschnellen des Wildwassers gut zu vernehmen sind. Vielleicht stößt ja jemand auf den Goldschatz

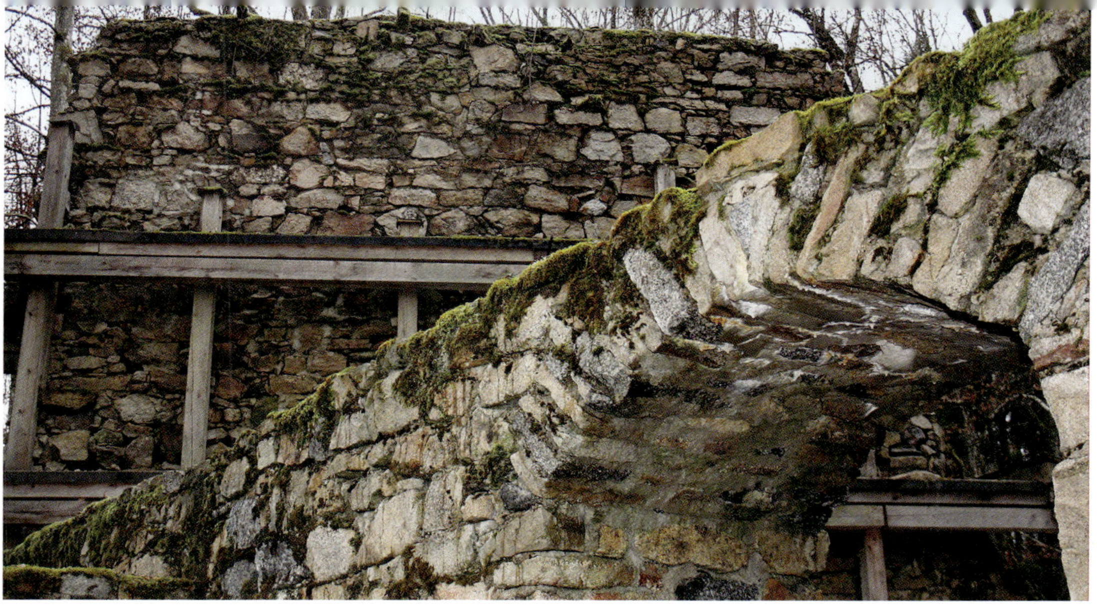

Unter der Burgruine soll ein Schatz versteckt sein.

mit Edelsteinen, der einer Legende nach auf dem Gelände versteckt liegen soll.

Von der Ruine steigen wir bergwärts zurück in die grabenartige Senke. Die bekannt steile Strecke links umgehen wir, indem wir uns bergan zur Straße hochschlängeln. Dort angekommen wenden wir uns nach rechts. Die Ilztalrunde Nr. 83 führt 50 Meter auf Asphalt auf ein Anwesen zu, sodann auf dem Feldweg halb links in einem Bogen um den Hof samt Nebengebäuden herum. Dahinter geht es rechts in einem Bogen den Hangwald hinunter zur Ilz, die wir auf Höhe einer Holzbank erreichen. Jetzt marschieren wir stromabwärts und lassen die Ruine in der Ilzleite rechts liegen.

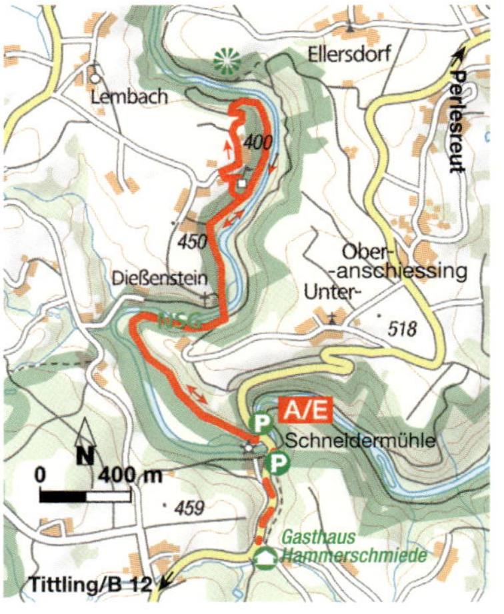

Wo die Sonne auf den Fluss scheint, leuchtet das Nass rotbraun. Im Schatten wirkt die Ilz schwarz. An der Dießensteiner Mühle, deren aktuelle Turbine die Kraft des Wassers in Strom ummünzt, queren wir den Fluss zum Ostufer und marschieren weiter auf der uns bekannten Strecke zurück.

Wer will, wechselt an der Straßenbrücke die Flussseite und geht an der Schneidermühle vorbei am Rand der asphaltierten Kreisstraße rund 300 Meter zur ausgeschilderten Hammerschmiede – den fließenden Verkehr bitte im Auge behalten! In der kleinen Stube sowie vor und hinter der einfachen Wirtschaft werden günstige kalte und warme Speisen serviert. Neugierige werfen zum Abschluss einen Blick ums Haus herum, denn hinter der »Hammer-Hütt'n« befindet sich ein bildschönes Wasserrad.

49 Idylle am Mühlgrabenweg

Vom Gasthof Menauer in Grandsberg über den Schopf zu Grimmeisenweiher und Schuhfleck

mittel | 5,5 km | 150 m | 2.30 Std.

Alter
Ab 6 Jahren

Tourencharakter
Großenteils schattige Tour auf spärlich verwurzelten oder steinigen Pfaden; im Mittelteil am bezaubernden Mühlkanal entlang; Abschluss Forststraße

Anfahrt
In Schwarzach (A 3) in/aus Fahrtrichtung St. Englmar nach Grandsberg abbiegen und der Straße 7 km bergauf folgen

Ausgangs-/Endpunkt
Wanderparkplatz Grandsberg

GPS-Koordinaten
48.949104, 12.849616

Markierung
Zwei blaue Wellen auf weißem Grund bis Schuhfleck, zurück nach Grandsberg Richtungspfeile sowie Nr. 3 und 8

Einkehr
Berggasthof Menauer (Mo/Di Ruhetag) nahe Wanderparkplatz

Karte
Kompass Wanderkarte Nr. 185, Westlicher Bayerischer Wald, 1:50000

Information
Tourist-Info Schwarzach, Tel. 09962/94 02 33, schwarzach-bayerischer-wald.de

Im herrlichen Vorderen Bayerwald hören und sehen Groß und Klein jenseits des Schopfkamms den altehrwürdigen Mühlkanal plätschern. Am Anfang wie am Ende der Rundtour unterm Hirschenstein begeistert der Fernblick vom Berggasthof Menauer über die Donau hinweg.

Am Wanderparkplatz verlassen wir die Straße und folgen dem Zubringer-Pfeil »Mühlgrabenweg«, welchen zwei Wellen symbolisieren, geradewegs sportlich bergauf. Im Wechsel führen ein Waldweg und ein Pfad im vorwiegend dichten Mischwald hoch zur Kammlage. An der dortigen Wanderkreuzung biegen wir nach links ab. Bevor wir bei der nächsten Abzweigung vom Kamm aus rechts hinabgehen, können wir einen Abstecher geradeaus zum Schopf unternehmen. Nur einen Katzensprung

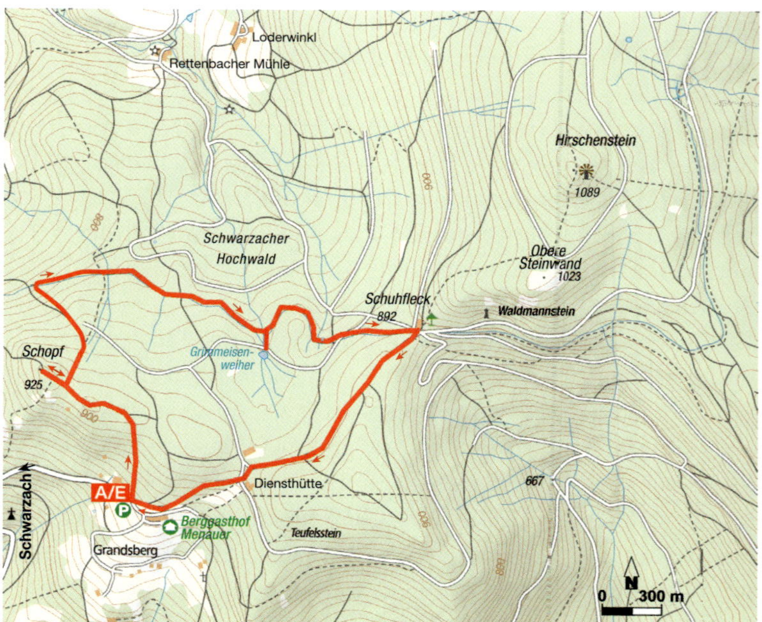

entfernt taucht die Felsformation auf. Darauf ragt ein mächtiges Holzkreuz empor. Die Sicht schränken jedoch hohe Fichten gänzlich ein.

Zurück vom Abstecher biegen wir an der Abzweigung vom Schopfgipfel aus gesehen nach links ab und folgen den wiederholt auf Baumstämmen aufgemalten zwei Wellen bergab. An einer Gabelung führt uns diese Markierung halb links weiter. Auf weitgehend bequemem Pfad treffen wir nach rund 20 Minuten am tiefsten Punkt unserer Tour auf den Mühlgraben. Dort angekommen wenden wir uns nach rechts und wandern auf dem märchenhaften Pfad am linken Ufer des rotbraunen Gewässers durch den Schwarzacher Hochwald mit Blick ins Nass hinein sanft bergan. Damm und Wasserlauf wurden vor rund 300 Jahren von Menschenhand geschaffen. Im Vergleich zu den Schwellkanälen im Hinteren Bayerwald diente der Mühlgrabenbach nicht der Holztrift. Vielmehr versorgte das fließende Nass die kurfürstliche Malzmühle von Max Emanuel im hübschen Talort Schwarzach. Mitte des letzten Jahrhunderts verfiel der Mühlgraben zunächst. In den 80er-Jahren setzte das zuständige Forstamt den Kanal wieder instand.

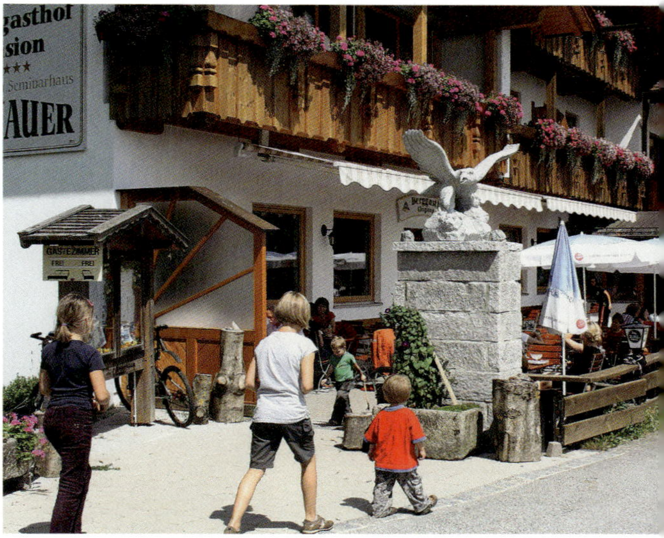

Treffpunkt nicht nur für Wanderer: der Berggasthof Menauer

Nach einem Kilometer am Mühlgrabenbach liegt rechts zurückversetzt der Grimmeisenweiher hinter der Forststraße versteckt im Wald. Eine Pause auf der dortigen Holzbank direkt am Weiher gefällt Groß und Klein. Zurück auf dem herrlichen Mühlgrabenweg erreichen wir über eine Forststraße hinweg den markanten Wanderknoten namens Schuhfleck. Nach rechts weisen Pfeile inklusive Nr. 3 und 8 zum Berggasthof Menauer in Grandsberg. Dorthin verläuft die gekieste Forststraße weitgehend geradlinig. Vom Wanderparkplatz seitlich bergab empfängt abschließend die bei Einheimischen wie Gästen beliebte Einkehr. Wer auf der Sonnenterrasse des Berggasthofs Platz nimmt, genießt sowohl den Blick über den Gäuboden hinweg südwestwärts als auch die Speisen der durchgängig warmen Küche.

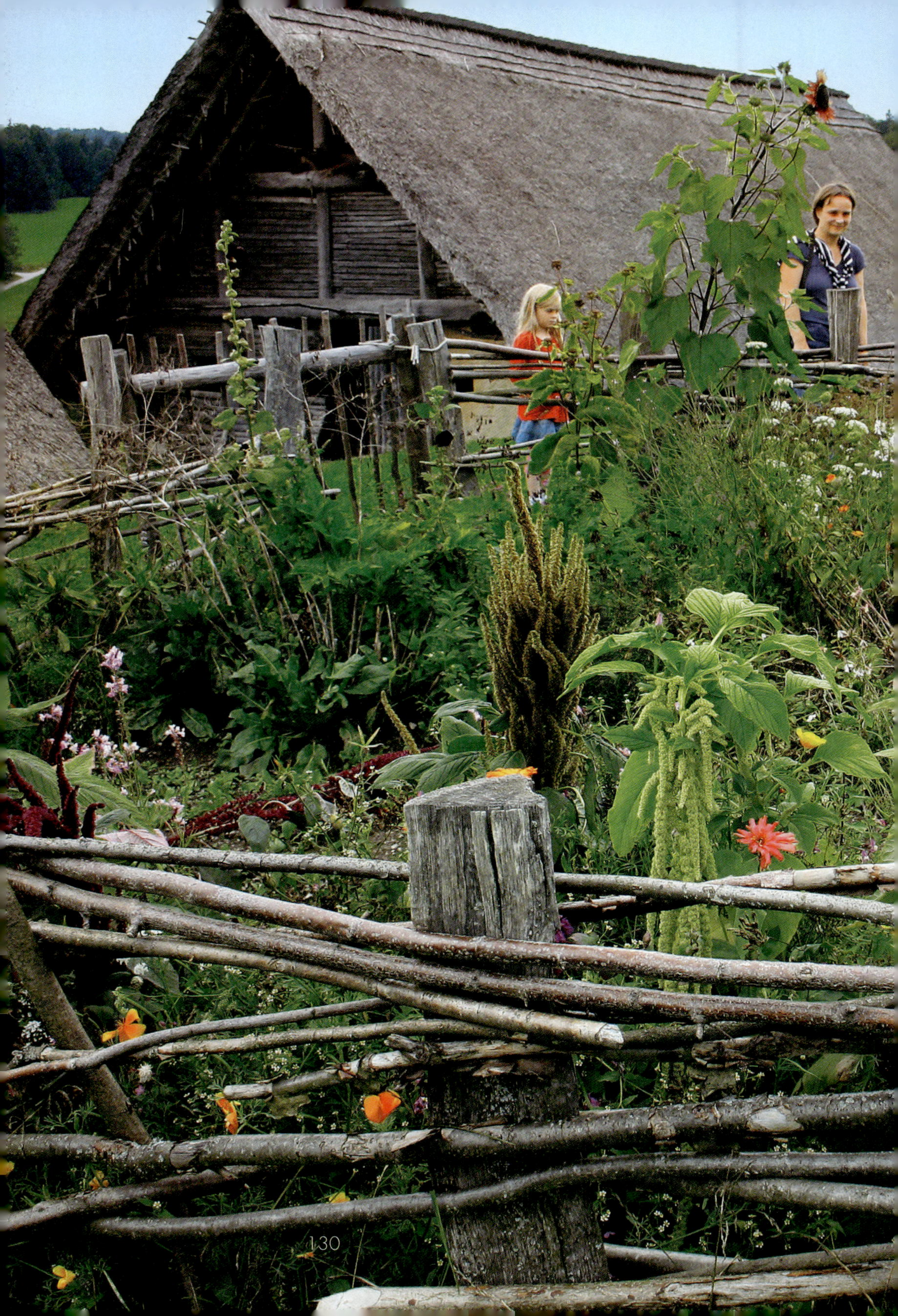

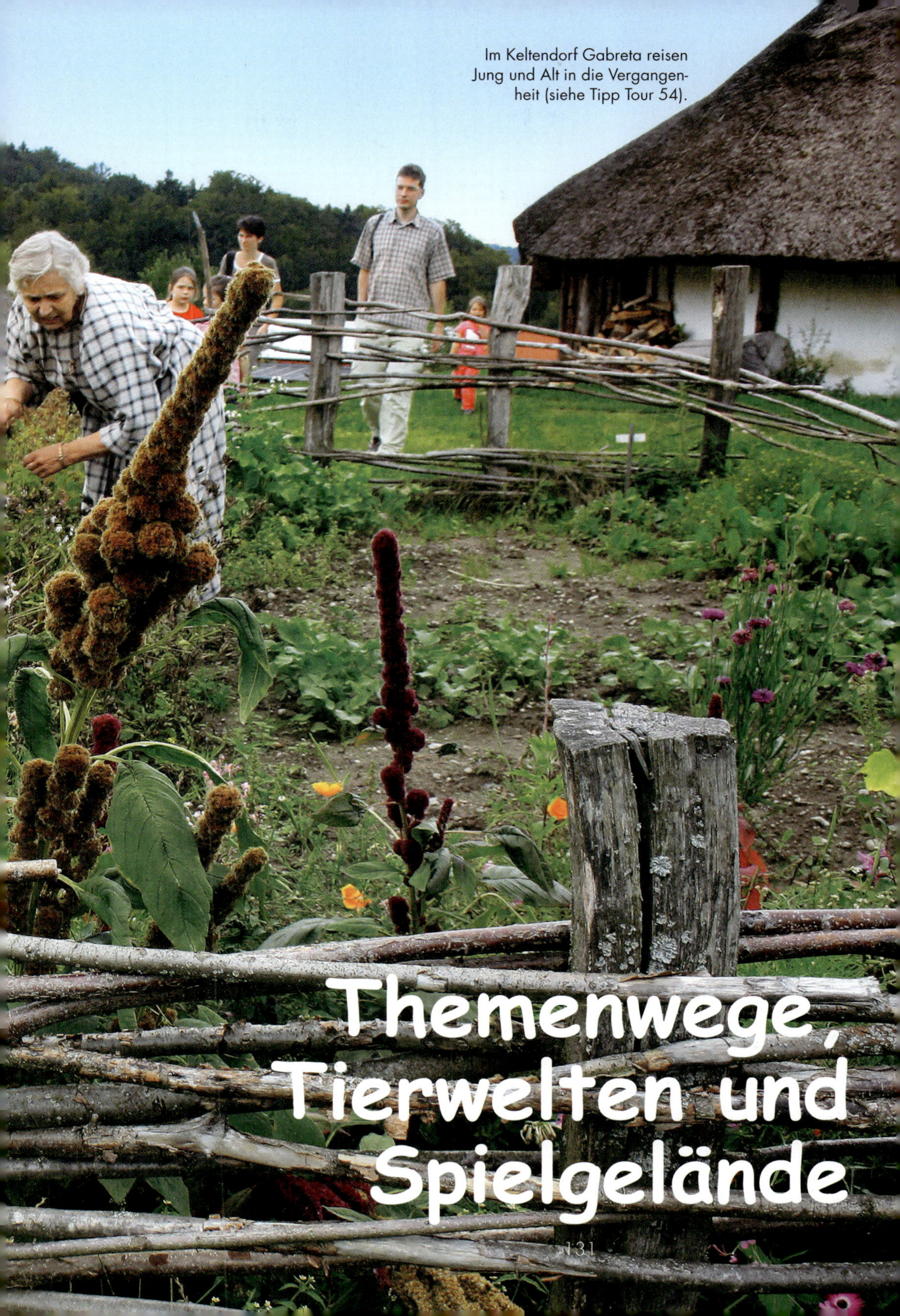

Im Keltendorf Gabreta reisen Jung und Alt in die Vergangenheit (siehe Tipp Tour 54).

Themenwege, Tierwelten und Spielgelände

50 Zum Haus zur Wildnis

Im Nationalparkzentrum Falkenstein Wölfe, Wildpferde und die Steinzeithöhle besuchen

leicht | 2,5 km | 70 m | ab 1.15 Std.

Alter
Ab 3 Jahren

Tourencharakter
Gemütlicher wie erlebnisreicher Spaziergang übers barrierefreie Gelände von Gehege zu Gehege mit überschaubarer Steigung

Anfahrt
Auto: Auf der B 11 zwischen Zwiesel und Bayerisch Eisenstein im Norden von Ludwigsthal zum beschilderten Parkplatz (4 €, ab 16 Uhr 2 €). Bahn/Bus: Waldbahn-Halt direkt am Parkplatz, Falkenstein-Bus

Ausgangs-/Endpunkt
Parkplatz Nationalparkzentrum

GPS-Koordinaten
49.060387, 13.236196

Markierung
Rundgang Wildtiere

Einkehr
Regionale Bio-Gastronomie im Haus zur Wildnis

Karte
Kompass Wanderkarte Nr. 195, Nördlicher Bayerischer Wald, 1:50 000

Information
Haus zur Wildnis, Tel. 09922/500 20, nationalpark-bayerischer-wald.de

Wie das Nationalparkzentrum Lusen im Unteren Bayerwald (siehe Tour 52), so bringt das ebenso kostenfreie Nationalparkzentrum Falkenstein im Oberen Bayerwald neugierigenz Gästen die heimische Fauna und Flora näher. Auf dem Rundweg liegt das informative wie unterhaltsame Haus zur Wildnis.

Die empfohlene Tour durch das stets zugängliche Tierfreigelände führt vom Parkplatz aus hinter der Waldbahn-Unterführung rechts herum. Ein Stück weiter dringen Familien in eine

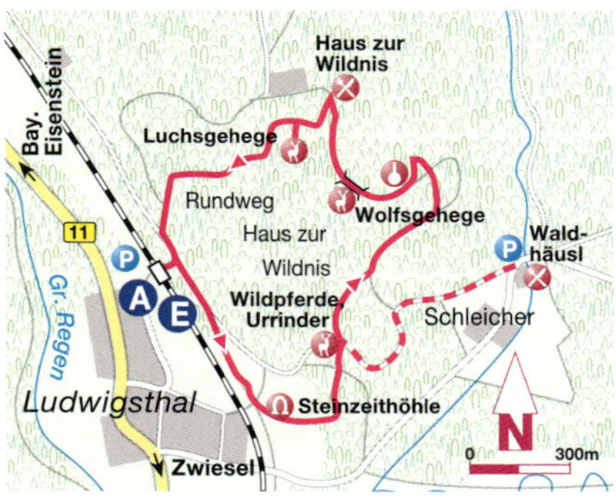

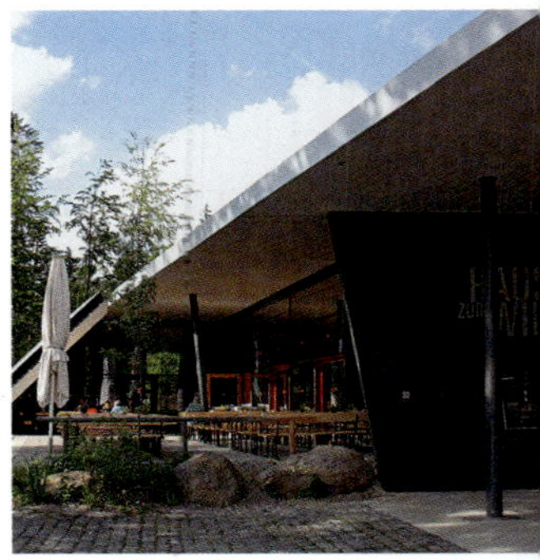

nachgebildete Steinzeithöhle vor (geöffnet ab 9.30 Uhr, Eintritt frei). Die dunkle Behausung deutet an, wie Tier und Mensch einmal vor Abertausenden von Jahren lebten, und versprüht eine andächtige Atmosphäre. Das Original der steinzeitlichen Wandmalerei stammt aus einer Grotte in Südfrankreich. Urrinder, wie sie unsere menschlichen Vorfahren antrafen, begegnen uns mit etwas Glück kurz nach der Höhle, ebenso Wildpferde. Bisweilen nutzen die Vierbeiner ihren Freiraum und ziehen sich zurück.
Die vorgegebene Strecke verläuft zunächst über freies Gelände, dann geht es durch schattigen Wald. Als Höhepunkt folgt der Aussichtsturm bei den Wölfen. Morgens und spätnachmittags tut sich in deren Revier meist mehr als untertags. Eine über-

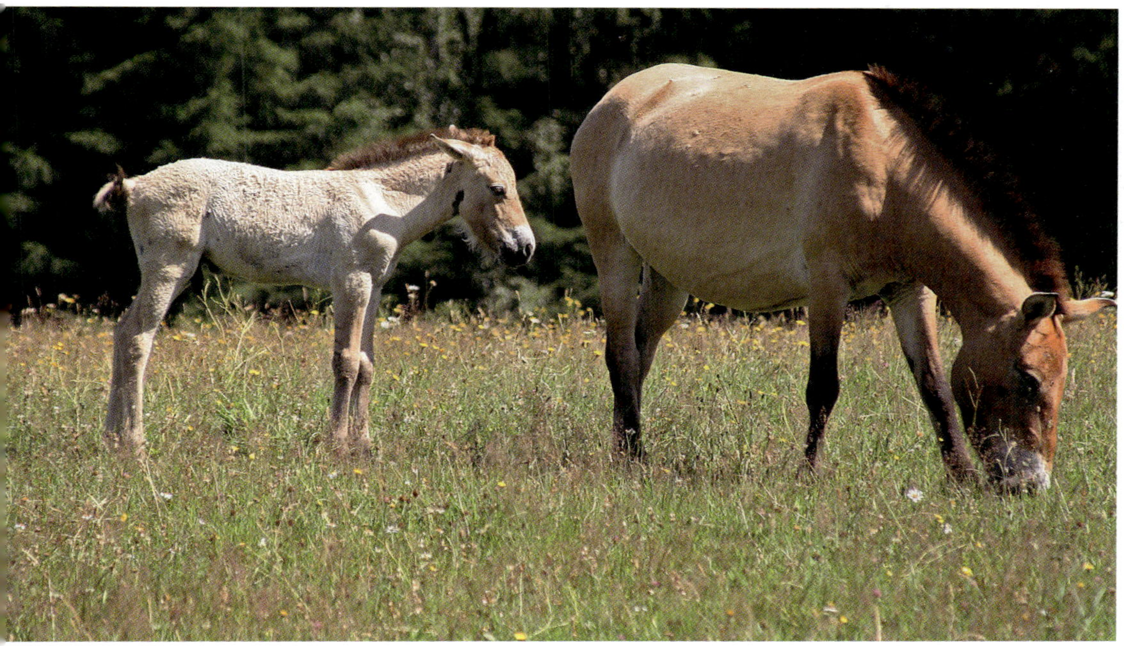

Unterwegs begegnen uns zunächst Wildpferde auf saftig grüner Weide. Daneben grasen Urrinder.

dachte Holzbrücke lotst spektakulär über das Wolfsgehege hinweg zum Informationszentrum. Je nachdem, wie lange wir uns bei den Tieren aufhalten, brauchen wir bis dorthin etwa eine knappe Stunde. Das frei zugängliche Haus zur Wildnis (bis 7. November täglich ab 9 Uhr geöffnet) liegt am Fuße des 1315 Meter hohen Großen Falkensteins. Es versteht sich als überdachte Freifläche und gefällt durch seine der Natur nachempfundene Architektur. Ein anschauliches Relief verschafft einen Überblick. Die 2020 zum 50-jährigen Gründungsjubiläum des Nationalparks erneuerte Dauerausstellung samt Wurzelgang vermittelt, wie sich Wälder wandeln. Im Nachtraum tauchen Jung und Alt in die Zeit von Sonnenuntergang bis -aufgang ein und hören die nächtliche Vielfalt in den Wäldern. Das Kino bietet eine 3-D-Wildnisreise an. Und am unteren Ende des Hauses steht allen Kids der Erlebnisraum

Sparfüchse aufgepasst

Wer die Parkgebühr vermeiden will, biegt am südlichen Ortseingang von Ludwigsthal an der Brücke in Richtung Schleicher ab. 200 Meter hinter dem Waldhäusl befindet sich ein gebührenfreier Wanderparkplatz. Von dort aus steigen Sparfüchse seitlich in den Rundweg durchs Tierfreigelände ein (Anmarsch 800 m; gestrichelte Linie auf der Karte).

Linke Seite: Das Haus zur Wildnis lädt ein.

Erlebnisreiche Tage und Nächte

Im Wildniscamp am Falkenstein vor Zwieslerwaldhaus erleben Schulklassen und Familien den Nationalpark besonders intensiv. Untertags unterstützen Pädagogen und Führer dabei, die Natur besser zu verstehen. Übernachtet werden kann in tollen Themenhütten wie Baumhaus oder Erdhöhle. Infos zur Bildungseinrichtung des Nationalparks unter Tel. 09925/90 31 21, wildniscamp.de.
Darüber hinaus lädt der gemeinnützige Verein Waldzeit ins Camp ein; Tel. 08553/92 06 52 (Mo–Fr vormittags), waldzeit.de.

offen. Neben diesem Indoor-Spielplatz locken draußen nahe der Terrasse weitere naturnahe Spielgeräte. In der dazugehörigen Gaststätte legt der Wirt viel Wert auf regionale Biogerichte zu fairen Preisen.
Weiter gegen den Uhrzeigersinn führt der Weg in etwa 20 Minuten zurück zum Parkplatz. Dabei kommen Jung und Alt am Luchsgehege vorbei. Zwar werden keine festen Fütterungszeiten mehr angegeben. Aber Neugierige können an der Aussichtskanzel ihr Glück um 14.30 Uhr probieren. Übrigens: Wer es auf dem Weg zum Infozentrum eilig hat, nimmt diese abends sogar beleuchtete Strecke bereits auf dem Hinweg.

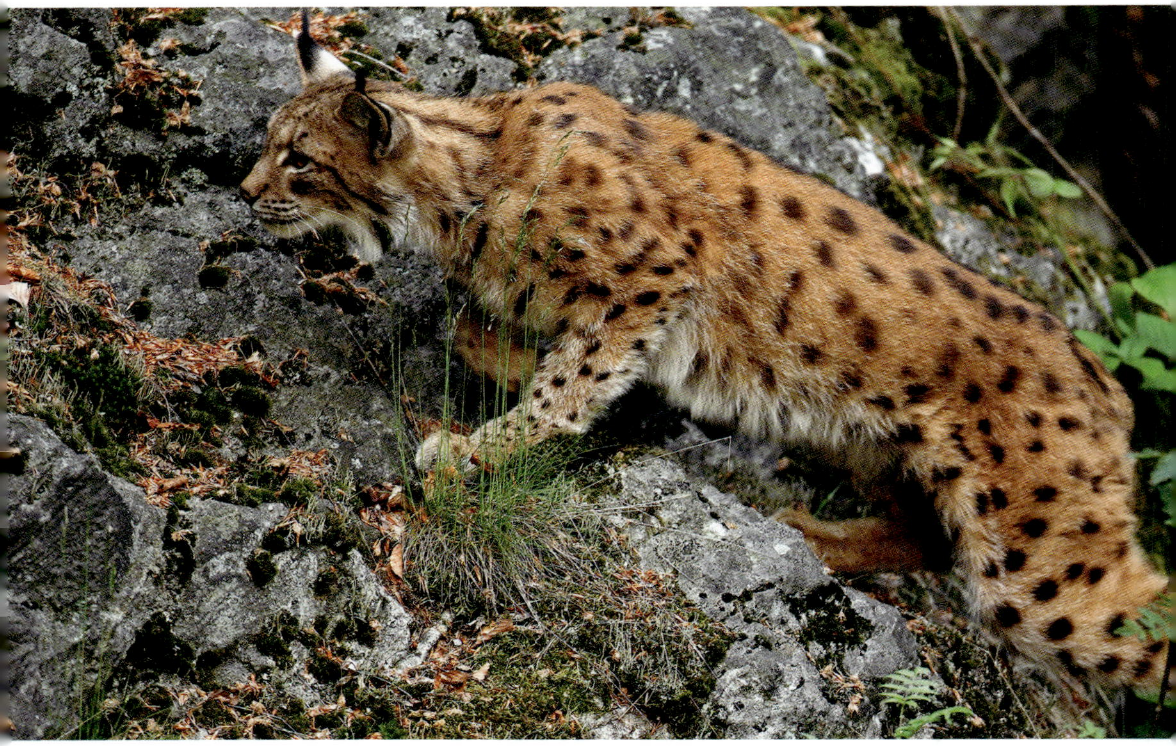

Faszinierend für alle: Luchse im Nationalparkzentrum Falkenstein

Am Waldspielgelände

Der Naturerlebnispfad in Spiegelau

51

In der Nationalparkgemeinde Spiegelau lassen der abenteuerliche Naturerlebnisweg sowie die vielseitigen Waldspielplätze die Herzen von Mädchen und Buben höher schlagen. Wer dem Eichhörnchen mit Spürnase folgt, kann spielend die Natur begreifen.

leicht | Auto: 3 km, Bahn: 3,5 km | 70 m | ab 2 Std.

Am Weg oberhalb vom Parkplatz Waldspielgelände empfängt uns eine große Infotafel. Nur zehn Meter weiter weist ein kleines Schild den Einstieg zum bunten Naturerlebnispfad. Unter dichtem Blätterdach folgen wir auf leicht verwurzeltem Waldboden dem »Eichhörnchen« bergan. An der ersten von insgesamt zehn Spiel- und Erlebnisstationen warten Schaukeln sowie Kugeln. Weitere Anlaufpunkte bereiten im Laufe der Tour naturnahe und lehrreiche Erlebnisse. Da sich das Eichhörnchen wild durch den Wald schlängelt – einmal gehen wir eine Schleife –, sollten wir aufmerksam sein, um stets den richtigen Weg zu finden. Wiederholt gilt es, wie beim Puzzle ein Stabrätsel zu lösen, damit der Pfeil verrät, wohin die Reise geht. Dass wir dabei ein Stück weit zu Pfadfindern werden, ist natürlich gewollt (und deswegen ist zu dieser Tour auch keine Karte abgedruckt). Tipp: Gleich nach dem Ast-Xylophon nicht den Bach queren!

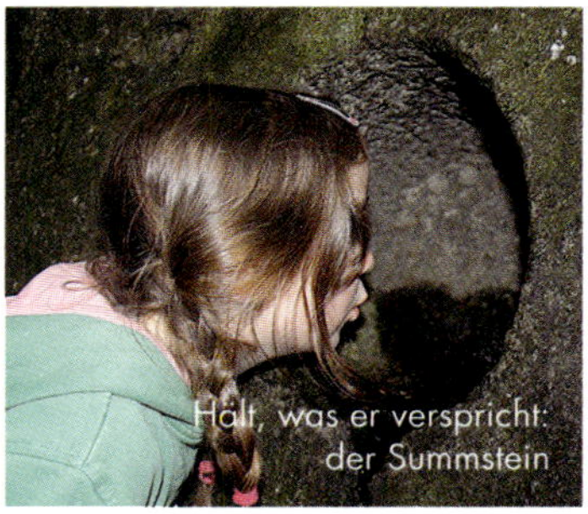

Hält, was er verspricht: der Summstein

Je nachdem, wie viel Zeit die Kinder an den Stationen verbringen, vergehen etwa zwei Stunden wie im Flug. Bei der Lichtung am Ende des Naturerlebnispfads folgen wir dem Pfeil in Richtung Spielplätze und marschieren in rund 15 Minuten auf einem Waldweg mit dem »Tagpfauenauge« zurück zum Ausgangspunkt. Wer schließlich noch Zeit und Kraft übrig hat, tobt sich an den unter Bäumen angelegten Geräteinseln aus. Hinweis: Kurz vor Druck des Buches eröffnete die ehemalige Gaststätte Trossel am nahen Sportplatz als Café wieder.

Alter
Ab 4 Jahren

Tourencharakter
Spannende, naturnahe Runde für findige Wanderer

Anfahrt
Auto: Via B 11/Zwiesel, B 85/Eppenschlag, B 533/Grafenau oder Neuschönau; in Spiegelau in Richtung Waldspielgelände/Sportplatz abbiegen sowie 100 m hinterm Bahnübergang rechts. Bahn: Waldbahn Spiegelau

Ausgangs-/Endpunkt
Parkplatz Waldspielgelände

GPS-Koordinaten
48.920465, 13.360412

Markierung
Eichhörnchen, Rückmarsch Tagpfauenauge

Einkehr
kaffeehousekultur beim Sportplatz (Mo Ruhetag), Bräustuben-Italiener Kreuzung Bahnhof-/Hauptstraße (Do Ruhetag)

Karte
Kompass Wanderkarte Nr. 196, Mittlerer Bayerischer Wald, 1:50 000

Information
Tourist-Info Spiegelau, Tel. 08553/96 00 17, spiegelau.de

52 Braunbären auf der Spur

Vom Hintereingang durchs Tierfreigelände und zum Hans-Eisenmann-Haus

leicht	1,5/3/ 4,5/7 km	25/50 m 75/100 m	0.45/1.30/ 2.15/3.30 Std.

Alter
Ab 3 Jahren

Tourencharakter
Spaziergang von Gehege zu Gehege auf breiten Wegen

Anfahrt
Auto: Aus Westen über B 85 und Spiegelau, aus Südwesten über B 533 und Grafenau, aus Südosten über Freyung (B 12/B 533), aus Nordosten über Mauth; Parkplatz Altschönau 2 km vom Nationalparkzentrum Richtung Spiegelau. Bus: U. a. Lusen-Bus 602

Ausgangs-/Endpunkt
Hintereingang/Parkplatz Altschönau (2 €), alternativ Parkplatz Nationalparkzentrum Lusen Haupteingang (1 €/ Std., 5 €/Tag)

GPS-Koordinaten
48.904070, 13.469313

Markierung
Richtungspfeile

Einkehr
Waldwirtschaft (SB) und Café Eisenmann am Haupteingang

Karte
Kompass Wanderkarte Nr. 196, Mittlerer Bayerischer Wald, 1:50 000

Information
Nationalparkzentrum Lusen, nationalpark-bayerischer-wald.de

Heimische Tiere von Angesicht zu Angesicht erleben Jung und Alt im Nationalparkzentrum Lusen. Von Anfang an spannend gestalten sich Rundgänge durchs kostenlose Freigelände vom Hintereingang aus. Ganz nach Gusto wählen Familien eine von vier unterschiedlich langen Runden.

Rund 40 Vogel- und Säugetierarten geben im 350 Fußballplätze großen Freigelände einen Eindruck davon, was vor weniger als 200 Jahren im Bayerwald in freier Wildbahn kreuchte und fleuchte. Wer den Einstieg am Parkplatz Altschönau nutzt, marschiert keine zehn Minuten später am Bärengelände entlang und freut sich über die Aktivitäten von Familie Petz.

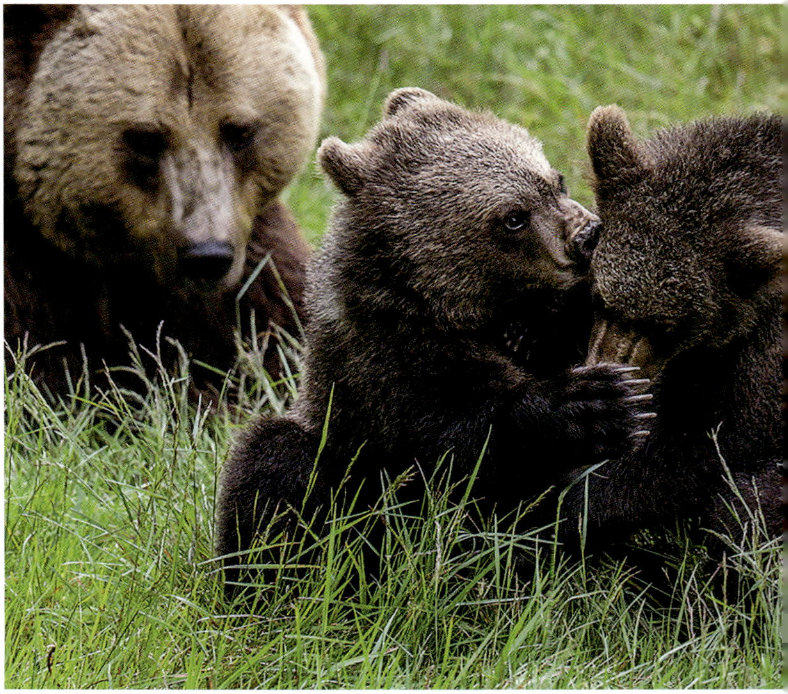

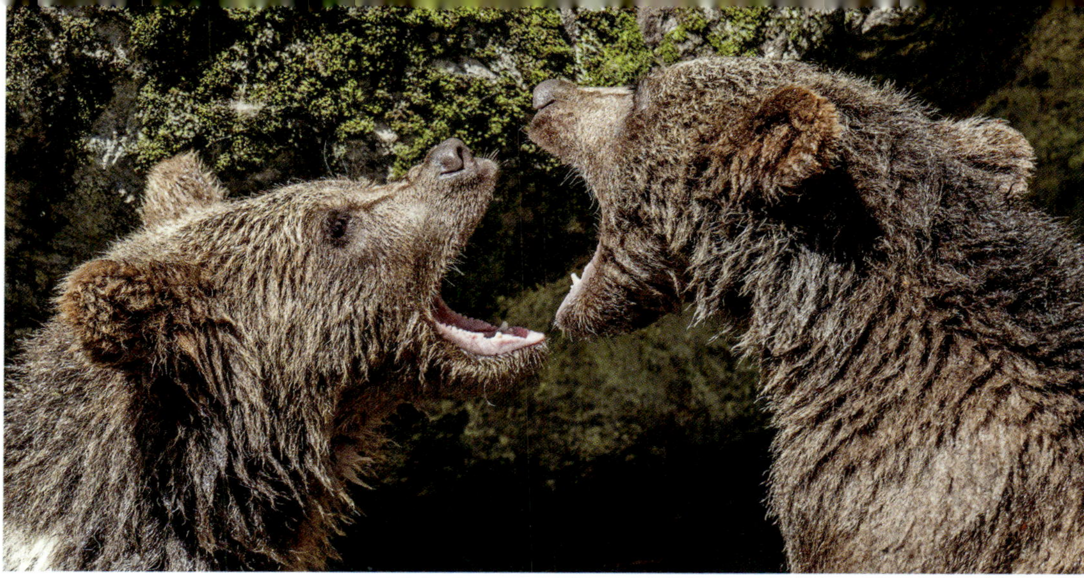

Die kürzeste Runde (1,5 km) führt gegen den Uhrzeigersinn an den Käuzen vorbei und um die Bären herum (nach dem Gehege links in Richtung Waldhäuser abbiegen, dann zurück zum Parkplatz). Bei einer doppelt so langen Runde nutzen wir die erste ausgeschilderte Abkürzung. Diese führt zusätzlich zu Greif- und Stelzvögeln wie Milan und Storch sowie zur Wildkatze. Anschließend geht es bei den Wildschweinen und Rothirschen mitten durch die Gehege hindurch. Dazwischen grüßt der Otter. Auf der nächstgrößeren Runde (4,5 km) besuchen wir zusätzlich die Elche und machen einen Abstecher zu den Wölfen. Oder wir meistern einfach den gesamten sieben Kilometer langen Gehege-Rundweg und erhalten die Chance, auch noch Marder, Biber, Wisent, Luchs, vielerlei Gefieder und seit 2021 auch noch Reptilien zu begegnen. Die geräumigen Gehege schaffen einerseits Lebensräume ähnlich der freien Wildbahn. Andererseits kann es passieren, dass Tierfreunde weit weniger Vierbeiner zu Gesicht bekommen als erhofft. Wer sich die ganze Runde zutraut und die dafür nötige Zeit mitbringt, kann sich bei Halbzeit am Haupteingang in der SB-Waldwirtschaft mit Spielplatz oder im Café Eisenmann stärken. Das angeschlossene Infocenter des Nationalparkzentrums im Hans-Eisenmann-Haus (bis 7. November täglich ab 9 Uhr geöffnet) präsentiert kostenfrei die zeitgemäß gestaltete Dauerausstellung mit dem Titel »Wege in die Natur – Eine Geschichte von Wald und Menschen«. Über allem schwebt das Nationalpark-Motto: »Natur Natur sein lassen.«

Streitigkeiten unter Geschwistern gibt es auch bei Familie Petz.

Linke Seite: Immer wieder gibt es im Bärengehege Nachwuchs zu bestaunen.

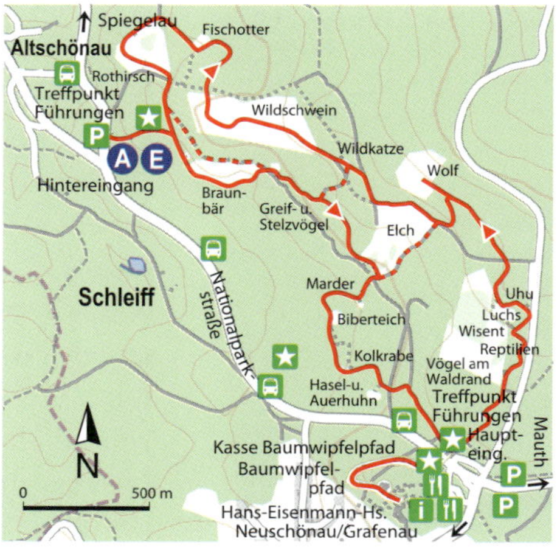

53 Luftiger Baumwipfelpfad

Erhobenen Hauptes ein Stück weit vogelfrei

leicht | 1,5 km | 60 m | bis zu 2 Std.

Alter
Ab 5 Jahren

Tourencharakter
Familien erhaschen ungewöhnliche Blicke in den Wald hinein und über ihn hinweg; ohne Höhenangst ist der barrierefreie Stelzenweg problemlos zu meistern.

Anfahrt
Auto: Aus Westen über B 85 und Spiegelau, aus Südwesten über B 533 und Grafenau, aus Südosten über Freyung (B 12/B 533), aus Nordosten über Mauth. Bus: Unter anderem Lusen-Bus 602 und Finsterau-Bus 603

Ausgangs-/Endpunkt
Parkplatz Nationalparkzentrum im Norden von Neuschönau (1 €/Std., 5 €/Tag)

GPS-Koordinaten
48.891746, 13.488464

Einkehr
Waldwirtschaft (SB) und Café Eisenmann, Gasthof Euler (Di Ruhetag) in Neuschönau

Karte
Kompass Wanderkarte Nr. 196, Mittlerer Bayerischer Wald, 1:50 000

Information
Baumwipfelpfad,
Tel. 08558/97 40 74,
baumwipfelpfade.de

Im Nationalparkzentrum Lusen lockt neben dem Tierfreigelände eine weitere Attraktion: der großartige Baumwipfelpfad. Den Höhepunkt des kostenpflichtigen Stelzenwegs markiert ein 44 Meter hoher Turm, der sich gekonnt in die Landschaft einfügt. Einheimische sprechen liebevoll vom Baum-Ei.

Von Menschenhand geschaffen und doch ganz nah an der Natur zeigt sich der Baumwipfelpfad. Auf dem überraschend langen Stelzenweg erheben sich Familien acht bis 25 Meter hoch über den Waldboden. Unterwegs warten lehrreiche wie spannende Stationen. Während sich die einen über den Wasserkreislauf informieren, überwinden andere Balancierbalken oder Wackelbrücken. Schließlich gipfelt unser Spaziergang durch luftige Höhen im ovalen Baumturm. Eine Wendelrampe führt hoch zur Aussichtsplattform, welche im wahrsten Sinne einen Rundblick bietet. Der nahe Lusengipfel, welcher dem Nationalparkzentrum seinen Namen gibt, sticht besonders ins Auge.

Öffnungszeiten/Eintritt: Täglich ab 9.30 Uhr geöffnet, Erwachsene 11 €, Kinder ab 6 Jahren 9 €, Familien 27 €. Wer vom Baumturm hinabsteigt, landet am Hans-Eisenmann-Haus. Dieses Nationalpark-Infocenter (bis 7. November täglich ab 9 Uhr geöffnet) lädt kostenfrei ein, sich über Wald und Wildnis schlau zu machen. Neben dem Gebäude werden Pflanzen und Gesteine in einem Freigelände samt Naturgarten geballt präsentiert.

Zugabe für Tierfreunde

Zurück vom Baumwipfelpfad auf Mutter Erde können Familien nach Lust und Laune vom Haupteingang an der nördlichen Straßenseite einen Spaziergang durchs Tierfreigelände anschließen (siehe Tour 52).

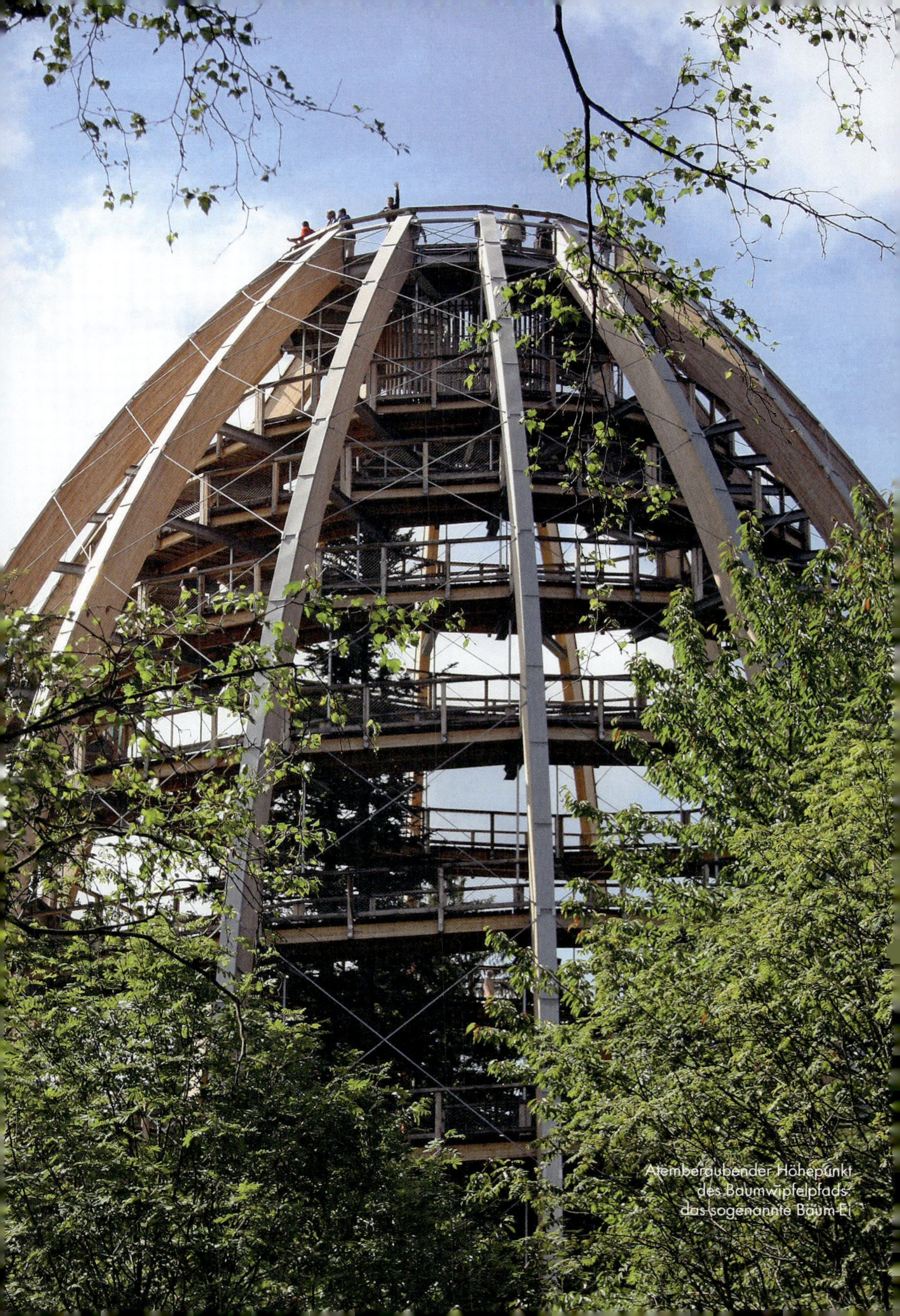

Atemberaubender Höhepunkt des Baumwipfelpfads: das sogenannte Baum-Ei

54 Kräuterweg Eckertsreut

Naturnahe Runde mit Blick auf Ringelai

leicht | 3 km | 100 m | 1.15 Std.

Alter
Ab 4 Jahren

Tourencharakter
Zum Einstieg kurzer, steiler Pfad, sogleich breiter, klar ersichtlicher Rundweg mit Rastbänken und Blicken übers Tal der Wolfsteiner Ohe

Anfahrt
Auf der B 533 bis Abfahrt Grafenau Mitte sowie kurz vor Ringelai rechts hinunter nach Eckertsreut; aus allen anderen Richtungen beim Ortsschild von Ringelai in/aus Richtung Perlesreut gemäß Pfeil hoch

Ausgangs-/Endpunkt
Parkplatz Kräuterhof

GPS-Koordinaten
48.809530, 13.457814

Markierung
Richtungspfeile

Einkehr
Familien-Landhotel Koller und Hotel Stark mitten in Ringelai

Karte
Kompass Wanderkarte Nr. 196, Mittlerer Bayerischer Wald oder Nr. 197, Südlicher Bayerischer Wald, 1:50 000

Information
Tourist-Info Ringelai, Tel. 08555/96 14 11, ringelai.de

Ein wenig auf und ab sowie größtenteils auf bequemen Forststraßen verläuft diese lehrreiche Runde, welche uns heimische Pflanzen näherbringt. Am Rande der Wiesen öffnen sich schöne Ausblicke nach Osten. Fitte Eltern, die den Kinderwagen eingangs kurz tragen, meistern die weitere Strecke problemlos.

Vom Parkplatz aus gehen wir am kleinen Streichelzoo mit Ponys, Ziegen und Schlappohren vorbei geradewegs zum lauschigen Außenbereich des Kräuterhofs. Dort weist der Pfeil mit der Aufschrift »Kräuterweg« zwischen Kräutergarten und Lehrbienenstand bergauf, wobei sich der steile Pfad nicht lange hin-

Asterix und Obelix im Bayerwald

Vom Talkessel Ringelai in Richtung Grafenau erreichen Neugierige auf der Anhöhe mit der Adresse Lichtenau 1a das Keltendorf Gabreta.

Im dortigen archäologischen Erlebnisland unternehmen Groß und Klein eine lebendige Zeitreise in die Epoche keltischer Stämme vor mehr als 2000 Jahren, also zu den hiesigen Verwandten der Gallier.

Nicht zuletzt infolge der Corona-Pandemie befand sich das sehenswerte Keltendorf bei Druck des Buches allerdings im Umbruch; aktuelle Infos unter keltendorf.com.

zieht. Die erste von insgesamt elf Infostationen erklärt, dass es der Blutweiderich feucht mag. Hinter dem Linksknick, der folgenden Streuobstwiese und der Rastbank führt uns eine Links-rechts-Kombination auf eine schmale Forststraße. Die dritte und

vierte Tafel widmen sich dem Baldrian und dem Blutwurz.
Auf der Forststraße marschieren wir durch Mischwald sowie an saftigen Wiesen und Weiden vorbei. Der Blick schweift über das Tal der Wolfsteiner Ohe und die darin eingebettete Ortschaft Ringelai hinweg. Kurz vor Halbzeit weist ein Pfeil nach links bergab. Am tiefsten Punkt der Tour angekommen, biegen wir scharf nach links ab. Das kurze Asphaltstück mündet in eine geschotterte Forststraße und schlängelt sich zurück zum Parkplatz. Ist jemand von der Betreiberfamilie, welche Ferien-Wohnungen vermietet, anwesend, wird für Durstige bisweilen die denkmalgeschützte Kräuterhof-Gaststätte geöffnet. Wer sein Glück versuchen will, klingelt einfach.

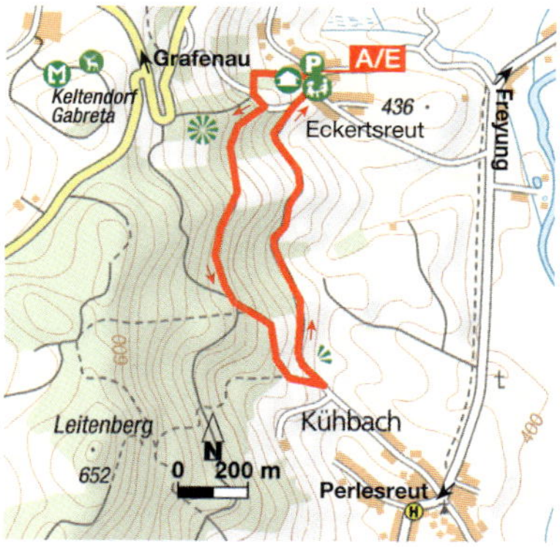

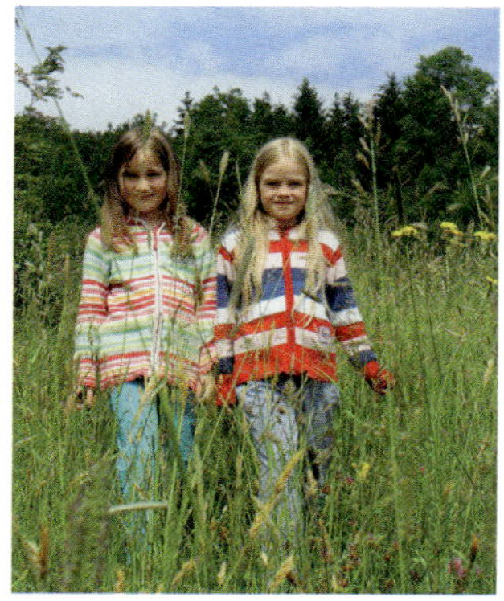

Saftige Wiese am Rande des Kräuterwegs

Unten: Wie das duftet: blühende Mohnblume in Eckertsreut

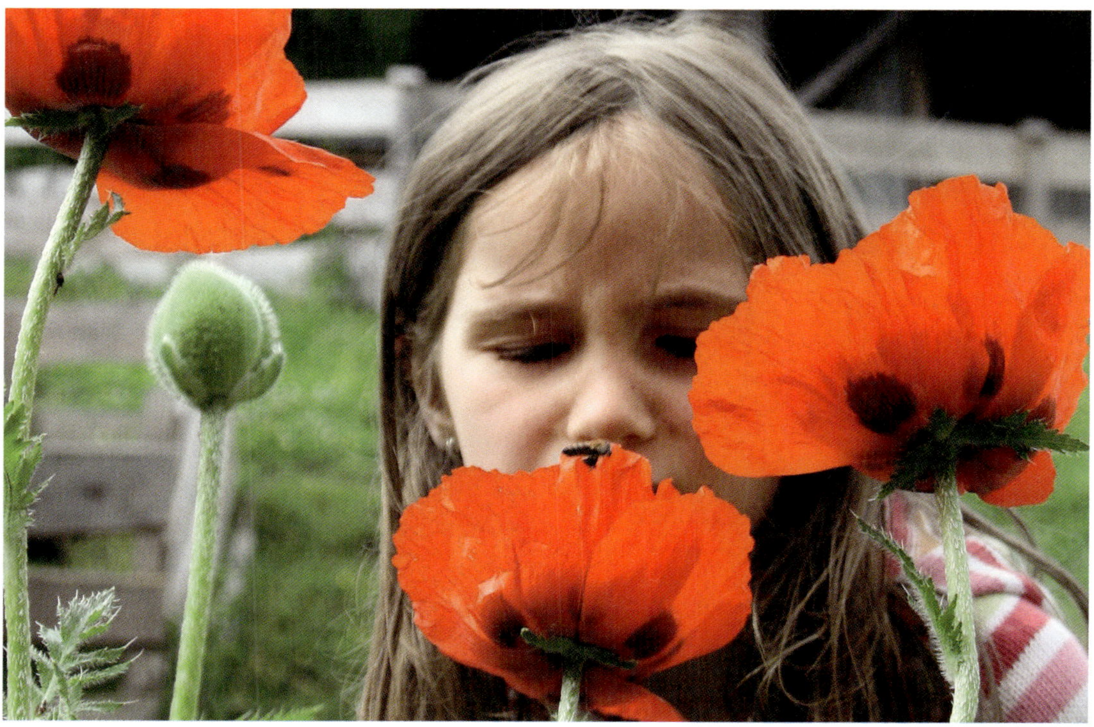

55 Voller Schwung spazieren

Spielerisch wandern auf dem Schaukelweg

leicht | gut 5 km | 150 m | 2.15 Std.

Alter
Ab 5 Jahren

Tourencharakter
Kaum befahrene, fast durchgängig asphaltierte Nebenstraßen durch hügeliges Terrain

Anfahrt
Östlich von Hauzenberg zwischen Sonnen und Breitenberg auf Höhe Jägerbild zum Nordischen Zentrum abbiegen

Ausgangs-/Endpunkt
Wanderparkplatz an der Kaiseralm

GPS-Koordinaten
48.682632, 13.758775

Markierung
Weiße Pfeile Schaukelweg

Einkehr
Kaiseralm am Nordischen Zentrum Jägerbild (Do–So ab 11 Uhr), in Breitenberg Jagdhof hinter dem Rathaus

Karte
Kompass Wanderkarte Nr. 197, Südlicher Bayerischer Wald, 1:50 000

Information
Gemeinde Breitenberg, Tel. 08584/96 18 16, breitenberg.de

Das Wandern entpuppt sich als reines Vergnügen, wenn Familien an 18 Stationen zwischen Wiesen und Wäldern hin und her sowie auf und ab schaukeln oder sich munter im Kreis drehen. Die hügelige Runde, welche das möglich macht, liegt vor Breitenberg unweit der Grenze zu Österreich.

Ob Nestschaukel, Schiffschaukel oder gemütliche Hängematte – auf dieser Tour dreht sich alles um den Spaß am Spielen. Eltern, bei denen ein Sprössling im Kinderwagen sitzt, schätzen, dass die Strecke größtenteils auf Asphalt verläuft. Der Einstieg erfolgt am Nordischen Zentrum fünf Kilometer südwestlich von Breitenberg. Ab Kaiseralm (früher Blutwurz Hütt'n) geht es auf der leicht befahrenen Nebenstraße in Richtung Südosten. Nach 300 Metern weist ein Schaukelweg-Pfeil links in den Jägersteig, der zunächst sanft bergab führt. Vor und besonders nach der ersten Wippe fällt die Straße steil ab – gegebenenfalls den Kinder-

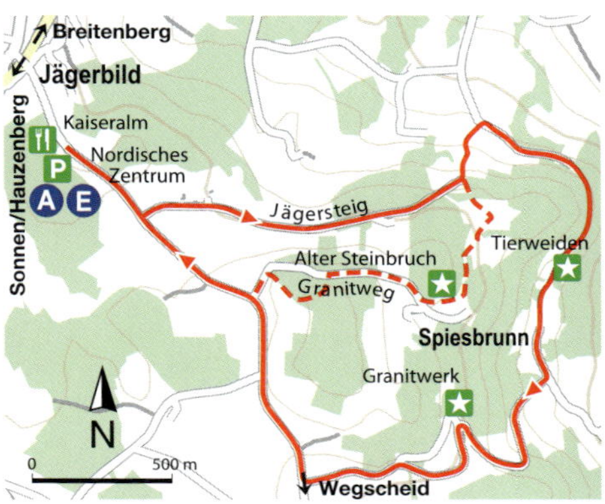

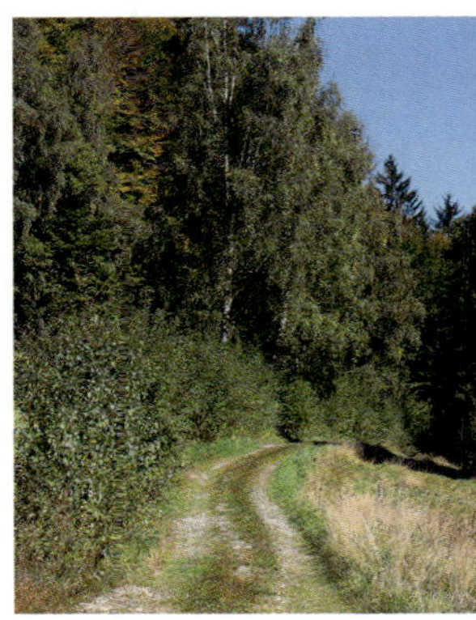

wagen gut festhalten! Der Blick fällt auf den Dreisesselberg im Dreiländereck sowie ein Stück weiter östlich auf den Hochficht im benachbarten Mühlviertel in Österreich. Dessen markante Pisten nutzen in der kalten Jahreszeit gerne Wintersportler.

Am tiefsten Punkt des Rundwegs geht es scharf nach rechts, dann halbwegs ebenerdig weiter. Im folgenden Wald beginnt das einzige unasphaltierte Stück mit etwa 500 Meter Länge. Mit Freude marschieren wir zwischen zwei Weiden hindurch.

Ab dem Spiesbrunnweg bewegen wir uns erneut auf Asphalt. Nach etwa 200 Meter weist der Schaukelweg-Pfeil rechts hoch. Sportlich bergan schlängelt sich unsere Route am Granitwerk Essl vorbei. Ein kleines Stück dahinter folgt eine Kurve, und es geht am Waldrand entlang. Sogleich folgen wir dem Pfeil »Jägerbild« nach rechts die letzten eineinhalb Kilometer auf leicht befahrener Straße über die Kuppe hinweg zurück zum Ausgangspunkt. Gerade an heißen Tagen lohnt es sich zu wissen, dass in der Kaiseralm neben Hüttenpizza oder Pfannkuchen auch Eisbecher serviert werden.

Kurz und schmerzlos

Der Granitweg verkürzt die Runde auf gut drei Kilometer Länge (siehe gestrichelte Linie auf der Karte). Bevor es auf dem Schaukelweg steil bergab geht, steigen wir bei dieser Variante gemäß Pfeil rechts auf den Kamm hoch. Oben angekommen halten wir uns beim zweiten Weg erneut rechts und marschieren am Waldrand entlang. Der aufgelassene Steinbruch vor dem folgenden Anwesen wird rechts liegen gelassen.

Fast wie auf dem Volksfest: eine Station mit kleiner Schiffschaukel

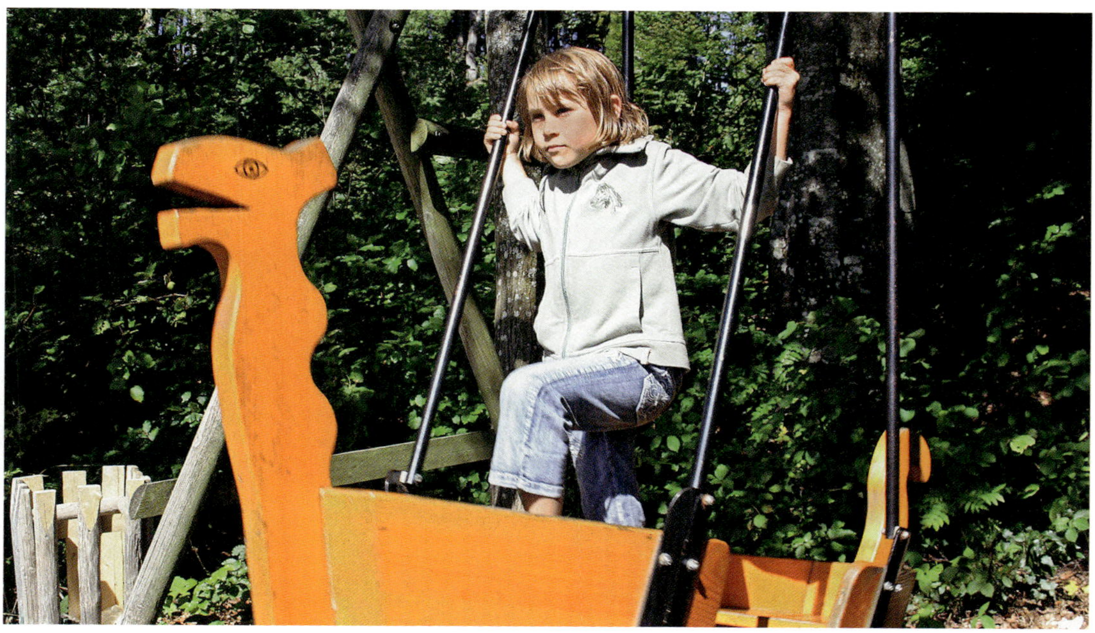

Linke Seite: Variante Granitweg (siehe Kasten)

56 Sonnenwald-Erlebnispfad

Ab Reichlhöhe auf den Brotjacklriegel

leicht | 3,5 km | 100 m | ab 1.30 Std.

Alter
Ab 4 Jahren

Tourencharakter
Viel Pfad in schattigem Terrain von Station zu Station bergwärts; Rückmarsch direkt auf der Forststraße, welche sich für Kinderwagen bestens eignet

Anfahrt
Von Westen via B 533 und Grattersdorf, von Süden via Schöllnach, von Osten über Zenting, von Norden via B 533 und Schöfweg; gegenüber Feuerwehrhaus südlich von Langfurth den Brotjacklriegelweg 1 km hochfahren

Ausgangs-/Endpunkt
Parkplatz Reichlhöhe

GPS-Koordinaten
48.825315, 13.210758

Markierung
Erlebnispfad und Jackl-Kopf

Einkehr
Turmstüberl, Gasthof Ranzinger in Langfurth (Do Ruhetag), Gasthof zum Sonnenwald in Schöfweg (Mi Ruhetag)

Karte
Kompass Wanderkarte Nr. 196, Mittlerer Bayerischer Wald, 1:50 000

Information
Touristikverein Sonnenwald, region-sonnenwald.de

Gemeinsam mit dem kleinen Jackl spazieren Familien oberhalb von Langfurth durch den dichten Wald. Auf dem überschaubaren Pfad hangeln sich neugierige Entdecker auf zehn Stationen parallel zur Forststraße hinauf zur Gipfelkuppe und genießen das Panorama vom Aussichtsturm.

Folgen wir ab Reichlhöhe der Forststraße sanft bergan, grüßt sogleich der lustige Jackl von einer Astgabel. Wenige Schritte weiter weist der Pfeil »Sonnenwald Erlebnispfad« nach rechts in den von Buchen dominierten Forst hinein. Je nach persönlichem Interesse widmen wir uns den folgenden Stationen und begreifen zum Beispiel, was die Tiere des Waldes zum Fressen gern haben. Vor dem dritten Haltepunkt orientieren wir uns auf breitem Weg ein kleines Stück quer nach links. Zu den weiteren Stationen führen teils kurze Stichwege. Nummer vier steht ganz im Zeichen der Entspannung. Deshalb sagt der Jackl: »Psssst.« Bei Station fünf musizieren wir naturnah – den Summstein bitte nicht übersehen!

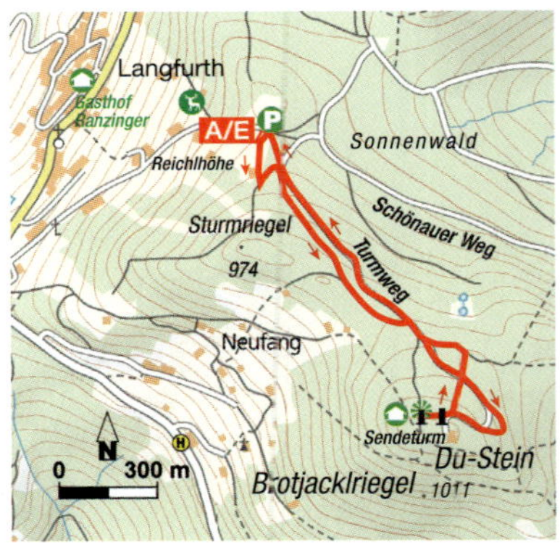

Vor Station sieben marschieren wir ein paar Meter auf der Forststraße und tauchen auf der anderen Seite in den Wald hinein. Rund um Nummer acht verstecken sich haarige Vierbeiner. Zuletzt führt uns die Forststraße am »Du-Stein« vorbei. Seine Inschrift erinnert an das ungeschriebene altbayerische Gesetz, demzufolge Menschen auf über 1000 Meter Höhe stets »Du« zueinander sagen. Lassen wir den 125 Meter hohen Sendemast links liegen, erreichen wir sogleich die Gipfelkuppe. Dort treffen Jung und Alt vor dem Aussichtsturm auf die zehnte und letzte Station des Erlebnispfads und verabschieden sich vom Jackl.

Von dem kleinen Waldbewohner leitet sich übrigens einer Sage nach der Name des Berges ab. Einst hieß es, dem Männlein namens Jackl gehe das Brot niemals aus. Da es den Grund dafür nicht preisgeben wollte, versperrte man den Eingang seiner Höhle mit einem Felsblock. Als Sühne für dieses frevelhafte Verhalten wurden die Übeltäter in Steine verwandelt, welche heute noch um den Gipfel verstreut liegen. Soweit die Geschichte. In echt rührt der Name Brotjacklriegel eher daher, dass die ursprüngliche Bezeichnung »Breiter Jägerriegel« einfach bairisch ausgesprochen und verkürzt wurde. Die Bezeichnung Sonnenwald wiederum geht auf einen alten Flurnamen zurück.

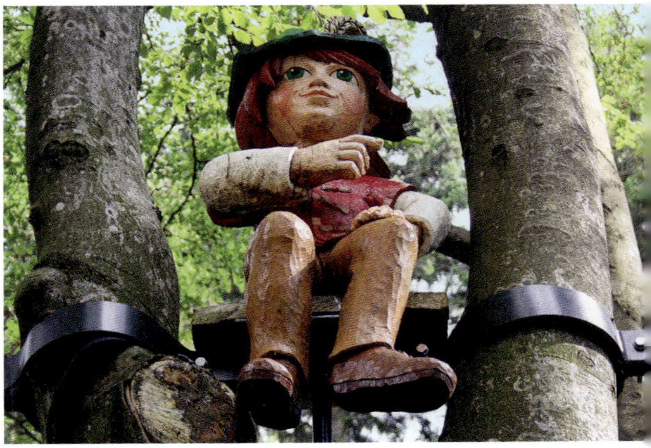

Der schlaue Jackl begleitet uns auf Schritt und Tritt.

Im holzvertäfelten Aussichtsturm lädt ein einfaches Stüberl mit kleiner Terrasse zur Rast ein. Eine Auswahl verschiedener Würste oder Gulaschsuppe sowie Kuchen stillen den Hunger. Auf 126 Stufen steigen Groß und Klein zur 25 Meter hoch gelegenen Aussichtsplattform, welche über die Wipfel hinausragt und ein traumhaftes Panorama bietet – vom Nationalpark Bayerischer Wald im Nordosten bis zu den Alpen im Süden bei besonders klarer Sicht. Für das Vergnügen bezahlen Jugendliche ab 14 Jahren und Erwachsene 1 € sowie Kinder ab 6 Jahren 0,50 € vorab am Tresen. Noch Jüngere dürfen die Älteren umsonst begleiten. Ihre Pforten öffnen Stüberl und Plattform ab Palmsonntag bis Ende der Allerheiligenferien und rund um Weihnachten außer bei sehr schlechtem Wetter.

Den Abstieg legen wir auf der Forststraße zurück. Wer 30 Meter vor dem »Du-Stein« nach links abbiegt, umgeht die lang gezogene Kurve des Forstwegs. Gegebenenfalls folgen wir am Ende der unbeschilderten Abkürzung der Forststraße nach links und marschieren weiter sanft bergab. Nach insgesamt rund 30 Gehminuten vollenden wir den flotten Rückmarsch zum Parkplatz auf der Reichlhöhe.

Steil nach oben

Wer es sportlich mag, der absolviert die doppelt so lange Daxsteiner Turmrunde zur Gipfelkuppe (siehe Tour 28).

57 Der GEHsundheitsweg

Am Ruselabsatz sanft auf und ab wandern

leicht | 3 km | 90 m | 1.30 Std.

Alter
Ab 4 Jahren

Tourencharakter
Familienfreundliche Tour auf Wegen und Pfaden durch weitgehend schattigen Vorwald

Anfahrt
Auto: Staatsstraße Deggendorf–Regen über Rusel. Bus: Unter anderem Bus 4116 Deggendorf–Bischofsmais

Ausgangs-/Endpunkt
Südseite Parkplatz Ruselabsatz (Passhöhe)

GPS-Koordinaten
48.875506, 13.066145

Markierung
Stilisierter Baum

Einkehr
Landgasthof Düllhof (4 km Anfahrt zunächst Richtung Regen, dann rechts runter in Richtung Schaufling bis Ensmannsberg, Di Ruhetag)

Karte
Kompass Wanderkarte Nr. 196, Mittlerer Bayerischer Wald, 1:50 000

Information
Tourismusreferat Deggendorfer Land, Tel. 0991/310 02 31, gehsundheitsweg.de

Auf der Passhöhe der Rusel freut sich der Nachwuchs auf einen vielgestaltigen Rundweg mit elf naturnahen Themenstationen durch den Vorderen Bayerwald. Vom Geßinger Stein und vom Königstein bezaubern zwei Ausblicke, welche sich prima ergänzen.

Die Natur mit Auge, Nase und Ohr erkennen und bewusst erleben – das ist die Philosophie dieser bunten Runde. Vom Parkplatz am Ruselabsatz verläuft der Weg gegen den Uhrzeigersinn in Richtung Süden. Nach wenigen Metern verlassen wir die Forststraße und folgen dem stilisierten Baum nach rechts. Ein hübscher Pfad führt durch schattigen Mischwald, anschließend durch reinen Fichtenforst.

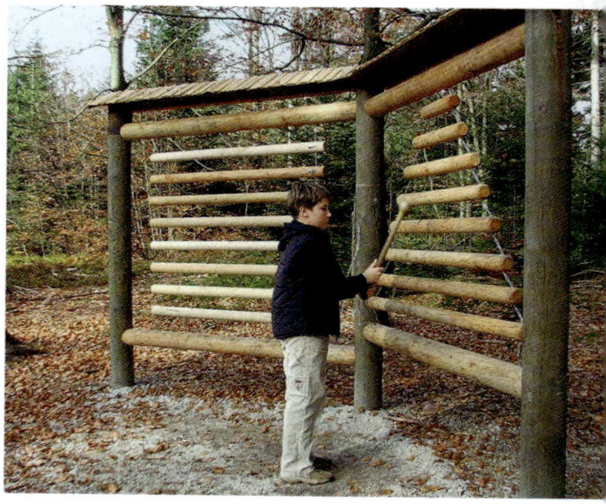

Die Stationen auf dem GEHsundheitsweg regen Groß und Klein gemäß Konzept dazu an, den Waldboden zu erfühlen oder Quellwasser zu spüren. Inwieweit sich dadurch wie angekündigt die Perspektiven ändern, macht jeder mit sich selbst aus. Doch auch falls der versprochene »Einklang von Körper und Seele« nicht vollends eintritt – Spaß bereitet der kindgerechte wie unterhaltsame Weg allemal. Das Holzxylophon bei der Station »Klangspiele« kräftig zu schlagen, lässt sich der Nachwuchs sicher nicht entgehen.

Ein gut 150 Meter langer Stichweg führt zu einem kleinen Felsvorsprung namens Geßinger Stein. Von diesem großartigen Aussichtspunkt schweift der Blick über das Schauflinger Tal hinweg nach Süden. Mit Glück erblicken Wanderer bei Föhnwind am

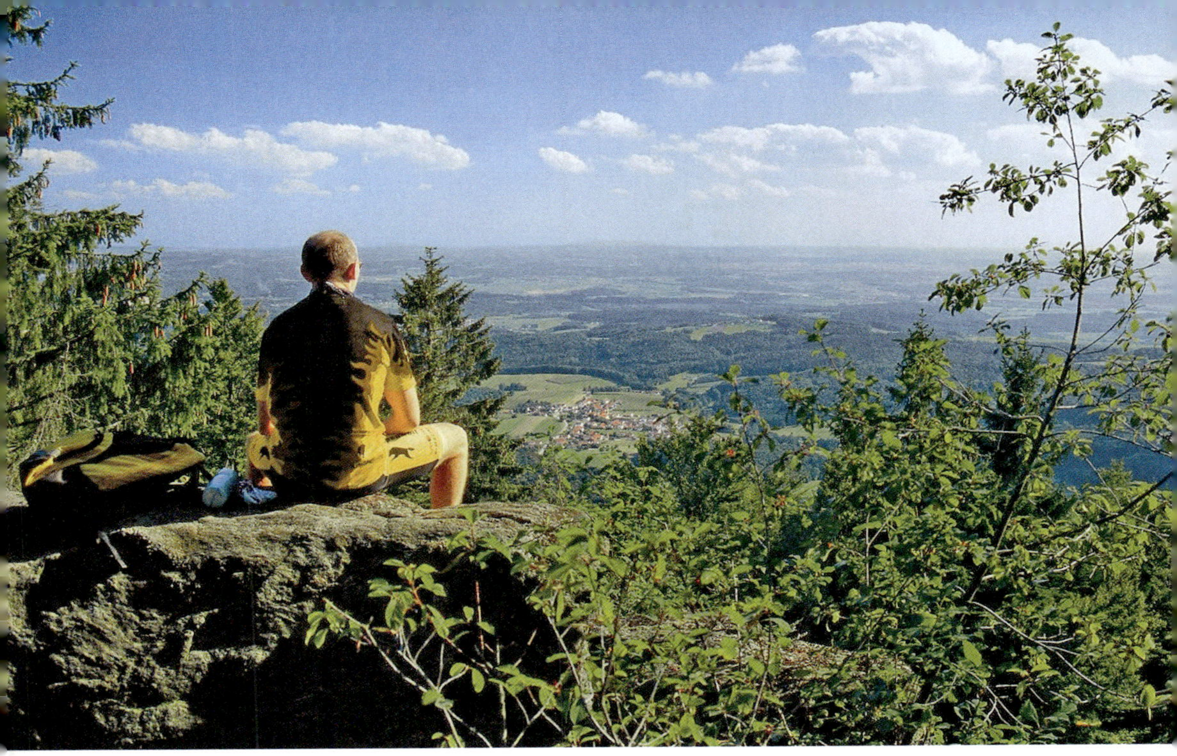

Horizont sogar die Alpen mit der 2713 Meter hohen Watzmann-Doppelspitze – eine Panoramakarte verrät Genaueres. Im Rahmen der GEHsundheitsweg-Idee bedeutet das, »die Weite des Raumes« zu erleben.

Vom Geßinger Stein schweift der Blick über den Lallinger Winkel und die Donau hinweg in südliche Richtung.

Linke Seite: Bei dieser Station wartet auf Kids ein Holzxylophon.

Nach dem Abstecher zum Geßinger Stein führt die Runde ab dem Holzxylophon auf gekiestem Forstweg weiter in Richtung Königstein. Dieser erinnert an den Besuch von Maximilian II. Joseph, dem Vater des späteren Märchenkönigs Ludwig II., im Jahre 1849. Um den 850 Meter hoch gelegenen Stein zu erklimmen, biegen wir gemäß Markierung nach links ab. Auf dem kurzen, sportlichen Anstieg begegnen uns Schwefelflechten. Am Aussichtspunkt grüßt aus Richtung Osten der Brotjacklriegel jenseits des Lallinger Winkels. Sein markanter Sendemast markiert die südlichste Erhebung im Vorderen Bayerwald über der 1000-Meter-Marke.

Weiter geht es auf einem Pfad, der Lust auf mehr macht. Dem Summfelsen folgt ein echter Ort der Stille mit Marterl – einem Bildstock, der an ein einst geplantes Kloster erinnert. Hinter der Bergstation des alten Skilifts treffen wir auf einen Quellwassergrand. Zum plätschernden Nass gesellt sich das Rauschen des Straßenverkehrs, welches auf seine Art und Weise das baldige Ende der Runde verkündet.

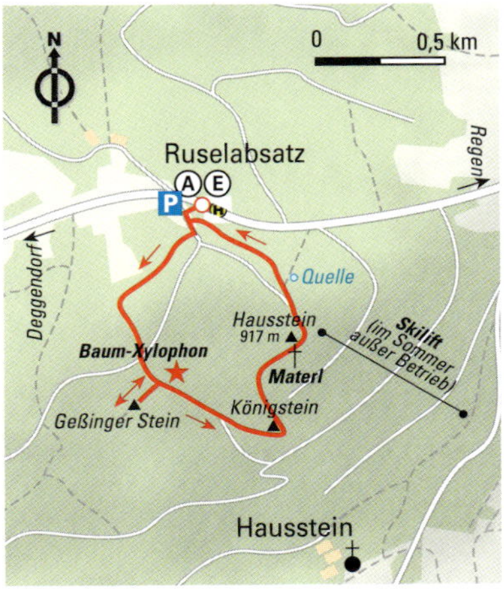

58 Erhebender Waldwipfelweg

Auf Stelzen der Sonne entgegen

leicht | 2 km | 25 m | ab 2 Std.

Alter
Ab 4 Jahren

Tourencharakter
Barrierefreier Stelzenweg für Schwindelfreie mit krönender Waldturm-Aussicht, im Anschluss schlängelt sich ein Erlebnispfad durch den Wald.

Anfahrt
Aus Norden via Rattenberg oder Prackenbach, aus Nordosten via Viechtach, aus Süden über die A 3 (Abfahrt Bogen oder Schwarzach), aus Westen über Elisabethszell

Ausgangs-/Endpunkt
Parkplatz Waldwipfelweg 3 km westlich von St. Englmar (gut ausgeschildert)

GPS-Koordinaten
49.011475, 12.783379

Einkehr
Woid-Wipfe-Häusl (SB) mit Spiellandschaft im 1. Stock; Kramer-Wirt an Zufahrtskreuzung in Grün (Mo/Di Ruhetag)

Karte
Kompass Wanderkarte Nr. 195, Nördlicher Bayerischer Wald oder Nr. 185, Westlicher Bayerischer Wald, 1:50 000

Information
Familie Six in Maibrunn, Tel. 09965/800 87, waldwipfelweg.de

Aug in Aug mit Baumkronen in bis zu 52 Meter Höhe fühlen sich Jung und Alt fast so frei wie ein Vogel. Am Boden der Tatsachen macht ein pfiffig gestalteter Pfad die Natur begreifbar und verblüfft mit optischen Kuriositäten. Ein schräges Haus und exotische Tiere runden das kostenpflichtige Abenteuer ab.

In der Tat öffnet der Blick auf die nahen Baumspitzen neue Perspektiven. Noch mehr begeistert, über die Donau und den Gäuboden hinweg die Isar flussaufwärts in der Ferne zu erspähen. Wenn der Föhnwind bläst, grüßen am südlichen Horizont sogar die rund 200 Kilometer entfernt gelegenen Alpen, aus denen der Großglockner hervorspitzt. Eine Panoramatafel am Ende der Aussichtsplattform hilft bei glasklarer Sicht, die österreichischen wie bayerischen Gipfel richtig zu verorten. Nicht minder begeistert der Blick vom 2020 errichteten, majestätischen Waldturm auf die weit näheren Anhöhen im Vorderen Bayerwald.

Wenn der Wind ein leises Lied pfeift, wiegt sich der Stelzenweg ein wenig. Beim Weitermarsch bietet sich alternativ eine waghalsig wirkende Hängebrücke an. Schritt für Schritt nähern wir uns auf der 370 Meter langen Konstruktion wieder dem Erdboden.

Zurück im Schoß von Mutter Erde schließt sich ein gut ein Kilometer langer Naturerlebnispfad an. Schautafeln erklären an 25 Mitmach-Stationen spielerisch, wie Tierspuren gelesen werden oder wie viel Steine wirklich wiegen. In der Sinneshöhle hören wir mehr oder weniger bekannte Geräusche des Waldes und versuchen an den Duftsäulen, die Rose am Geruch zu erkennen. Kleine Kletterer probieren sich an der Außenwand der künstlichen Höhle. Der folgende »Pfad der optischen Phänomene« überrascht nicht nur junge Abenteurer mit findigen Spielereien, welche in dieser Bandbreite selten zu sehen sind.

Um das SB-Restaurant mit seiner geräumigen Sonnenterrasse herum landen wir vor dem Ausgang bei den Gehegen. Dort können Tierfreunde australischen Wallaby-Kängurus, südameri-

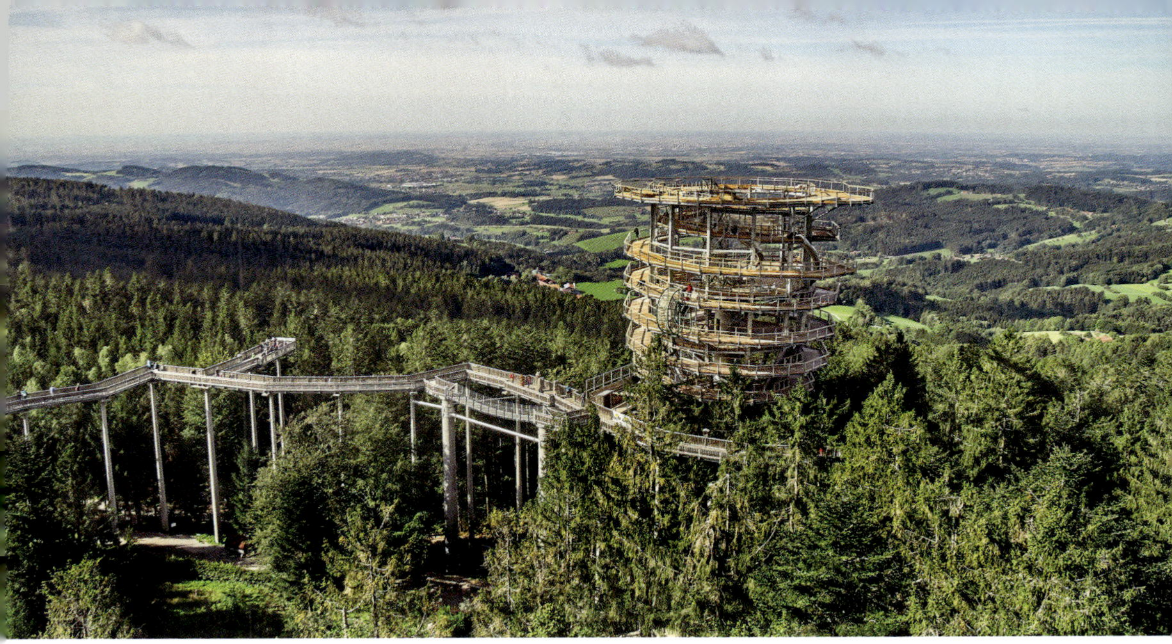

Der luftige Waldwipfelweg unweit von Sankt Englmar öffnet neue Perspektiven und begeistert Schwindelfreie.

kanischen Alpakas und Lamas sowie alpenländischen Schwarznasenschafen einen Besuch abstatten.

Wer will, betritt zum Abschluss das »Haus am Kopf«. Wie Neugierige bereits beim Eingang feststellten, steht es in der Tat auf dem Dach. Wegen seiner zusätzlichen Längs- und Querneigung ist den meisten beim Besuch ein wenig schummrig zumute. Zudem werden Groß und Klein in den einzelnen Zimmern selbst zu einem Teil optischer Illusionen. Wer ein paar Fotos schießt, sollte anschließend probieren, die Bilder zu drehen. Tipp: Lasst es beim Fotografieren wie einen Handstand aussehen!

Übrigens: Der aus Lärchenholz gefertigte Waldwipfelweg ist 2,50 Meter breit, verfügt über ein stabiles Geländer und steht auf geprüften Betonmasten. Für einen Besuch sollten sich Familien mindestens zwei Stunden Zeit nehmen. Je besser die Sicht ist, umso mehr rentiert es sich. Geöffnet ist der Waldwipfelweg von April bis September 9–19 Uhr und von Oktober bis März 9–16 oder 17 Uhr; Preise für Erwachsene 11 €, Kinder 3–15 Jahre 6 €, Jüngere frei, Familien 27 €, »Haus am Kopf« 2 € extra/Person (Münzeinwurf am Drehkreuz).

Hier steppt der Bär

Richtig rasanten Fahrspaß bieten Bobs, Coaster, »Da voglwuide Sepp« sowie der Bayerwald-Fox am Egidi-Buckel in Grün zwischen Waldwifpelweg und Sankt Englmar. Darüber hinaus locken Attraktionen wie Spielscheune, Aussichtsturm oder Streichelgehege kleine Besucher an. Der Eintritt ist frei, bezahlt wird für den Fahrspaß; SB-Gastronomie. Geöffnet eine Woche vor Ostern bis Anfang November; sommerrodeln.de.

59 Im Wilden Waldgebirge

Auf dem Naturlehrpfad bei Sankt Englmar drei Tausender überschreiten

mittel	5,5 km	180 m	2.30 Std.

Alter
Ab 6 Jahren

Tourencharakter
Schöne Schleife durch Nadel- wie Mischwald mit Ausblicken in unterschiedliche Richtungen

Anfahrt
Aus Norden via Rattenberg oder Prackenbach, aus Nordosten via Viechtach, aus Süden über die A 3, aus Westen über Elisabethszell; beim Predigtstuhl Resort dreimal abbiegen

Ausgangs-/Endpunkt
Parkplatz Kletterwald vor dem Tannenhof in St. Englmar

GPS-Koordinaten
49.005563, 12.835803

Markierung
Naturlehrpfad Wildes Waldgebirge/stilisierter Wacholder

Einkehr
Kiosk beim Kletterwald, Restaurant Sonnenhügel (in Pfeilrichtung Straubing nach knapp 500 m bei der Bushaltestelle links runter, Fr–So ab 11 Uhr)

Karte
Kompass Wanderkarte Nr. 195, Westlicher Bayerischer Wald, 1:50 000

Information
Urlaubsregion St. Englmar, Tel. 09965/84 03 20, urlaubsregion-sankt-englmar.de

Der im Jahr 2015 eingeweihte Naturlehrpfad Wildes Waldgebirge erschließt Wanderfreunden erstmals den Hochberg. Da der Predigtstuhl und der Knogl ebenso zu meistern sind, überqueren wir drei Gipfel, welche mehr als 1000 Meter messen. An den 24 Stationen picken wir heraus, was uns anspricht.

Am Parkplatz orientieren wir uns am grünen Pfeil »Lehrpfad Waldgebirge«, verlassen den Asphalt und marschieren an der linken Seite des Feriendorfs mit seinen Blockhütten entlang (und nicht zum Kletterwald hin). Keine fünf Minuten später überrascht der Ausblick nach Nordosten in den Hinteren Bayerwald. Zwei mächtige Türme, einst ein NATO-Horchposten, grüßen vom Hohen Bogen.

Nun geht es halb rechts über einen geschotterten Waldweg weiter. Unter Fichtennadeln klopfen Neugierige ans Baumtelefon. Zum Balancieren taugt der Stumpf ebenso. Wo im Winter Skifahrer zu Tal brettern, beginnt der sportliche Aufstieg zum Predigtstuhl. Die grüne Piste wirkt ein Stück weit wie eine Almwiese. Bergwärts lassen wir das Wurzelwerk links liegen. Kurz bevor sich zwei Schlepplifte treffen, genießen wir den Blick hinüber zum benachbarten Pröller im Nordwesten sowie zum Kreuzfelsen über Bad Kötzting im Nordosten gleich neben dem Hohen Bogen, wie die Panoramatafel verrät. Blicken wir noch weiter nach rechts, sehen wir zwar nicht ganz bis zum Großen Arber, aber immerhin bis zum Schwarzeck am Arberkamm.

Über die Lifttrasse hinweg geht es halb rechts weiter. Nach wenigen Schritten biegen wir nach links, um den eigentlichen Gipfel des Predigtstuhls nach insgesamt knapp 45 Gehminuten zu erreichen. Das über fünf Meter hohe Holzkreuz wird von Felsen eingerahmt und von Buchen überragt.

Ein kleines Stück weiter lassen wir den zweiten Schlepplift links liegen und erreichen einen Pavillon. Einen Steinwurf entfernt weist das Lehrpfad-Schild nach links in Richtung Hochberg. Auf

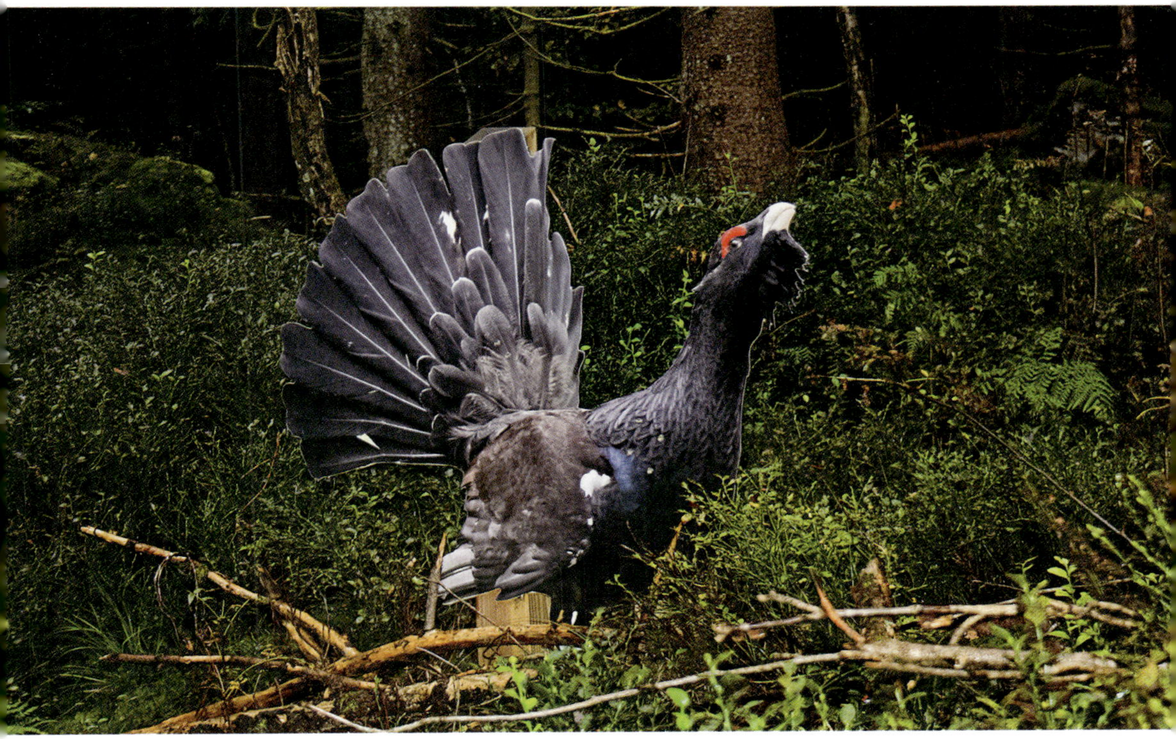

dem Marsch dorthin verlassen große und kleine Wanderer die Hauptroute und beschreiten neue Wege. Das Areal rund um den Gipfel wurde von einer Fichten-Monokultur befreit, um Wacholder und Heidelbeeren das nötige Licht für ihr Wachstum zu geben. Die zurückversetzt gelegenen Felsblöcke ähneln denen am Predigtstuhl.

Aufgepasst: Nicht nur ein Auerhuhn hält sich am Naturlehrpfad nahe dem Knoglgipfel versteckt.

Nur 100 Meter weiter erreichen wir erneut eine Lichtung. Aufgepasst: Lediglich ein kleiner Pfeil weist von unserem Weg nach rechts in den schmalen Pfad, welcher sich durch Heidekrautgewächse schlängelt, um sich mit der Hauptroute zu vereinen. Am dortigen Wanderknoten wenden wir uns nach links und erreichen 150 Meter weiter eine Gabelung. Dort halten wir uns gemäß Wacholder-Markierung halb links und kommen an einem Unterstand vorbei. In etwa der Höhenlinie entlang geht es auf geschottertem Forstweg durch lichten Mischwald flott voran.

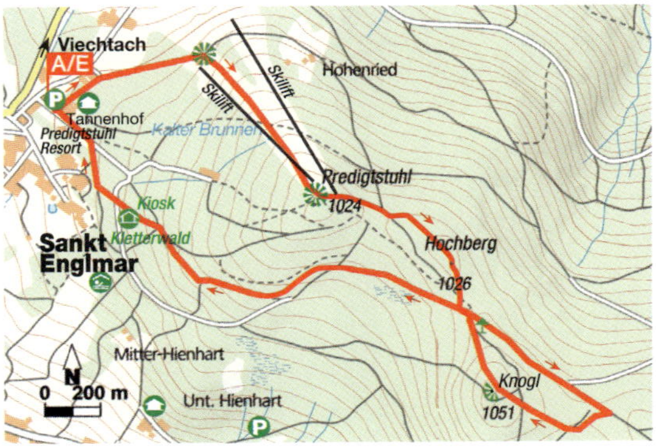

Unten: Ein gekonnter Balanceakt erfreut jederzeit.

An der Baumwippe biegen wir scharf nach rechts ab und nehmen auf schmalem Pfad den Knogl in Angriff. Lauert da jemand im Gebüsch? Links erwartet uns die Gipfelformation, welche aus einem überschaubaren Blockstrom besteht und sowohl den höchsten als auch den schönsten Punkt der Tour markiert. Wer vom Kreuz in Richtung Süden späht, erblickt den Bogenberg über der Donau samt seiner Wallfahrtskirche.

Unser Rückweg führt zunächst auf teils verwurzeltem, teils steinigem Pfad durch eine Art Zauberwald. Auf Höhe des Unterstands marschieren wir halb links ein paar Meter auf bekannter Strecke zurück, ehe der Rückweg-Pfeil erneut halb links vereint mit Nr. 6 weiter talwärts weist. Die folgende Forststraße wird nur touchiert. Unser Pfad verläuft parallel dazu, aber separat. Auch im Fichtenwald zeigt sich der alte Holzhauersteig keineswegs steil, aber überraschend steinig und verwurzelt. Beim zweiten Aufeinandertreffen wird die Forststraße gekreuzt. Geradlinig geht es weiter sanft bergab. Den größten Teil des Kletterwalds lassen wir links liegen – außer wir wollen dort noch ganz hoch hinaus (s. Tipp). Beim Tannenhof erreichen wir einen asphaltierten Weg und wenige Schritte weiter den Parkplatz. Der lehrreiche Marsch durchs Gelände ist geschafft!

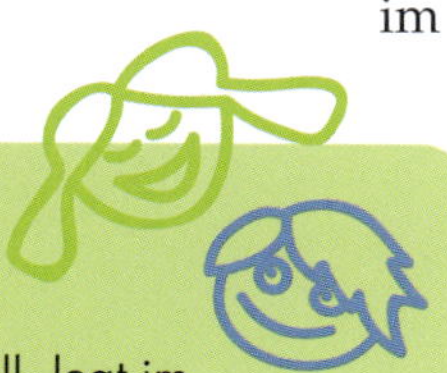

Hoch hinaus

Wer überschüssige Kräfte loswerden will, legt im Kletterwald einen Stopp ein. Um die Parcours mit ihren breit gefächerten Schwierigkeitsgraden zu meistern, erfolgt natürlich eine ordentliche Einweisung. Nicht nur dafür sollte man genügend Zeit mitbringen. Geöffnet in den bayerischen Ferien täglich, sonst Mai/Juni Mo–Do meist geschlossen; Preise inkl. Ausrüstung Kinder ab 4 Jahre 8 €, 6–8 Jahre 16 €, 9–15 Jahre 17,50 €, Erwachsene 22,50 €, Familien ermäßigt; kletterwald-englmar.de.

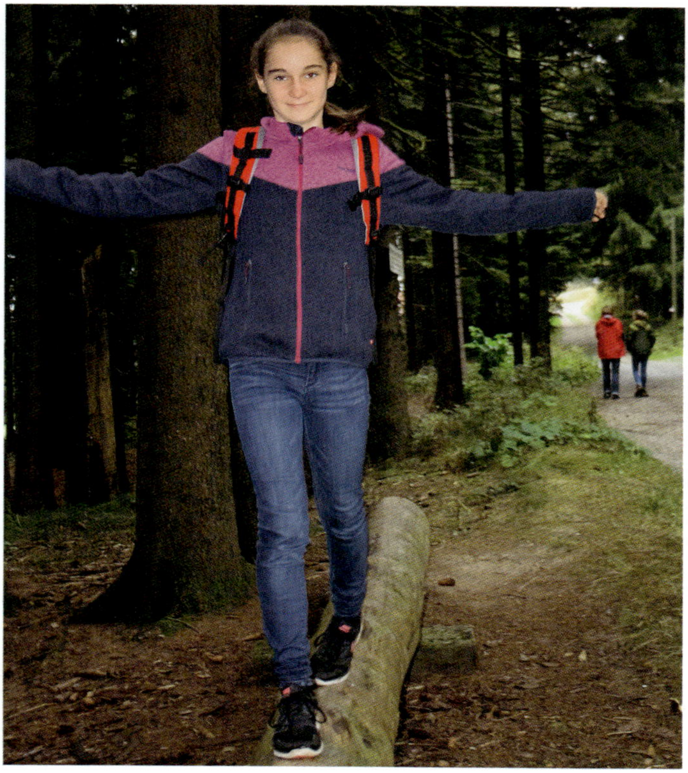

Rund um den Kobelberg

60

Der Naturerlebnisweg ab Schiederhof

Wo der Vordere Bayerische Wald ausläuft, liegt der altehrwürdige Waldgasthof Schiederhof. Von dort marschieren wir gegen den Uhrzeigersinn in weitem Bogen um die versteckte Kuppe am bewaldeten Kobelberg herum.

Rechts neben dem Waldgasthof-Idyll weist der grüne Pfeil in eine kleine Senke, halb links folgt dichter Wald. Die erste Station des Erlebniswegs widmet sich dem Leben der Ameisen. Das passt prima, denn am Kobelberg finden sich eine Reihe mächtiger Hügel der geschützten Roten Waldameise. Der breite Weg schlängelt sich weiter sanft auf und ab durch den von Laubbäumen geprägten Mischwald. Vereinzelte moosbewachsene Granitblöcke erinnern daran, dass wir uns im Bayerwald bewegen. Zu den spannendsten Stationen am Wegesrand gehören Balancierbalken, Summstein und Holzxylophon. Eine lichte Passage an einer saftigen Wiese entlang läutet den Endspurt ein. Auf Asphalt angekommen, wenden wir uns nach links und gehen die letzten 500 Meter behutsam auf der mäßig befahrenen Zufahrtsstraße zurück zur abgeschieden gelegenen Einkehr.

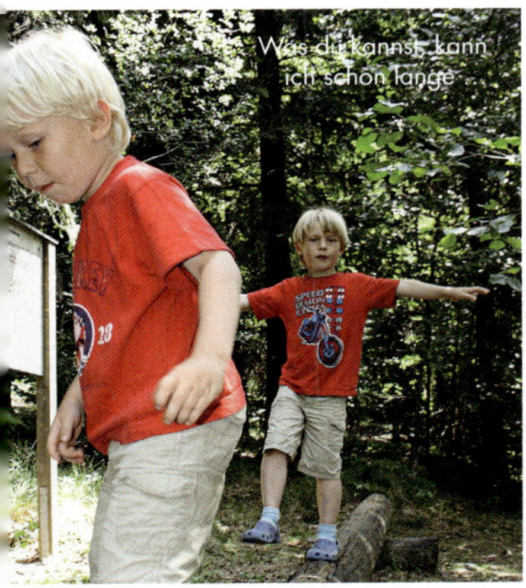

Was du kannst, kann ich schon lange

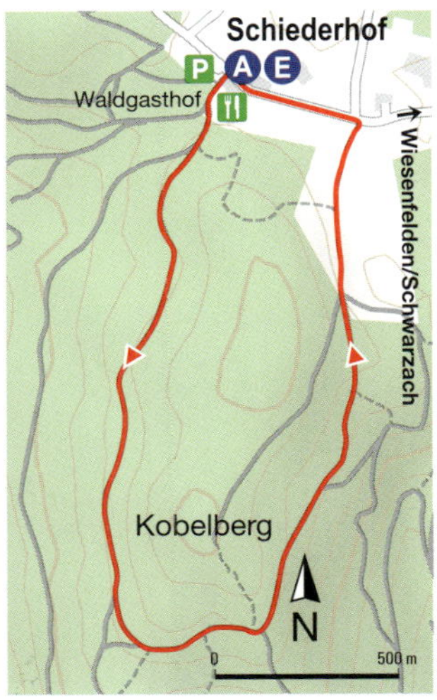

leicht | gut 4 km | 50 m | 1.45 Std.

Alter
Ab 4 Jahren

Tourencharakter
Weitgehend flache, einfach zu gehende und ruhige Runde auf Wald- und Feldweg mit neun Stationen, zum Abschluss Asphalt

Anfahrt
Von der Staatsstraße Falkenstein–Kirchroth/A 3 etwa 2 km südlich von Wiesenfelden dem Pfeil Richtung Schiederhof folgen

Ausgangs-/Endpunkt
Parkplatz hinter dem Waldgasthof

GPS-Koordinaten
49.021840, 12.517722

Markierung
Rundweg Nr. 7

Einkehr
Waldgasthof Schiederhof (wochentags erst ab 17 Uhr, Di Ruhetag); Gasthof zur Post in Wiesenfelden (Mo Ruhetag)

Karte
Kompass Wanderkarte Nr. 185, Westlicher Bayerischer Wald, 1:50 000

Information
Tourismusbüro Wiesenfelden, Tel. 09966/94 00 16, wiesenfelden.de

Kinderwissen

Was zeichnet einen Ritter aus?

Vom Leben der »alten Rittersleut« zeugen im Bayerwald ganz besonders die Burgen Weißenstein (Tour 19) und Falkenstein (Tour 23), darüber hinaus die Ruinen Neuenbuchberg (Tour 35) und Dießenstein (Tour 48). Ritter zu sein musste man einst richtig lernen. Als Kind wurde einem beigebracht, sich vornehm zu benehmen. Jugendliche gingen dann als Knappe bei einem Ritter in eine Art Lehre. Im Alter von 21 Jahren wurde der Knappe zum Ritter geschlagen. Er bekam ein Schwert und eine Rüstung und sollte fortan etwa Armen und Schwachen helfen. Allerdings hielten sich viele leider nicht an diese ritterlichen Tugenden. Tipp: Wer auf der B 85 zwischen Viechtach und Regen unterwegs ist, kann die ursprünglich größte und älteste Burganlage des Bayerwalds in Altnussberg entdecken. Die Zufahrt zur wieder aufgebauten Ruine ist gut ausgeschildert (Burgparkplatz an der Hofbeikapelle, hin und zurück gut 0.15 Std. Fußmarsch).

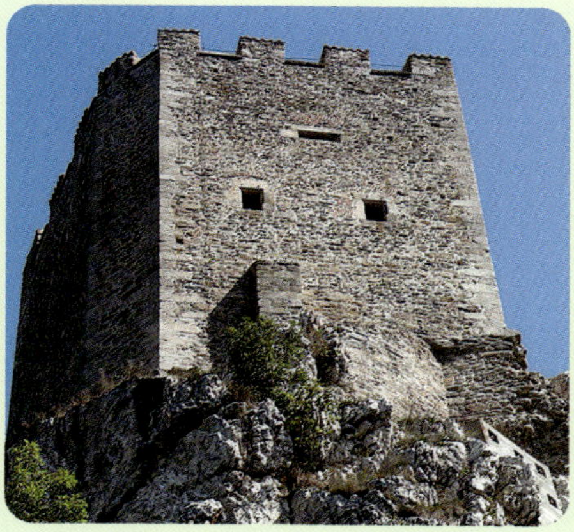

Einst hausten auch im Bayerwald die Ritter. In Ruinen empfinden Familien ihr Leben nach.

Was hat das Staatswappen mit dem Bayerwald zu tun?

Das Wappen des Freistaats Bayern zieren weiß-blaue Rauten. In der Tat stammen diese von den Grafen von Bogen. Die Adeligen vom Bogenberg an der Donau bei Straubing ließen im Mittelalter etwa Burg Weißenstein errichten (Tour 19). Auf dem nach ihnen benannten Hohen Bogen (Tour 10) wollten sie genau dort eine Festung bauen, wo heute der rot-weiße Sendemast des Bayerischen Rundfunks steht. Das Adelsgeschlecht erlosch jedoch. Das Haus Wittelsbach, welches später die bayerischen Könige stellte, trat sein Erbe an und übernahm die symbolträchtigen Rauten. Heute stehen diese im Zentrum des Staatswappens.

Was ist ein Hochmoor?

Ein Hochmoor trägt seinen Namen nicht deshalb, weil es hoch oben im Gebirge liegt, wie einige sicher vermuten. Vielmehr strebt der Torf in dessen Mitte nach oben. Wenn man so will, wölben sich Hochmoore wie das Glas alter Armbanduhren. Mit bloßem Auge ist dieses Emporstreben zwar nicht zu erkennen, man kann sich aber auf den Touren 16, 44 und 45 ein Stück weit an das Phänomen herantasten.

Was bewirkt ein Biber?

Untertags lassen sich Biber nur selten sehen. Doch Biberdämme und -burgen zeugen jederzeit von den Aktivitäten des fleißigen Nagetiers. Zum Schutz liegt der Eingang von Biberburgen unter Wasser. Nötigenfalls können die Tiere rund 20 Minuten lang tauchen. Der Wohnkessel befindet sich hingegen im Trocknen. Im Wasser der Staudämme finden Fische passende Laichreviere, Wasservögel geeignete Nistplätze sowie Frösche und Libellen reichhaltige Nahrung. Der Biber selbst ist reiner Vegetarier und ernährt sich von Gräsern, Stauden, Kräutern sowie im Winter von Baumrinde von Weichhölzern wie Weide oder Pappel. Gute Chancen, Bauwerke von Bibern in freier Wildbahn zu sehen, bieten etwa Flanitz (Tour 42) und Reschbach (Tour 14 und 45). Zum Tierfreigelände am Nationalparkzentrum Lusen (Tour 52) gehört wiederum ein angelegter Biberteich.

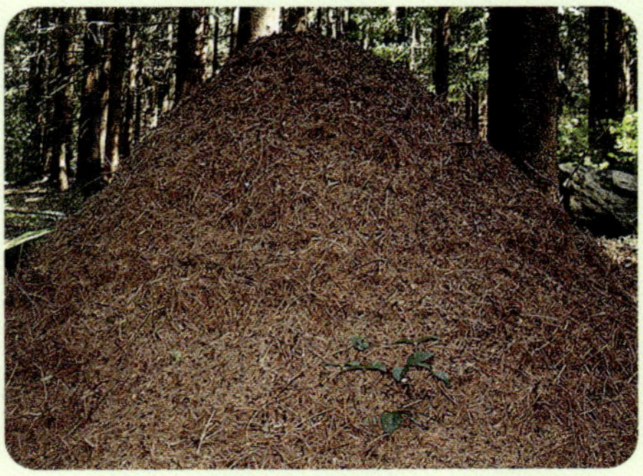

Errichten riesige Hügel und haben unseren Schutz verdient: die fleißigen Waldameisen.

Wie viele Waldameisen leben in einem Haufen?

Sage und schreibe über eine Million Tiere können in einem großen Ameisenhügel leben. Zu Gesicht bekommen Groß und Klein die beeindruckenden Behausungen der fleißigen und geschützten Insekten am besten am Kobelberg (Tour 60), zudem beim Aufstieg zum Predigtstuhl in Sankt Englmar (Tour 59).

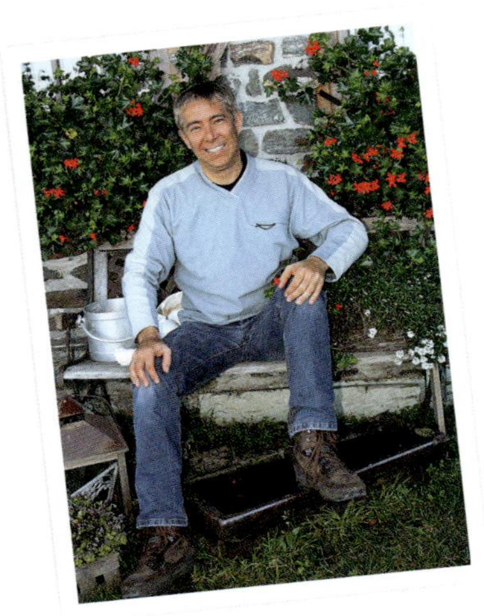

Abspann

Gefallen Ihnen die Touren, *welche Sie und Ihre Lieben meistern? Das wünsche ich Ihnen auf alle Fälle und hoffe, dass Sie von meinen Recherchen so oft wie möglich profitieren. Wenn Ihnen das Kinder-Wander-Erlebnisbuch Bayerischer Wald zusagt, empfehlen Sie es doch weiter oder verschenken Sie es an gute Freunde. Immerhin verbindet das Wandern in ausgewogener Art und Weise die Freude an der Natur mit einem aktiven Lebensstil. Und dafür liefert der Bayerische Wald den perfekten Rahmen. Kurzum: Wer sich im wilden Südosten Deutschlands die Wanderschuhe schnürt, liegt goldrichtig.*

Mein Dank *gilt denjenigen, die alle meine Fragen bei meinen Vor- und Nacharbeiten mit Geduld beantworteten und auf diese Art das Kinder-Wander-Erlebnisbuch Bayerischer Wald Stück für Stück reifen ließen.*

Herzliche Grüße – *und vielleicht treffen wir uns einmal unterwegs,*

Ihr

Herwig Slezak

Register

Ebenfalls erhältlich ...

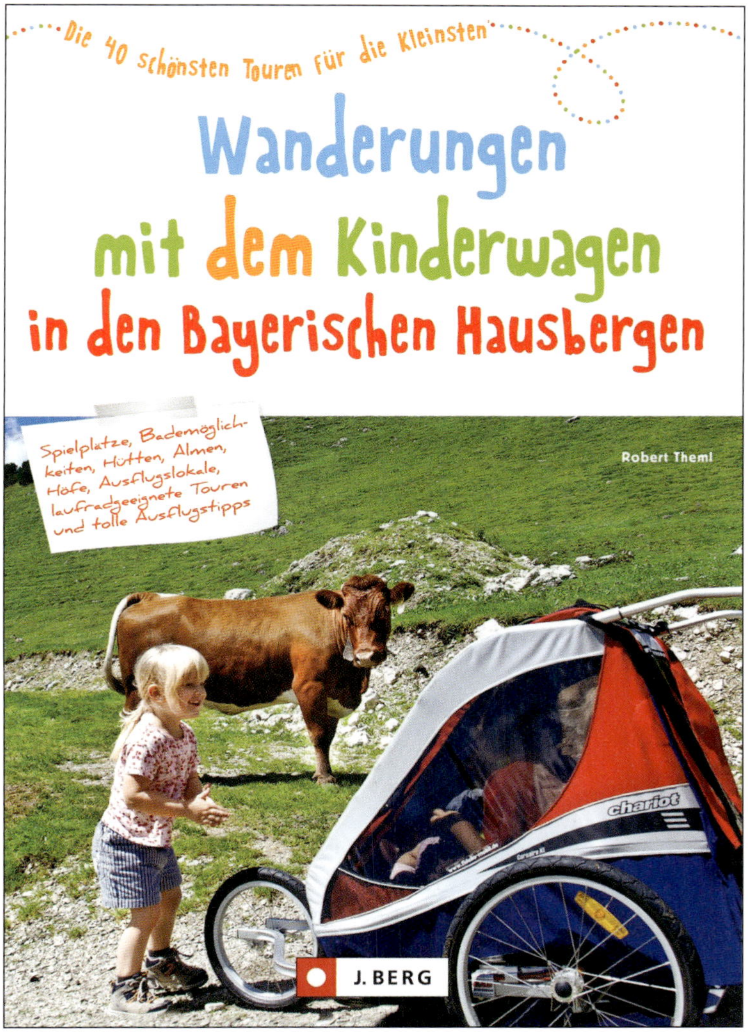

ISBN 978-3-86246-619-1

40 idyllische und zugleich leichte Touren zu den gemütlichsten Hütten in den Bayerischen Hausbergen

J. BERG

www.j-berg-verlag.de

Impressum

Verantwortlich: Sabine Klingan, Julia Vogl
Lektorat und Produktmanagement: Christian Schneider
Layout und Illustration: Eva-Maria Klaffenböck
Repro: Cromika
Kartografie: Bruckmann Verlag GmbH, Heidi Schmalfuß
Herstellung: Bettina Schippel
Printed in Slovenia by Florjancic

★★★★★

Sind Sie mit diesem Titel zufrieden? Dann würden wir uns über Ihre Weiterempfehlung freuen. Erzählen Sie es im Freundeskreis, berichten Sie Ihrem Buchhändler oder bewerten Sie bei Onlinekauf. Und wenn Sie Kritik, Korrekturen, Aktualisierungen haben, freuen wir uns über Ihre Nachricht an den J. Berg Verlag, Postfach 40 02 09, D-80702 München oder per E-Mail an lektorat@verlagshaus.de.

Unser komplettes Programm finden Sie unter www.j-berg-verlag.de

Alle Angaben dieses Werkes wurden vom Autor sorgfältig recherchiert und auf den neuesten Stand gebracht sowie vom Verlag geprüft. Für die Richtigkeit der Angaben kann jedoch keine Haftung übernommen werden, weshalb die Nutzung auf eigene Gefahr erfolgt. Insbesondere bei GPS-Daten können Abweichungen nicht ausgeschlossen werden.

In diesem Buch wird aus Gründen der besseren Lesbarkeit das generische Maskulinum verwendet. Weibliche und anderweitige Geschlechteridentitäten werden dabei ausdrücklich mitgemeint, soweit es für die Aussage erforderlich ist.

Autorenempfehlung
Sie sind auf der Suche nach weiterführender Literatur? Dann empfehle ich Ihnen den Titel »Geheimnisvolle Pfade Bayerischer Wald« von mir. Oder Sie werfen einen Blick in die Zeitschrift »Der Bergsteiger«. Hier werden Sie bestimmt fündig.
Ihr Herwig Slezak

Bildnachweis
Alle Bilder im Innenteil stammen vom Autor Herwig Slezak mit folgenden Ausnahmen: S. 3 oben, S. 133 Nationalpark; S. 3 unten, S. 11 rechts, S. 77 Steffi Pröckl; S. 4 oben, S. 86/87 Tourismusbüro Waldkirchen; S. 25 Arber-Bergbahn; S. 54, S. 55 Tourist-Info Kollnburg; S. 75 Tourist-Info Lam; S. 93 Ingo Brauer; S. 97, S. 156 Bachmaier; S. 134, S. 136, S. 137 Rainer Simonis/Nationalpark; S. 146, S. 147 Landkreis Deggendorf; S. 149 Waldwipfelweg (Woidlife Photography).
Umschlagvorderseite: Wanderspaß am Kleinen Arbersee (Woidlife Photography);
Umschlagrückseite: In freier Natur finden sich Picknick- und Spielplätze (Herwig Slezak)

Die Deutsche Nationalbibliothek verzeichnet diese Publikation in der Deutschen Nationalbibliografie; detaillierte bibliografische Daten sind im Internet über http://dnb.d-nb.de abrufbar.

Infanteriestraße 11a, 80797 München

ISBN 978-3-86246-837-9